복음 중의 복음 **1**

KB190017

특별히_____님께

이 소중한 책을 드립니다.

복음 중의 복음 1

로마서 강해 Vol. 1 (1장-4장)

이광수 목사 지음

나침반

하나님의 나라와 교회에 조금이라도 유익이 되기를 기도합니다

하나님의 은혜로 마지막 시대에 설교자로 부름 받은지 30여년이 지났습니다. 그동안 수많은 설교를 하면서 살아왔는데 은퇴할 년 수가 헤아려지면서 문득 생각난 것이 '복음 중의 복음'이라는 로마서도 한번 강해설교 해보지 않고 물러나면 되겠냐는 것이었습니다. 그래서 로마서 강해설교를 주일 오전 강단에서 시작해 3년 반 걸려 2017년 초에 마무리를 하였습니다. 그동안 성도들이 로마서 강해를 통해 복음이 무엇인지 분명히 이해하고 감동한 것도 감사하지만 무엇보다 제 자신이 복음의 진수를 맛보며 영과 육이 떨릴 정도로 감격하였음이 가장 감사한 일이었습니다.

'로마서 강해'하면 로이드 존즈 목사님을 비롯하여 국내에도 여러 이름 있는 목사님들이 쓰신 훌륭한 책들이 출간되어 있습니다. 그래서 '또 로마서 강해설교냐' 하고 물으실 수도 있으나 저는 하나님 말씀은 말로 헤아리기 어려울 정도로 풍성한 진리의 샘이요, 진리의 금광이라고 믿습니다. 그기에 한 사람, 아니 몇몇 사람이 다 퍼낼 수 있는 샘이 아니고 다 캐낼 수 있는 광산이 아닙니다. 말씀을 보는 각도와 시대와 상황에 따라 얼마든지 다양하고도 풍성하게 설교할 수 있고 적용될 수 있다는 말입니다.

저 역시 이 로마서를 강해한 여러 사람들 중의 하나요, 그 중에서도 가장 부족한 사람임을 자인하나 겸손 가운데서도 나름 자부심을 가질 수 있는 것은 저의 설교 준비와 설교 현장에 하나님의 기름 부으심과 역사가 있었다는 것이요, 하나님이 본문을 통해 드러내고자 하시는 의미를 충직하게 드러내고자 노력했다는 점입니다. 즉, 본문의 의도에서 벗어나 제 자신의 말을 하려고 하지 않고 말씀에 정직하려고 노력하였습니다.

하다 보니 종교개혁 500주년이 되는 해에 종교개혁의 근원이라고 할 수 있는 로마서 강해를 출간하게 된 바 이 역시 하나님의 섭리라고 봅니다.

책을 준비하면서 그냥 제 이름이라도 한 줄 남기고자 내는 책이 아니라 하나님의 나라와 교회에 조금이라도 유익이 되기를 기도했습니다. 이 책은 재미로 대하기에는 진중한 편입니다. 제가 바라는 것은 평신도든 설교자든 각 설교의 제목 아래 나오는 본문을 두세번 읽으신 후에 설교를 읽으시되 하루에 한 편만 읽었으면 합니다. 마치 한약을 다려 드시듯 영혼의 약이라 생각하시고 1권부터 3권까지의 총 92편의 설교를 매일 한 편씩 석 달을 드시면 많은 은혜를 누리시리라 확신합니다. 비록 휫필드가 말한 번개와 천둥은 없으나 푸른 초장과 쉴만한 물가는 될 것입니다.

아무리 설교자가 유능하다해도 설교의 장이 없으면 어떻게 설교가 있겠습니까? 그런 점에서 저의 설교의 장(場)이 되신 울산동부교회 성도 여러분께 진심으로 감사드립니다. 설교시간에 '아멘'으로 응답하셨던 그 아멘의 메아리가 책을 읽으실 때마다 다시금 울려 퍼지기를 바랍니다.

이 책이 출간되기까지 수고하신 집사님들과 교역자들과, 그리고 과분한 추천의 글을 써 주신 최갑종, 전광식 두 총장님께 심심한 감사의 말씀을 드리며 목회의 훌륭한 내조자인 아내 진석순과 애린, 보린 두 자녀에게 이 책을 헌증합니다. 책의 출간을 맡아주신 나침반출판사와 김용호 대표님께 진심으로 감사드립니다.

복음의 빚진자 이광수 목사

한국 교회와 사회를 개혁하는 복음의 메시지

최갑종 목사(백석대학교 전총장/신약교수)

로마서는 사도 바울이 주후 1세기 로마 제국 수도에 있었던 로마 교회에 보낸 설교 편지입니다. 그러므로 로마서는 교회에서 설교를 통해서 그 중심적인 메시지가 잘 전달될 수 있습니다. 로마서의 중심 어휘는 복음이며, 이 복음은 하나님께서 자신의 아들 예수 그리스도 안에서 인류를 구원하여 거룩한 자기 백성으로 삼으려는 위대한 선포입니다. 곧 예수 그리스도 안에서 하나님의 의, 예수 그리스도의 십자가와 부활 사건에서 하나님의 종말적인 구원과 심판이, 영생과 영벌이 나타났으며, 누구든지 이제 예수 그리스도를 믿는 자는 심판에서 구원으로, 영벌에서 영생으로, 지옥에서 천국에 들어가서 천국 백성으로 살아간다는 위대한 기쁨의 메시지입니다.

고신대, 고려신학대학원의 후배인 이광수 목사님은 일찍부터 위대한 복음의 선포인 로마서에 큰 관심을 가지고 남다르게 연구해 오셨습니다. 이번에 시무하는 울산동부교회에서 매 주일마다 3년 6개월간 교인들에게 선포했던 로마서 강해를 책으로 묶어 출판한다는 소식을 듣고, 지난 세기 영국의 탁월한 설교자였던 로이드 존스의 로마서 강해가 영국 교회와 사회를 변화시켰던 것처럼 이 목사님의 로마서 강해가 21세기 한국 교회와 사회를 개혁하는 복음의 메시지가 되기를 소망합니다.

의미있고 중요한 로마서에 대한
좋은 강해설교집

전광식 목사(고신대학교 총장)

사실 종교개혁은 비텐베르그대학의 성경주해교수였던 루터가 1515~6년 로마서를 연구하고 강해하면서 '하나님의 의'를 바로 깨달음에서 비롯되었다고 해도 과언이 아니다. 20세기로 넘어오면 칼 바르트도 로마서 강해설교를 발간하므로, 자유주의자들의 놀이터에 폭탄을 던진 격이 되었으며, 마르틴 로이드 존스 목사가 복음주의권에서 상당한 지명도를 얻은 것도 로마서 강해 설교집을 출간하면서부터라고 생각된다.

이렇게 로마서 강해는 어떤 이를 세계적인 설교학자로 부상시키기도 하고, 또 새 신학운동을 시작하게도 하며, 나아가 새로운 시대를 여는 동력이 되기도 하였다.

이렇게 의미있고 중요한 로마서에 대한 좋은 강해설교집이 우리나라에서 나온 것은 종교개혁 500주년을 맞는 금년에 한국교회에 주어진 큰 선물임이 분명하다.

훌륭한 목회자이면서도 학자라고 할 수 있는 저자는 교회의 강단에서 로마서의 16장 전체에 대한 강해설교를 마치고 이렇게 방대한 저서로 발간하게 되었다. 어쩌면 저자의 필생의 역작이라고 할 수 있는 본서는 다음과 같은 세 가지 특징을 지니고 있다.

첫째, 로마서에 나타난 복음의 깊은 진수를 끄집어 올리는 등 본문에 대한 정확하고도 치밀한 해석이다. 이를테면 저자는 한글성경 로마서의 가장 첫 낱말인 '예수 그리스도의 종'이란 바울의 자기소 개에서부터 그것의 의미를 본문의 문맥에서는 물론 바울의 개인적 경험에서 찾아 깊게 분석하고 정확하게 설명하고 있다.

둘째는 청중 내지 독자들에 대한 탁월하고도 실제적인 설교적 적 용이다. 저자는 본문의 뜻을 적절한 메시지의 주제를 통해 성도들 의 신앙과 삶에 철저히 적용하고 있는데, 청중들이 이해하기 쉽도 록 다양하고도 적절한 예화들을 넣어 본문의 뜻을 풀이하고, 무엇 보다 단문의 구어체를 사용하여 문어체가 지니는 학리성과 경직성 을 극복하므로 어떤 독자이든지 접근하기 용이하게 집필하였다.

셋째는 책 전체를 통해 드러나고 있는 말씀의 사역자로서의 저자 의 열정과 목회적 열심이다. 특히 성도들에게 살아있고 운동력있는 말씀을 전달하기 위한 깊은 고민과 몸부림을 볼 수 있다. 저자는 질문을 던지고, 생각해보게 하고, 답으로 유도하는 식으로 끊임없 이 말씀이 성도들에게 다가가도록 하기 위해 노력하고 있다.

이렇게 볼 때, 본서는 로마서 본문을 치밀하게 분석한 탁월한 성 경주해서요, 본문의 말씀을 교리주제별로 해설한 훌륭한 개혁주의 신학책이며, 나아가 말씀에서 찾은 교훈을 이 시대의 성도들에게 적용하는 역동적인 설교집이다. 이에 저자는 말씀의 넓이와 깊이를 보는 성경주석가요, 말씀에서 성경적 교리를 끄집어 내는 통찰력있 는 신학자이며, 나아가 말씀의 교훈을 청중과 독자에게로 호소력있 게 제시하는 깨어있는 설교자이다.

목차

1

로마서 1:1

그리스도 예수의 종

"예수 그리스도의 종 바울은 사도로 부르심을 받아 하나님의 복음을 위하여 택정함을 입었으니"

하나님의 말씀을 들을 때에 가장 올바른 자세가 무엇이라 생각하십니까? 그것은 '설교자를 통하여 하나님께서 이 시간 나에게 말씀하신다'라고 생각하며 말씀을 듣는 것입니다. 어느 다른 분에게 말씀하시는 것이 아니라, 하나님이 지금 나에게 말씀하신다고 생각하면 설교를 듣는 그 시간에 잡담이나 잡념에 빠질 수 있겠습니까? 집중할 수밖에 없습니다. 하나님이 나에게 말씀하신다고 믿으면 그 말씀에 순종하게 되는 것입니다. 그래서 설교를 들을 때는 항상 나에게 주시는 말씀임을 믿고 순종하는 여러분이 되시기를 바랍니다.

오늘 저는 평소 설교 때보다도 설레는 마음으로 이 자리에 섰습니다. 저는 설교자로서 여러 가지 소망 중 하나가, 제가 목회를 마치기 전에 이 로마서 16장을 모두 강해설교 하는 것이었습니다. 그런데 오늘 드디어 그 일을 시작하게 되었습니다.

로마서는 서신서 중에 연대상으로 보면 맨 앞에 기록된 책이 아닙니다. 뒤에 기록되었는데도 불구하고 서신서 중 맨 앞에 나와 있는 것은, 로마서의 중요성을 우리에게 잘 보여주는 것입니다. 로마서를 가리켜 '복음 중의 복음'이라고 합니다. 그리고 로마서는 '바울 신학의 대선언서'라고도 말합니다. 로마서같이 기독교 역사에 큰 영향을 끼친 성경은 없습니다.

사람을 변화시킨 로마서

신학적으로 사도 바울을 잇는다고 하는 어거스틴이란 사람이 4~5세기에 살았습니다. 그는 젊은 날 많은 방황을 하였습니다. 그러던 어느 날 하나님의 말씀을 펼쳤는데, 로마서 13장에 "너희가 이 시기를 알거니와 자다가 깰 때가 벌써 되었으니"라는 말씀을 읽고서 회심을 하게 되었습니다. 진정한 크리스천이 되었다는 것입니다. 우리는 종교개혁자 루터를 알고 있습니다. 그로 종교개혁을 일으키게 한 결정적인 영향을 끼친 책이 바로 이 로마서입니다.

우리는 또한 요한 웨슬리를 알고 있습니다. 그는 18세기에 대각성운동의 도구로서 하나님의 쓰임을 받았고, 지금 여러분이 알고 있는 감리교회의 창시자였습니다. 그는 목사가 되고 나서도 참으로 두려워할 때도 많았고 실패도 경험하였습니다. 그러던 어느 날, 런던 올드스게이트라는 거리에 있는 한 집에서 기독교인들의 모임이 있었는데 그 모임에 참석했습니다. 그곳에서 누군가가 루터의 로마서 주석 서문을 읽고 있는 것을 들었습니다. 사람이 자기의 행위로는 결단코 의롭다 함을 받지 못하고, 오직 예수 그리스도를 믿음으로 의롭게 되며 구원을 받는다는 로마서 서문을 읽을 때에 이상하게도 그의 마음이 뜨거워졌다고 했습니다. 그 시간에 요한 웨슬리가 회심하게 되었습니다. 새사람이 되었습니다. 요컨대 로마서는 기독교 역사에 위대한 인물의 회심, 혹은 믿음의 삶의 결정적인 영향을 끼쳤고, 또 그들을 통하여 다른 사람에게도 큰 영향을 끼쳤습니다.

그래서 루터는 이렇게 말하였습니다.
"로마서를 암기하라, 로마서를 마음으로 알라, 로마서를 끊임없이 읽으라."
교회사에 존 크리소스톰이라고 하는 유명한 설교자가 있었는데, 그분은 한 주에 두 번씩 로마서를 읽었다고 합니다. 물론 다른 성경도 읽으면서 한 주에 두 번씩 로마서를 읽었습니다. 그리고 우리나라에만 해도 이 로마서를 전부 암기하시는 목사님이 여러분 계셨습니다. 그만큼 로마서는 중요한 말씀인 것입니다.
교회 역사 가운데 이 로마서를 통해서 많은 사람에게 역사하시고 변화시켜 주신 우리 하나님께서, 이제 오늘날 동부강단에서 이 말씀이 강해될 때에도 동일하게 역사하시어서 우리를 새롭게 하시고, 우리에게 확신을 주시고, 우리를 변화시켜 주시는 놀라운 역사가 일어나게 되기를 바랍니다.
로마서는 사도 바울이 3차에 걸친 선교여행을 마칠 무렵 AD 57

년에 고린도에서 로마에 있는 성도들에게 써서 보낸 편지입니다. 고린도는 지금의 그리스 제일 남쪽에 있는 도시로, 아테네보다 당시에는 더 큰 코린트라고 하는 도시였습니다. 그 도시에서 이태리 수도 로마에 있는 교회에 보낸 편지였습니다. 2000년 전에 로마시대때에 편지를 쓸 때는 형식이 정해져 있었습니다. 맨 처음에는 이 서신을 누가 쓰고 있는지 발신자가 기록이 됩니다. 그 다음에는 누구에게 보내는지 수신자가 기록이 됩니다. 세 번째는 문안인사가 기록됩니다. 사도 바울도 그렇게 기록하고 있습니다.

오늘 본문 1절을 다시 보시면 "예수 그리스도의 종 바울은 사도로 부르심을 받아 하나님의 복음을 위하여 택정함을 입었으니"라고 했습니다. 그런데 우리 한글성경에는 예수 그리스도의 종이 제일 앞에 있습니다. 그렇지만 본문에는 바울이 제일 먼저 나옵니다. 바울, 그리고 순서 한 가지가 틀린 것이 '예수 그리스도의 종' 했는데 '그리스도 예수의 종' 그렇게 되어 있습니다. 그래서 사도 바울은 발신자인 자기의 이름을 제일 먼저 쓰고 자기가 어떤 사람인지를 세 가지로 소개합니다. 어떻게 소개를 하느냐 하면, 처음에는 예수 그리스도의 종, 두 번째는 사도로 부르심을 받고, 세 번째는 하나님의 복음을 위하여 택정함을 입었으니 했는데, 원문에 보면 콤마(,)로 정확하게 세 가지로 분리되어 있는 것을 볼 수 있습니다.

오늘 이 시간에는 바울이 자기에 대해 첫 번째로 소개하고 있는 '예수 그리스도의 종'에 대해 생각해 보고자 합니다. 은혜의 시간이 되시기 바랍니다.

사도 바울은 자기 자신을 제일 먼저 그리스도 예수의 종이라고 소개했습니다.

바울은 '그리스도 예수의 종'이라는 말을 많이 씁니다. 우리도 종이라는 말을 많이 씁니다. 그렇지만 여기 본문에 나오는 종은 사실은 종이나 머슴이라는 뜻이 아닙니다. 원문에는 '둘로스'라고 나오는데, 이 말씀의 의미는 '노예'(slave)라는 의미입니다. 그 당시에는 노예제도가 있었는데, 노예는 생사(生死)권이 주인에게 달려 있습니다. 살고 죽는 것이 주인에게 달려 있습니다. 주인의 소유물입니다. 주인의 재산입니다. 주인이 사고 팔 수 있습니다. 그런 점에서 동물과 다를 바가 하나도 없는 것입니다. 그러기에 노예에게 월급을 주는 일이 없습니다. 노예가 잘했다고 칭찬을 하거나, 노예가 잘했다고 무슨 상급을 주거나 그런 일이 있을 수가 없는 것입니다. 노예는 살고 죽는 일, 그가 해야 되는 모든 일이 주인에게 달려 있습니다. 주인이 시키는 대로 하는 것입니다. 그런데 바울은 자신이 그리스도 예수의 노예라고 자기 자신을 소개하고 있습니다.

여러분, 바울이 어떤 사람인데 자신을 그리스도 예수의 노예라고 소개하고 있습니까? 바울은 터키 동남쪽 학문의 중심지인 다소라고 하는 도시에서 유대인으로 태어났습니다. 유대인으로 태어났지만, 로마 도시에서 태어났기 때문에 로마 시민권을 가지고 태어났습니다. 다시 말해서, 종도 노예도 아닌 자유인으로 태어났다는 것입니다. 그래서 그는 젊을 때에 예루살렘에 유학을 왔습니다. 왜냐하면 유대인이기 때문입니다. 유대인의 중심지는 예루살렘 아니겠습니까? 예루살렘에 유학을 와서 당시 최대의 학자라고 불리는 가말리엘이라는 사람의 문하에 들어가 거기에서 율법을 배우고 학문을 배웠습니다. 거기서 어떤 다른 사람보다 탁월하게 되었기 때문에 자기 스스로 말하기를 "나는 바리새인 중의 바리새인이다"라고 했습니다. 이 말은 최고의 바리새인, 당대 최고의 율법학자가 되었다는 말입니다. 그래서 그는 자신이 누구보다도 하나님에 대해 제일 잘 믿고 가장 열심히 믿는 자로 자신을 이해하였습니다.

그러나 그는 예수님을 잘못 알고 있었습니다. 나사렛 예수는 구약에 약속이 된 메시아가 아니라 하나님의 율법을 깨뜨리는 자이므로 자기가 없애야 될 자, 대적해야 될 자로 알았습니다. 사도 바울이 사도가 되기 전에 무슨 일을 하였습니까? 예수 믿는 사람들을 핍박하는 일, 교회를 박해하는 일에 선봉장이 되었습니다. 예수 믿는 사람들을 잡아서 죽이기도 하고, 감옥에 가두기도 하였던 것입니다. 한 번은 대제사장의 공문을 받아서 몇몇 사람들과 함께 외국에 있는 도시 다메섹으로 갑니다.

그런데 다메섹이 어딥니까? 시리아의 수도 다마스쿠스입니다. 그에게 얼마나 열심이 있었는지, 외국에 있는 다메섹까지 가서 그곳에 예수 믿는 사람들이 있으면 체포하여 예루살렘에까지 끌고 와 형벌을 받게 하려고 했던 것입니다. 그러니까 사울은 예수님을 믿는 신자에 대해서, 교회에 대해서 한마디로 살기가 등등한 사람이었습니다. 자기는 하나님을 위해서 그런 일을 한다고 생각했습니다. 그런데 그가 이렇게 다메섹 성에 가까이 왔을 때에 갑자기 하늘에서 밝은 빛이 그를 둘러 비추었습니다. 그 빛이 너무 강렬하여 사울은 그만 땅바닥에 엎드려지고 말았습니다. 하늘을 볼 수가 없었습니다. 눈을 감은 채 있는데, 하늘에서 소리가 났습니다.

"사울아, 사울아 어찌하여 네가 나를 핍박하느냐?"

이 음성에 너무나 놀란 사울이 "주여, 누구십니까?" 하자 하늘에서 "나는 네가 핍박하는 예수니라"라고 했습니다.

사울이 자리에서 일어났습니다. 일어났지만 볼 수가 없었습니다. 하늘에서 내린 강력한 빛 때문에 시력을 상실하였습니다. 옆에 가던 동행이 그를 이끌어서 다메섹에 들어가 어느 집에 거하게 되었습니다. 그 집에서 유하는 3일 동안에 사울은 아무것도 볼 수가 없었습니다. 그리고 스스로 아무것도 먹지도 않았습니다. 아무것도 마시지 않았습니다. 보이지 않는 것은 그럴 수 있다고 하지만, 아무것도 안 먹고 안 마셨다는 것은 이상하지 않습니까? 입은 열려서 얼마든지 말을 할 수 있고 먹고 마실 수 있는데, 그가 먹지도 않고 마시지도 않았다는 것은 엄청난 충격에 빠졌다는 것을 말해줍니다. 어떤 충격이겠습니까?

그가 십자가에 죽어서 끝났다고 생각한 예수, 이단의 두목이라고 생각한 예수가 자기에게 나타나셔서 말씀을 하신 것입니다. 즉, 부활하신 예수님을 만난 것입니다. 그로 인해 지금까지 자신의 생각이 완전히 잘못되었고, 하나님을 위해 산다는 것이 도리어 하나님을 대적하는 일이 되었음을 생각하니 몸서리치도록 두려웠고 너무나도 충격이었습니다. 그래서 하나님 앞에 눈물을 흘리면서 회개하였습니다. 그래서 먹지도 않고 마시지 않고 금식을 한 것입니다.

그렇게 3일이 지났을 때에 하나님께서 그 다메섹에 있는 아나니아라고 하는 제자를 사울에게 보냈습니다. 아나니아가 사울에게

와서 머리에 손을 얹고 안수하면서 "형제 사울아, 네가 여기 오는 길에 너에게 나타나신 예수 그리스도께서 나를 보내어 너를 보게 하시고, 너를 성령으로 충만케 하신다"라는 말이 끝나자 사울의 눈에서 비늘 같은 것이 떨어졌습니다. 그리고 그때부터 볼 수 있게 되었습니다. 예수의 이름으로 세례를 받았습니다. 예수를 핍박하고 예수 믿는 사람들을 박해하던 그 사람이 예수 이름으로 세례를 받은 것은 무슨 뜻이겠습니까? 이제는 예수의 사람이 되었다는 것입니다. 그리고 먹고 마시고 아주 강건하게 되었습니다.

그때부터 이 바울은 예수님을 자기의 주인으로 삼았습니다. 그는 예수님의 종, 예수님의 노예가 되었습니다.

노예의 삶

노예는 주인을 위해서 살아갑니다. 노예는 자기 삶이 없습니다. 노예는 주인을 중심으로 해서 살아가는 것입니다. 바울이 삶은 완전히 달라졌습니다. 마치 달이 지구를 빙빙 돌듯이, 이제 사도 바울은 예수님을 중심으로 살게 되었습니다. 예수님이 그의 삶의 센터요, 예수님이 그의 삶에 중심이 되었습니다. 그는 예수님을 떠나서는 자신을 생각할 수 없었습니다. 그분을 위해서, 그분을 전하기 위해서, 그분이 주신 사명을 감당하기 위해서 자기의 모든 것을 바치고 생명을 아끼지 아니했습니다. 로마서 14장 8절은 그의 좌우명을 보여주는 말씀입니다.

"우리가 살아도 주를 위하여 살고 죽어도 주를 위하여 죽나니 그러므로 사나 죽으나 우리가 주의 것이로다."

이제 자기는 주님의 소유, 주의 것이라고 고백하였습니다.

여기서 그리스도 예수의 종이라는 말은, 좁은 의미로는 바울 사도 같은 사도들에게, 또 오늘날 하나님께서 세워주신 저와 같은 목사들에게 붙일 수 있는 말입니다. 그렇지만 넓은 의미로는 그리스도인 모두가 구원받은 사람이고, 모두가 그리스도의 종인 것입니다. 왜 그런지 아십니까? 고린도전서 6장에 보면, 사도 바울이 고린도 교회 성도들을 향하여 "너희는 너희 자신의 것이 아니니라 값으로 산 것이 되었으니"라고 했습니다. 너희는 너희 자신의 것이 아니다, 값으로 산 것이 되었다, 이제는 예수 그리스도의 것이 되어졌다는 것입니다. 노예는 시장에서 사고 팔리는데, 우리가 과거에 예수 밖에 있을 때는 사탄의 노예였습니다. 죄의 노예였습니다. 성경에 "죄를 짓는 자마다 죄의 종이라"고 했습니다. 우리는 죄의 종이었는데 하나님의 아들 그분이 이 땅에 사람이 되어 오셔서 우리를 대신하여 십자가에 못 박혀 죽으시고, 그 흘리신 보배로운 피, 그 핏값으로 우리를 죄에서 사주셨다는 것입니다.

여러분, 예수 밖에 있는 사람은 죄의 종 맞습니까? 맞습니다. 그는 죄의 종이요, 죄의 노예입니다. 예수 그리스도는 하나님의 아들이심을 믿습니까? 그분이 세상에 와서 죄인 된 우리를 대신해서 십자가에 죽으신 것을 믿으십니까? 그분이 자기의 핏값으로 우리를 죄에서 사 주신 것을 믿으십니까? 그러면 우리는 더 이상 이제는 죄의 종이 아니라 예수 그리스도의 노예요, 예수 그리스도는 저와 여러분의 주인인 것을 믿으십니까? 그렇습니다. 이제는 예수 믿는 모든 사람들, 사도 바울뿐만 아니라, 여기에 있는 예수를 믿는 우리 모두가 예수 그리스도의 종인 것을 믿으시기 바랍니다. 그가 우리를 예수의 핏값으로 사셨습니다. 그러므로 이제 우리는 그에게 속해 있는 것입니다. 이제는 예수님 외에 아무도 우리의 주인이 아닙니다. 오직 예수님만이 우리의 주인이고, 우리의 주(主)가 되시는 것입니다.

과연 종으로 사는가?

중요한 것은 내가 주님의 노예라는 사실을 이해하고 아멘으로 인정하지만, 그러나 삶에서는 그렇게 살지 못한다는 것입니다. 솔직히 한 번 생각해 보시기 바랍니다. 과연 예수 그리스도가 여러분의 삶의 중심에 계십니까? 그분을 우선적으로 해서 살아가십니까? 주인 되신 그분의 말씀에 100% 순종하면서 살아가십니까? 그분을 중심으로 살아가십니까? 삶의 이유가, 학업 생활의 이유가, 여러분이 일하는 이유가, 직장생활의 이유가 과연 그분입니까?

예수를 믿는다 하여도 어떤 이는 돈이 삶의 이유입니다. 자기의 재미와 쾌락이 자기의 삶의 이유입니다. 자신이 여전히 주인이 되어 자기의 욕망을 따라 움직이고, 자기의 의지를 따라 움직이고, 자기의 감정을 따라서 움직이는 것입니다. 시간도 자기 마음대로 사용합니다. 자기가 주인인 것처럼 여전히 자기중심으로 자기 우선으로 살아가는 것입니다. 그러나 예수 그리스도가 우리의 생각, 우리의 마음, 우리의 대화에 있어서 우선이 되어야 합니다. 맨 앞에 있어야 되는 것입니다.

오늘 사도 바울의 문안인사를 보면 1절에 '예수 그리스도'가 나옵니다. 4절 끝부분에도 '예수 그리스도'가 나옵니다. 6절 첫줄에도 '예수 그리스도'가 나옵니다. 또 7절 셋째 줄에도 보면 '주 예수 그리스도'가 나옵니다. 그의 입에서 항상 나오는 것이 '주 예수 그리스도'라는 주인의 이름입니다. 자기의 이름이 나오는 것이 아닙니다. 그러므로 은혜 가운데서 자라나는 사람은 자기의 자랑이나 자기의 경력에 대하여, 자기의 과거에 대해서, 왕년에 대하여 자꾸만 말이 줄어들고, 예수 그리스도에 대해서는 갈수록 더 많이 말하게 되는 것입니다.

바울의 가르침의 주제도 '예수 그리스도'였습니다.

고린도전서 1장 23절에는 "우리는 십자가에 못 박힌 그리스도를 전하니"라고 하였습니다. 고린도후서 4장 5절에는 "우리는 우리를 전파하는 것이 아니라 오직 그리스도 예수의 주되심을 전파하는 것"이라고 하였습니다. 바울의 삶의 목적도 예수 그리스도였습니다. 빌립보서 1장 20-21절에는 "살든지 죽든지 내 몸에서 그리스도가 존귀하게 되게 하려 하나니 이는 내게 사는 것이 그리스도니 죽는 것도 유익함이라" 하였고, 또 "내게 사는 것이 예수 그리스도"라고 했습니다. 사도행전 20장 24절에도 "나의 달려갈 길과 주 예수께 받은 사명 곧 하나님의 은혜의 복음을 증언하는 일을 마치려 함에는 나의 생명조차 조금도 귀한 것으로 여기지 아니하노라"고 말씀했습니다. 그리고 그의 평생을 주님이 맡기신 복음을 위해 살다가, 마지막에 로마 근교에 있는 오스티안 가도에서 참수형을 당했습니다. 칼로 목이 잘려 죽임을 당했습니다. 주인을 위해서 자기의 생명까지 바친 것입니다.

저는 이 말씀을 준비하면서 어느 때보다 제 자신을 많이 생각했습니다. 솔직히 말해서 날마다 몇 번씩 이 말씀을 생각하면서 제 자신을 생각했습니다. "내 안에 사는 이 예수 그리스도니", 그 복음송을 날마다 부르면서 내 안에 누가 사는지, 나의 주인은 누구인지, 나는 어떤 사람인지를 사도 바울과 비교하면서 기도하고 찬송하고 회개하는 시간들을 가졌습니다.

바울 사도도 나도 똑같은 그리스도의 피로 구원 받았는데, 왜 바울 사도와 나의 모습은 이렇게 다를까? 그는 예수 그리스도의 노예로 살았는데 나는 아무리 생각해도 목사 안수를 받았기 때문에 목사는 될지언정 제 스스로 예수 그리스도의 노예라고는 절대로 말할 수가 없었습니다. 왜 그렇겠습니까? 제 삶을 돌아볼 때에 제가 제 삶의 주인일 때가 많았기 때문입니다. 그리고 지금도 제가 제 자신을 위해 살아갈 때가 많기 때문입니다.

그런데 사도 바울은 자신을 어떻게 소개합니까?

그리스도 예수의 노예라고 소개합니다. CCC창립자 빌 브라이트 박사가 죽었을 때에 거기에 다른 사람이 묘비를 세우면서 묘비에 '그리스도의 노예'라고 새겨 주었습니다. 우리나라의 김남준 목사님도 자신의 책 서문 끝에 '김남준 목사'라고 쓰지 아니하고, '그리스도의 노예 김남준' 하고 써 놓았습니다. 얼마나 귀한 종들입니까?

저도 그렇게 되고 싶은데 그렇지 못해서 가슴이 너무 아프고, 또 그렇지 못해서 성도 여러분에게 너무 죄송합니다.

여러분은 어떻습니까? 예수 그리스도께 여러분은 누구입니까? 여러분도 그분의 노예라고 고백할 수 있습니까? 그리스도는 여러분에게 누구입니까? 여러분의 주인이라고 고백할 수 있습니까? 그래서 예수를 중심으로 예수를 위해서 살고 계십니까? 여러분의 삶의 이유가 예수 그리스도십니까? 주인께 순종하는 삶을 살고 계십니까? 우리의 세상살이에는 힘든 일, 어려운 문제가 많이 있습니다. 어려운 인간관계로 인하여 우리는 고통당하며 괴로워하면서 살아갈 때도 많습니다. 그러나 생각해 보면, 예수가 내 안에 살고 그분이 정말 나의 주인이고 내가 그분의 노예라고 하면, 해결하지 못할 인간관계가 없고 해결하지 못할 문제가 이 세상에는 없는 것입니다.

여러분, 손동희 씨를 아십니까?

사랑의 원자탄으로 유명한 손양원 목사님의 장녀입니다. 여러분이 아시는 대로 손양원 목사님은 여순반란사건 때에 자기의 두 아들 동인이와 동신이를 잃었습니다. 그 좌익분자들이 잡아서 총살을 시켜버렸습니다. 얼마나 억울하고 안타깝겠습니까? 목사님이 다른 교회에 집회 간 사이에 경찰에서 연락이 왔습니다. 당신의 두 아들을 총살시킨 안재선이란 청년을 잡았다고 하는 것입니다. 이제 안재선의 앞날은 어떻게 되겠습니까? 총살감입니다.

그런데 자기 딸 장녀 동희를 보내어 자신의 뜻을 전했습니다. 손동희 씨가 자기 오빠들을 죽인 이 죄인을 자기 아버지가 살리라고 하니, 가서 울면서 거기 있는 책임자에게 보고를 합니다. "손 하나 대지 말래요. 죽이지 말래요. 그를 살려서 아들 삼겠대요. 성경에 예수님께서 자기 원수를 사랑하라고 했대요" 하고서 아버지의 뜻을 전하였습니다. 그래서 이 안재선이라는 청년이 풀려났습니다. 며칠 후 목사님께서 집회를 끝내고 안 군의 집으로 갔습니다. 안 군의 손을 꼭 붙잡고서 '걱정하지 말라', '두려워하지 말라', '안심하라', '내가 너의 죄를 다 용서했노라'고 합니다. "하나님께서도 너의 죄를 용서해 주신 것으로 믿는다, 이제 예수 잘 믿고 내 두 아들 몫을 다 해 주님의 일꾼이 되어다오" 하고서 양자로 삼았습니다. 그래서 안재선이 신학교에 가서 목사가 되었습니다.

국민일보에 연재로 실리고 있는 그 글을 읽어 보면, 손 목사님은 예수님이 그 안에서 사시는 분이고 예수님의 노예임을 알게 됩니다. 자신이 그 안에 산다면 그럴 수가 있겠습니까? '이 죽일 놈!' 하면서 멱살을 잡고 흔들면서 죽이려고 할 것입니다. 총살시키려고 할 것입니다. 두 아들을 죽인 원수를 어찌 용서하고 사랑하고, 그것도 양자로 삼을 수가 있다는 말입니까?

그러나 예수가 내 주인이고 나는 그의 노예라면 해결하지 못할 문제가 없는 것입니다. 문제는 무엇입니까? 예수를 믿는다고 해도 여전히 내가 내 안에 살고 있기 때문에 내가 나의 주인이 되어 있기 때문에 모든 것이 해결이 되지 않는 것입니다. 예수만이 내 안에 계시고, 예수님이 내 주인 되시고, 나는 예수님의 노예가 되어 온전히 그의 뜻대로 살아간다면 해결되지 않을 문제가 어디에 있겠느냐는 것입니다.

오늘 우리는 바울의 자기소개를 살펴보았습니다.

바울은 자기를 '그리스도 예수의 종', '그리스도 예수의 노예'라고 소개했습니다. 이 바울의 자기소개를 깊이 생각하면서 나 자신은 어떤지, 나는 과연 그리스도 예수의 노예인지를 깊이 생각하며 비교하고 성찰해 볼 수 있기를 바랍니다. 그리고 날마다 자신이 그리스도의 노예임을 자주 생각하고 기도하시기를 바랍니다. 그래서 입술로만 아니라 내 마음으로 내 삶으로 예수 그리스도의 노예 됨을 인정하고 고백하고 나타내면서 살아가시는 저와 여러분이 꼭 되시기를 바랍니다.

2

로마서 1:1-2

바울의 자기소개

"예수 그리스도의 종 바울은 사도로 부르심을 받아 하나님의 복
음을 위하여 택정함을 입었으니 이 복음은 하나님이 선지 자들
을 통하여 그의 아들에 관하여 성경에 미리 약속하신것이라"

병든 사람들의 특징이 무엇이 있습니까? 여러 가지가 있지만, 그
중 한 가지는 입맛이 없다는 것입니다. 먹고 싶은 마음이 다 떨어
집니다. 그런데 영적인 병, 신앙의 병도 마찬가지입니다. 영적인 음
식인 하나님 말씀에 대한 사모함, 갈급함이 사라져버립니다. 그래서
하나님의 말씀 듣는 시간이 기다려지지도 않고, 또 설교시간에 설
교자를 바라보지도 않고, 그 말씀을 주의해 듣지도 아니하고 그냥
아래만 바라보고 있다든지, 잡념에 빠진다든지, 졸고 있다든지 해
서 아무 은혜를 받지 못합니다. 그로 인해 영적으로 더 연약해지고
병은 더 깊어가게 되는 것입니다.

여러분의 모습을 한 번 살펴보시기 바랍니다. 나는 혹시나 영적
으로 병들어 있지는 않은지, 나는 과연 영적으로 건강한 사람인지

하나님 앞에서 자신의 모습을 돌아보시기 바랍니다. 우리 교회 모든 성도들은 영적으로 건강한 성도들이 다 되시기를 바랍니다. 영적으로 건강한 상태가 어떤 상태인지 아십니까? 그것은 예수 그리스도를 나의 주인으로 모시고 나는 그리스도 예수의 노예, 종이 되는 것입니다. 바울처럼 말입니다. 그것이야말로 영적으로 가장 건강하고 아름다운 상태인 것입니다.

우리는 지난 주일에 로마서의 발신자 바울이 자기를 소개하는 것에 대해 살펴보았습니다. 자기소개는 매우 중요합니다. 저에게나 저희 집에 전화가 오는데 어떤 분은 '제가 누굽니다'하고 자기를 소개하지 않고, 자기 할 말을 막 하는데 그러면 목사가 대단히 당황스럽습니다. 이 사람이 도대체 누구인가? 한쪽으로 머리를 막 굴려서 그래도 웬만하면 다 생각해 내는데, 그래도 영 안 되면 '그런데 누구시죠?' 하고 묻습니다. 참, 기가 막힙니다.

바울이 지금 로마서를 쓰고 있지만 사실 바울이 로마교회를 설립한 것이 아닙니다. 바울은 로마에 가본 적도 없습니다. 그렇기 때문에 이 로마서를 쓰고 있는 자신이 어떠한 사람인지 보다 분명히 소개할 필요가 있었습니다. 그래서 자기 자신을 이렇게 소개하고 있습니다.

지난주일 말씀에 사도 바울은 자기를 어떻게 소개하였습니까? 그리스도 예수의 종, 또는 그리스도 예수의 노예라고 자기를 소개했습니다. 참 생각하면 생각할수록 그리스도 예수의 노예라는 이 말, 우리 평생의 과제 아니겠습니까?

하나님이 우리에게 은혜주시고, 우리에게 성령으로 충만하게 해 주셔서 세월이 갈수록 더욱더 주님의 온전한 노예가 될 수 있기를 바랍니다.

오늘은 두 번째 소개 '사도로 부르심을 받아'와, 세 번째 소개 '하나님의 복음을 위하여 택정함을 입었으니'라는 이 두 가지를 생각해 보고자 합니다. 귀한 은혜의 시간이 되시기를 바랍니다.

바울의 두 번째 자기소개는 사도로 부르심을 받았다는 것입니다. 누가복음 6장 12-13절에 보면 사도라는 말이 처음 나옵니다.

"이때에 예수께서 기도하시러 산으로 가사 밤이 새도록 하나님께 기도하시고 밝으매 그 제자들을 부르사 그중에서 열둘을 택하여 사도라 칭하셨으니."

이 말씀에 보면 제자와 사도는 차이가 있습니다. 왜 그렇습니까? 예수님께서 밤새 기도하시고 제자들을 불러서 그중에 열둘을 택하여 사도라 칭하였다고 했습니다. 그러니까 제자들 중에서도 특별히 뽑은 열두 사람이 사도라는 것입니다.

이 사도라는 말은 '보냄 받은 사람'이라는 뜻입니다. 어떤 높은 사람이 자기를 대신해서 메신저로, 사자로 심부름꾼으로 보낼 때에, 그 보냄 받은 사람을 가리켜서 사도라고 하는 것입니다. 사도란, 그냥 보냄 받은 것이 아니라 주님이 주신 사명을 가지고, 능력을 가지고 보냄 받은 자를 의미하는 것입니다. 달리 말하면, 우리 주 예수 그리스도를 대신하는 사람입니다. 주님을 대신하는 자인만큼 우리 신약교회에서 가장 권위있는 직위, 가장 영광스러운 직위라고 할 수 있습니다.

그러면 누가 사도가 되겠습니까? 예수 그리스도에 의해 직접 부름을 받은 사람입니다. 그리고 부활하신 주님을 눈으로 목격한 사람, 그 사람이 사도가 될 수 있습니다.

여러분, 혹시 '큰믿음교회'라고 들어보셨습니까? 변승우 목사라고 해서 '크리스천도 지옥 갈 수 있다'는 책을 썼습니다. 제가 살고 있는 성안동에도 지난번 살던 아파트 옆에 큰믿음교회가 있었습니다. 큰믿음교회는 바로 이단이라고 말하기에는 그렇지만 이단성을 가지고 있는 교회입니다. 왜냐하면, 큰믿음교회는 지금도 사도가 있다고 주장합니다. 신사도운동을 펼칩니다. 그리고 이 성경 외에 지금도 하나님의 직통계시를 받을 수 있다고 말합니다. 이러한 주장은 성경에 위배되는 것입니다. 잘못된 것입니다.

물론 교회 역사를 보면 사도로 불린 이들이 있습니다. 8세기 프리지아(Frisia) 지역에, 지금의 독일과 네덜란드 지역에 가서 순교한 '보니페이스'라고 하는 위대한 선교사가 있었습니다. 그분이 죽고 나서 사람들은 그분을 가리켜서 '독일의 사도'라고 불렀습니다. 같은 시대에 저 북부 스칸디나비아반도의 스웨덴, 노르웨이, 핀란드에 가서 평생 동안 복음을 전하신 분이 계셨습니다. '안스카'라는 분으로, 그는 '북부의 사도'라고 불리었습니다. 그러나 그것은 진짜 사도라는 의미가 아니라, 그들의 공적을 높여서 그렇게 부른 것입니다.

사도는 교회의 토대를 놓기 위해서 주님께서 그때만 특별히 세우신 직분입니다. 그러기 때문에 1세기에만 존재했던 비상 직분으로 지금은 없습니다. 그런데 예수님의 열두 제자가 아닌데도 예외적으로 사도가 된 한 사람이 있었습니다. 그 사람이 바로 사도 바울입니다. 그는 제자 열둘에 속하지 않았기 때문에, 그가 설립한 교회들에서조차도 사도 바울이 과연 '사도인가?' 하는 의심을 하였습니다. 로마교회 성도들 가운데서도 '바울이 사도인가?' 하며 바울의 사도성을 의심하는 성도가 있었던 것 같습니다.

그래서 성경에 "사도로 부르심을 받은"이라고 말씀하고 있는 것입니다. 그는 예수님께서 특별하게 불렀습니다. 지난 주일에 우리가 보았듯이 다메섹 도상에서 예수님께서 그를 사울에게 나타내시고 직접 그를 사도로 부르셨습니다. 그리고 사도행전 26장 17절에 보면 "이스라엘과 이방인들에게서 내가 너를 구원하여 그들에게 보내어"라고 했습니다. 여러분, 사도가 무슨 뜻이라고 했습니까? '보냄 받은 자'입니다. 주님께서 '보내어'라고 했으니까 바울은 사도라는 것입니다. 주님께서 그를 직접 불러 보냈습니다. 또 그때에 그는 부활하신 주님도 만났습니다.

성경에 부활장이라고 불리는 고린도전서 15장에 보면, 우리 예수님께서 성경대로 죽으시고 성경대로 사흘 만에 다시 살아났다고 했습니다. 처음에는 누구에게 보이시고 그 다음에는 누구에게 보이시고 쭉 가다가 바울이 마지막에 뭐라고 말했습니까? "맨 마지막에 만삭되지 못하여 난 자 같은 나에게도 보이셨느니라"고 했습니다. 사도 바울이 부활하신 주님을 보았습니까, 못 보았습니까? 보았습니다. 목격하였습니다. 갈라디아서 1장 1절에는 바울이 자신을 어떻게 소개하는지 보겠습니다.

"사람들에게서 난 것도 아니요 사람으로 말미암은 것도 아니요 오직 예수 그리스도와 그를 죽은 자 가운데서 살리신 하나님 아버지로 말미암아 사도 된 바울은."

여기에서도 자기가 사도 된 것은 오직 예수 그리스도와 하나님 아버지로 말미암아 직접 사도가 되었다고 말씀하고 있습니다. 그리고 다른 사도들도 바울이 사도인 것을 인정했습니다. 바울은 하나님의 말씀을 전하였고, 또 하나님의 말씀을 기록하였습니다. 그러므로 사도로서 바울의 권위는 열두 사도와 동등이요, 나아가 가장 큰 사도라고 할 수 있습니다.

여기서 우리가 무엇을 볼 수 있습니까? 하나님의 무한하신 긍휼과 은혜를 볼 수 있습니다. 바울이 누구입니까? 본래 하나님의 교회를 심하게 핍박하는 자였습니다. 예수 믿는 사람들을 보고서 살기가 등등했던 사람, 그래서 예수 믿는 사람들을 앞장서서 죽이고, 예수 믿는 자들을 잡아서 감옥에 넣었던 사람이 바로 바울이었습니다. 고린도전서 15장 9-10절을 보겠습니다.

"나는 사도 중에 가장 작은 자라 나는 하나님의 교회를 박해하였으므로 사도라 칭함 받기를 감당하지 못할 자니라 그러나 내가 나 된 것은 하나님의 은혜로 된 것이니."

디모데전서 1장 13절에는 "내가 전에는 비방자요 박해자요 폭행자였지만", 15절에 "나는 죄인 중에 괴수였다. 가장 악한 죄인이었다. 그런데 우리 주의 은혜가 그리스도 예수 안에 있는 모든 믿음과 사랑과 함께 넘치도록 풍성하였다"라고 고백합니다.

우리 하나님의 크신 은혜와 사랑은 측량할 수가 없습니다. 말씀한 대로 넘치도록 풍성하였습니다. 샘의 물이 고여 있는 정도가 아니라, 샘의 물이 솟아나서 넘치듯이 하나님의 은혜와 사랑이 하나님의 택함 받은 백성들에게 넘치고 넘치는 것입니다. 그래서 가장 큰 원수였던 바울, 이 바울의 그 큰 죄를 그냥 용서만 해주시고, 구원만 해주시고, 영생만 주셔도 너무나도 큰 은혜 아니겠습니까? 그런데 거기에서 나아가 교회에서 이 세상에서 가장 영광스러운 사도의 직분까지 주셨습니다. 그것도 가장 위대한 사도가 되게 해주셨습니다. 그래서 사도 바울은 고백하기를 "내가 사도 중에 가장 많이 수고하였다"라고 하였습니다. 사도 중에 바울만큼 성경을 많이 기록한 사람이 없습니다. 신약 13권을 기록하였습니다.

우리는 어떻습니까? 하나님의 크신 은혜, 하나님의 측량할 수 없는 은혜가 사도 바울에게 넘쳤는데 우리에게는 어떻습니까? 에베소서 2장 1절을 보시겠습니다.

"그는 허물과 죄로 죽었던 너희를 살리셨도다."

사도 바울이, 에베소교회 성도들에게 이렇게 말했습니다, 허물과 죄로 죽었던 너희를 살리셨도다. 이 말씀은 우리에게도 그대로 적용이 됩니다. "허물과 죄로 죽었던 너희를 살리셨도다." 우리는 본래 허물과 죄로 죽은 자인 것을 아십니까? 육적으로는 살아 있었지만 영적으로 하나님이 보실 때는 이미 허물과 죄로 죽었던 자였습니다. 에베소서 2장 3절에 보시면, "육체의 욕심을 따라 지내며 본질상 진노의 자녀"라고 했습니다. 진노의 자녀라는 말은, 진노의 대상이라는 말입니다. 심판의 대상, 멸망의 대상이라는 말입니다. 그런데 긍휼히 여기신 하나님께서 우리를 사랑하신 그 크신 사랑으로 인하여 허물로 죽었던 우리를 그리스도와 함께 살리셨다고 했습니다. 구원받을 자격이 아무것도 없고 우리가 받을 수 있는 것은 영원한 멸망, 영원한 하나님의 심판밖에 없지만, 우리를 불쌍히 여기사 우리를 구원해 주신 것입니다.

오늘 우리가 불렀던 찬송가에서 제가 특별히 좋아하는 가사가 있습니다.

"나는 죄와 악함이 가득하게 찼으나 예수께는 진리와 은혜 충만하도다."

나는 죄와 악함이 충만하지만 예수께는 진리와 은혜가 충만합니다. 우리가 어떻게 하나님 앞에 서서 이렇게 하나님을 찬양하며 경배할 수 있겠습니까? 우리가 어떻게 하나님 앞에 구원 받는 자가 되었습니까? 나는 죄와 악함이 충만하지만, 우리 예수님께는 진리와 은혜가 충만하기 때문에 이렇게 할 수 있는 것입니다. 주님께서 은혜가 충만하기 때문에, 오늘 우리가 이 자리에 앉아 있음을 믿으시기 바랍니다.

하나님의 은혜로 구원받지 못할 죄인이 없습니다. 하나님의 은혜가 감당하지 못할 죄악이 없는 것입니다. 그러므로 어떤 악한 죄인이라도 오직 예수 그리스도를 믿고, 그의 은혜를 받아들이기만 하면 우리 하나님께서는 그의 죄를 용서하시고 그의 자녀로 그의 백성으로 다 받아주시는 것입니다. 이것이 놀라우신 우리 하나님의 은혜입니다.

이뿐만 아니라 하나님께서는 상당수의 성도들에게 교회의 직분을 주셨습니다. 그런데 이 직분을 받은 성도들이, 이 직분이 얼마나 소중하고 아름답고 영광스러운지 잘 모르는 것이 안타깝습니다. 이 것은 하나님께서 교회를 통하여 주시는 직분입니다. 그렇기 때문에 거룩한 직분이요, 하나님께서 주시는 영광스러운 직분인 것입니다. 제가 무슨 목사 될 자격이 있겠습니까. 우리 중에 누가 장로가 되고, 권사가 되고, 집사가 될 자격이 있겠습니까? 아무도 없습니다. 그러나 질그릇 같은 우리에게 보배를 담아 주신 것입니다.

구원의 은혜뿐만 아니라 이렇게 직분의 은혜까지 주신 이 은혜가 얼마나 큰 은혜입니까? 나의 나 된 것은 하나님의 은혜임을 믿고 하나님께 감사하면서 충성하시기를 바랍니다.

세 번째 자기소개는, 하나님의 복음을 위해 택정함을 입었다는 것입니다.

이 말은 앞에 나온 "사도로 부르심을 받아"라는 말과 그 내용이 사실은 비슷합니다. 그러나 문장 구조상 분명히 구분되는 말씀입니다. 여기 택정함을 입었다는 말씀은, 영어성경에 보면 'set apart'로, '따로 놓다, 따로 구별해 놓다, 따로 세움 받다'는 뜻입니다. 사도 바울은 무엇을 위해 택정함을 받았습니까? 하나님의 복음을 위해서입니다.

갈라디아서 1장 15절을 보면, 바울은 "하나님이 어머니의 태로부터 나를 택정하셨다"라고 했습니다. 바울을 복음의 전파자로 만들려고 하나님이 어머니의 태로부터 택정했다는 것입니다. 하나님이 예레미야 선지자를 부르실 때도 비슷합니다. 예레미야 1장 5절에 보면, "내가 너를 모태에 짓기 전에 너를 알았고 네가 배에서 나오기 전에 너를 성별하였고 너를 여러 나라의 선지자로 세웠노라"는 말씀이 나오는데, 여기서 '성별하였다'는 말이 'set apart', 즉 택정했다는 말씀과 똑같습니다.

여기서 우리가 알 수 있는 것은, 하나님께서 바울을 불러 복음 전파자로 세우신 것은 'after thought', 즉 사후 생각이 아니라는 것입니다.

'사울 이놈! 안 되겠다. 하나님의 교회를 핍박하고 스데반을 죽이는 데 앞장서고, 그것도 부족하여 다메섹까지 가서 신자들을 다 잡아 끌고 오려고 했으니 이놈을 살려뒀다간 교회가 박살이 나겠구나. 어떡하지? 죽여 버릴까, 아니지 저 놈을 완전히 변화시켜 복음전파자로 삼아야겠다.' 우리 하나님이 이런 생각을 가지고 했겠습니까? 그게 아니라는 것입니다. 그러면 언제 택정했습니까? 그가 어머니 태중에 있을 때에 하나님께서는 이미 그를 복음을 위하여서 택정하셨다는 겁니다. 구별해 놓으셨다는 것입니다.

그러고 보면, 그가 이방의 도시이며 학문의 도시인 다소에서 태어나 헬라어를 배우고 헬라 철학과 문학을 열심히 공부하게 된 것, 그리고 다소에서 태어남으로 인하여 유대인인데도 로마시민권을 가지게 된 것, 그리고 또 나중에 예루살렘에 유학을 와 그곳 가말리엘 문하에서 하나님의 율법을 배워 율법에 정통한 자가 된 것, 이 모든 것이 하나도 우연이 아니라는 것입니다. 그 모든 것 다 무엇입니까? 하나님이 그를 이방인의 전도자로 삼으시기 위한 훈련이요 준비였다는 것입니다. 하나님의 영원한 작정을 하나님께서 이루어 가시는 하나의 과정이었다는 것입니다.

바울만 그렇겠습니까? 모세도 그랬고, 예레미야도 그랬고, 세례 요한도 그랬습니다. 이것이 성경에 나오는 그들만의 특별한 일이겠습니까? 아닙니다. 우리에게도 마찬가지인 것입니다. 우리가 20~21세기 이 나라에서, 각자의 가정에서 태어나 지금까지 교육 받고 자라고 자기 직장에서 일을 하며 한 가정의 일원으로 살아가는 것, 우리 울산동부교회라는 이 신앙공동체에 속하여 봉사하는 것이 우연이겠습니까? 결코 아닙니다. 이것은 하나님의 작정입니다. 우리 하나님의 세밀한 인도하심의 결과인 것입니다. 예수님께서 말씀하셨습니다. 하나님의 허락 없이는 참새 한 마리도 땅에떨어지지 않으며 죽지 않는다는 것입니다.

오늘 제가 여기 서서 여러분 앞에서 설교하는 것도 마찬가지입니다. 어찌어찌 하다 보니 이곳에 서게 된 것이 아니라는 것입니다. 제가 부임하던 날 첫 설교를 기억하십니까? 에스더 4장에 '이때를 위하여!'라는 설교 제목으로 말씀을 전했습니다. '이때를 위하여!'는 모르드개가 한 말입니다. 페르시아(바사)에 끌려간 유다 백성이, 하만의 간계로 인하여 다 죽을 지경이 되었습니다.

모르드개는 '어떻게 하면 이 하나님 백성을살릴 수 있을까' 곰곰이 생각해 보니, 자기 조카가 지금 왕후가 되어 있는 자기 사촌 에스더밖에는 길이 없다는 생각이 든 것입니다. 그래서 에스더에게 가서 "네가 왕후가 된 것이 이때를 위함이 아니냐"라고 했습니다. '이때를 위해서'라고 도전했습니다. 그러자 에스더는 어떻게 했습니까?

왕이 부르지 않는데 왕 앞에 가면 누구든지 다 죽는 것이 그 나라의 법이었습니다. 그런데 모르드개의 말을 듣고 보니 가만히 있을 수가 없었습니다. 그녀는 모르드개에게 "나를 위해서 금식기도를 해주십시오" 하면서 자기도 금식하면서, 기도했습니다. 용기를 내었습니다. 그리고 '죽으면 죽으리라'는 마음을 가지고 황제 앞으로 나아갔습니다.

그때 황제가 어떻게 하였습니까? 걸어오는 에스더의 모습이 너무 사랑스러워 홀을 내밀었습니다. 그것은 살려준다는 뜻입니다. 은혜를 베풀겠다는 뜻입니다.

"에스더야, 무슨 일이 있느냐? 말해라, 이 나라 절반이라도 주겠다."

"내 백성을 구원해 주시옵소서."

이렇게 해서 이 유다 백성의 대적인 하만은 높은 장대에 매달려 죽임을 당하고, 유다 백성을 죽이려고 했던 그날에 유다 백성의 모든 대적들을 도리어 다 죽이는 귀한 역사가 일어났던 것입니다. 이 에스더를 보십시오. 에스더가 페르시아 제국에 태어난 것, 그리고 아름다운 용모와 몸매를 가지고 태어난 것, 또 여러 후보들 가운데 왕후로 뽑히게 된 것, 이 모든 게 우연입니까? 아니지요. 어려운 때에 준비하여 하나님께서 자기 백성을 구원해 주시기 위하여 그렇게 하신 것입니다.

저도 그렇게 믿고 있습니다. 하나님께서 저를 믿음의 가정에서 태어나게 하시고, 저 남해 작은 시골교회에서 종을 치며 교회 청소를 하면서 자라게 하심으로 교회를 사랑하는 마음을 주시고, 신학교를 가게 하시고, 그리고 군목과 부목과 담임목사를 거친 후에 영국에 가서 신학을 좀 더 공부하게 하신 다음 이곳에 보내어 지난 12년 동안, 그리고 오늘도 하나님의 말씀을 전하게 하신 것입니다.

여러분도 마찬가지입니다. 저는 여러분 각자를 향한 하나님의 뜻을 알지 못합니다. 그러나 여러분이 알고 믿어야 될 것은, 하나님이 복음을 위해 바울을 미리 택정하셨듯이, 여러분도 그렇게 하셨다는 것입니다. 여러분을 향하신 하나님의 뜻과 목적이 분명히 있다는 것입니다. 여러분이 태어나기 전에 하나님께서 다 작정을 해놓으셨습니다. 바울처럼 전적으로 복음전도자로 택정하지는 않았지만, 하나님의 영광을 위해 살도록 여러 가지 분야에서 일하면서 하나님께 영광을 돌리고, 하나님의 복음을 전하고, 그리고 이 울산동부교회에 보내어 함께 주님을 섬기며 믿음이 자라도록, 또 함께 하나님을 섬기고 봉사하도록 하나님께서 작정해 놓으셨다는 것입니다.

여러분은 여러분의 생애를 위한 하나님의 작정을 믿으십니까?

그렇다면 지금 자신의 삶을, 자신의 신앙생활을 한 번 돌아보시기 바랍니다. 하나님의 택정함에 합당하게 살고 있는지, 나는 하나님이 원하시는 자리에 지금 서 있는지 한 번 살펴보시기 바랍니다. 혹시나 하나님의 택정함에 맞지 않는 상태, 그런 자리에 머물러 있는 성도는 없습니까? 하나님이 원하시는 합당한 자리로 돌아오시기 바랍니다.

바울이 하나님의 택정함을 받았다는 사실을 확신한 후에 그가 어떻게 살았는지 아십니까? 다메섹에서 눈을 뜨고 나서, 그다음부터 강건하여져서 바로 나가 복음을 전하기 시작했습니다. 이후로 그의 삶이 얼마나 뜨거웠습니까? 하나님 앞에 얼마나 충성스러웠습니까? 그것은 하나님께서 자기를 복음전파자로, 하나님의 복음을 위해서 택정해 주셨다는 확신이 그에게 있었기 때문에, 나태하고 게으르게 살 수 없었고 적당히 살아갈 수 없었습니다. 그래서 목숨을 다 바쳐서라도 하나님을 위해서 뜨겁게 살아갔던 것입니다.

오늘 바울의 자기소개 두 번째와 세 번째를 살펴보았습니다.

사도로 부르심을 받았다는 이 두 번째 소개에서 우리는 죄인의 괴수를 구원하셨을 뿐만 아니라, 그를 사도로 삼으시는 무한한 주님의 은혜를 깨닫게 됩니다. 이를 통해서 우리를 향하신 주님의 사랑과 은혜가 넘치도록 풍성함을 깨닫게 되는 것입니다. 복음을 위하여 택정함을 받았다는 이 세 번째 소개를 통하여, 우리 각자를 향해서도 하나님의 영원한 작정과 계획이 있음을 보게 됩니다.

그러므로 나와 같은 죄인을 향한 한없는 하나님의 사랑과 풍성한 주님의 은혜, 그리고 내 삶을 향한 하나님의 영원한 작정과 인도하심을 믿고 감사하면서, 사명의 삶을 충성되게 살아가시는 여러분들이 다 되시기를 바랍니다.

3

로마서 1:1-4

하나님의 복음

"예수 그리스도의 종 바울은 사도로 부르심을 받아 하나님의 복음을 위하여 택정함을 입었으니 이 복음은 하나님이 선지자들을 통하여 그의 아들에 관하여 성경에 미리 약속하신 것이라 그의 아들에 관하여 말하면 육신으로는 다윗의 혈통에서 나셨고 성결의 영으로는 죽은자들 가운데서 부활하사 능력으로 하나님의 아들로 선포되셨으니 곧 우리 주 예수 그리스도시니라"

우리는 복음이라는 말에 아주 익숙합니다. '복음을 믿으라' 또 '복음을 전하라' 그렇게 말을 많이 합니다. 기독교는 '복음의 종교'라고 할 수 있습니다. 그런데 정작 성도들이 복음이 무엇인지 분명하게 알지 못하는 경우가 많습니다. 복음과 말씀의 차이가 무엇인지, 복음과 율법의 차이가 무엇인지 잘 모르는 경우가 많습니다. 로마서 강해 첫 시간에는 '로마서는 복음 중의 복음이라'고 했습니다. 로마서는 복음의 진수를 보여준다는 것입니다. 로마서는 로마서 전체를 통하여 복음이 무엇인지 명확하게 우리에게 보여줍니다. 뿐만 아니라 로마서는 전체로서뿐만 아니라 부분마다 여러 곳에서 우리에게 복음이 무엇인지 간략하게 보여주는 경우도 많이 있습니다. 오늘 본문이 바로 그런 경우입니다. 짧아도 복음이 무엇인지 우리에게 잘 말씀해 주고 있습니다.

로마서 1장 1절에서 한 사도 바울의 자기소개를 기억하십니까? 맨 처음에는 '그리스도 예수의 종'으로, 두 번째는 '사도로 부르심을 받은 자'로, 세 번째는 '하나님의 복음을 위해 택정함을 입은 자'라고 말하였습니다. 오늘은 이 세 번째를 기억하십시다. 하나님의 복음을 위하여 부르심을 입었다고 했는데, 이제 이어지는 2절, 3절, 4절에서는 하나님의 복음이 무엇인지에 대해 우리에게 말씀해 주고 있습니다. 그래서 오늘 이 한 시간에 이 말씀을 통하여 우리가 믿는 하나님의 복음, 기독교의 복음이 무엇인지를 잘 깨닫고 믿고 감사하는 시간이 되시기를 바랍니다.

복음이 무엇인가?

먼저 하나님의 복음이 무엇인지 내용을 알기 전에, 우리가 두 가지 생각을 하고 지나갈 것이 있습니다. 한 가지는, 기독교의 복음은 '하나님의 복음'이라는 것입니다. 복음이 무슨 뜻입니까? 복음이란 말은 영어로는 'gospel', 또는 'good news'(좋은 소식)라고 합니다. 오늘 읽은 교독문의 맨 처음 나오는 말이 "좋은 소식을 전하며"였는데 바로 이것입니다. '좋은 소식, 복된 소식, 기쁜 소식' 이런 뜻을 가지고 있는 것입니다. 이 성경이 쓰였던 당시에 복음을 유앙겔리온 이라고 했는데 이 말은 왕태자가 탄생했을 때, 왕이 등극할 때, 큰 전쟁에서 승리할 때 사용되었습니다. 이런 소식은 좋은 소식입니까? 나쁜 소식입니까? 좋은 소식이지요. 이것을 가리켜서 '유앙겔리온'(복음)이라고 했습니다. 그런데 신약의 제자들은 이 단어를 예수 그리스도 안에서 나타나는 하나님의 구원역사를 나타내는 전문용어로 사용하기 시작하였습니다.

그러면 기독교 복음의 기원, 복음의 주체가 누구겠습니까?

1절 둘째 줄에 보시면 '하나님의 복음'이라고 했습니다. 복음의 기원이 누구십니까? '하나님'이십니다. 기독교 복음은 하나님에게서 나온 것이라는 것입니다. 우리 자녀가 공부를 열심히 하여 서울에 있는 좋은 대학에 들어가고, 졸업을 해서 좋은 대기업에 들어가고, 또 결혼을 하여 아들딸을 낳은 것은 모두 좋은 소식입니다. 그런데 이 좋은 소식들은 사람에게서 난 것입니까? 하나님에게서 난 것입니까? 사람에게서 난 것입니다. 세상에서 나에게 주어지는 기쁜 소식입니다.

그런데 하나님의 복음은 세상에서 주어지는 복된 소식이 아니라 하나님에게서 나오는, 하나님에게서 주어지는 복된 소식이라는 것입니다. 하나님이 계획하시고 하나님이 준비하시고 하나님이 이루어가시고 하나님이 완성하시는 구원사역, 그것을 가리켜서 복음이라고 말하는 것입니다. 하나님의 복음은 사람의 복음이 아닙니다. 하나님의 복음은 복음 중에 복음입니다. 최고의 복음입니다. 가장 복되고 기쁜 소식임을 믿으시기 바랍니다.

또 다른 한 가지 우리가 짚고 넘어가야 될 것은, 기독교의 복음은 하나님께서 그 선지자들을 통해 구약에 미리 약속하신 것이라는 것입니다. 무슨 말입니까? 하나님의 복음은 하나님이신 예수 그리스도께서 이 세상에 오심으로 인해 비로소 시작된 것이 아니라는 것입니다. 하나님이 어느 날 갑자기 문득 생각해 낸 그런 아이디어가 아니라는 것입니다. 그것은 율법이 주어진 이전부터 아니 창세 때부터 하나님께서 약속을 하셨고, 선지자들을 통하여 시대마다 계속해서 약속해 오신 것이라는 말씀입니다.

어떤 사람들은 구약은 '율법'이요, 신약은 '복음'이라고 말을 합니다. 또 어떤 사람들은 말하기를 하나님께서 율법을 통하여 우리 인간의 의와 구원의 길을 제시했는데, 우리 인간이 하나님 앞에 불순종함으로 실패했다는 것입니다. 그래서 하나님께서 신약시대에는 복음을 믿음으로 말미암아 의와 구원에 이르는 길을 우리 인간에게 주셨다고 말합니다. 모두다 잘못된 말입니다.

구약과 신약은 끊어지지 않습니다. 단절되지 않습니다. 구약과 신약은 한 줄로 이어지는 것입니다. 지난번 설교한 창세기 3장 15절의 '원시복음'을 다 기억하실 것입니다. 인간이 타락한 후 하나님께서는 뱀에게 "여자의 후손이 너의 머리를 상하게 할 것이다"라고 했습니다. 이것을 원시 시대의 복음이라 하여 '원시복음'이라 합니다. 그때 이후로 하나님께서는 죄를 범한 우리 인류를 구원하시기 위해 오직 복음을 통한 의와 구원의 길을 인간에게 제시하셨습니다. 맨 처음에는 아담과 하와에게, 그리고 아브라함에게, 모세에게, 그리고 다윗에게 믿음으로 구원받는 복음의 길을 제시하셨고, 더 나아가서 여러 시대 여러 선지자를 통하여 복음을 약속하셨습니다.

이사야 선지자는 이사야 7장 14절에서 메시아의 동정녀 탄생을 예언하였습니다.

"보라 처녀가 임태하여 아들을 낳으리니 그 이름을 임마누엘이라 하리라" 했고, 미가 선지자는 미가서 5장 2절에서 메시아의 탄생 장소인 '베들레헴'을 예언하였습니다. 그리고 이사야 선지자는 이사야 53장에서, 또 시편 기자는 시편 22편에서 이 메시아가 여호와의 종으로서 고난 받고 죽게 될 것을 예언해 놓았습니다. 그 외에도 수없이 많은 예언이 있습니다.

선지자들의 예언의 중심이 되는 주제, 구약의 중심이 되는 주제가 바로 이것입니다. 하나님께서 때가 되면 구원자를 보내주시겠다는 것입니다. 디모데후서 3장 15절에 "네가 어려서부터 성경을 알았나니"라고 했는데, 디모데후서를 누가 썼습니까? 사도 바울이 디모데에게 썼습니다. 그런데 "네가 어려서부터 성경을 알았나니" 할 때에 이 성경은 구약을 말합니까, 신약을 말합니까? 잘 생각해 보십시오. 2000년 전에 디모데후서가 기록될 때는 신약이라는 말이 없었습니다. 구약이라는 말도 없었습니다. 성경이라고 하면 당연히 무엇을 가리킵니까? 구약을 가리키는 말입니다. '네가 어려서부터 성경을 알았나니 이 성경은 능히 너로 하여금 그리스도 예수 안에 있는 믿음으로 말미암아 구원에 이르는 지혜를 알게 한다'고 말씀하고 있는 것입니다. 대단한 말씀입니다. 그래서 우리가 알아야 될 것은 구약과 신약은 다른 것이 아니라 같은 주제를 다루고 있다는 것입니다. 단지 구약은 약속이고, 신약은 그 약속에 대한 성취라는 것입니다.

성실하신 하나님

여기서 우리가 한 가지 기억할 것이 있습니다. 우리 하나님은 어떤 하나님이십니까?

우리 하나님은 성실하신 하나님이십니다. 성실하신 하나님, 약속에 신실하신 하나님이신 것입니다. 우리 인간은 하나님이 약속을 했지만, 하나님의 약속에 대해서 불신하고 불순종하고 조석으로 변하곤 합니다. 그러나 하나님께서는 그 약속하신 것을 아무리 시대가 흘러가고 사람이 변해도 그 약속하신 바를 변치 않으셨습니다. 수천 년 동안 변치 않으셨습니다. 메시아를 약속하시고 때가 차매 보내주셨습니다.

우리 하나님은 앞으로도 그럴 것입니다. 우리는 변하여도 우리를 향한 하나님의 사랑, 그 하나님의 약속은 결단코 변함이 없을 것입니다. 때가 차매 약속대로 아들을 보내신 하나님, 또 때가 차면 약속대로 그 아들을 두 번째로 보내어서 이 세상을 심판하실 것입니다. 믿지 않는 자, 불순종하는 자들을 하나님께서 영원한 멸망으로 심판할 것입니다. 또한 당신의 백성들에 대해서는 그들을 구원하여 약속하신 저 천국에서 영원한 복락을 누리며 살게 해주실 것입니다. 그러기에 '하나님께서는 신실하신 하나님이시다', '약속하신 바를 분명히 이루실 것이다'는 믿음을 가지고 살아가시는 여러분들이 되시기를 바랍니다.

이제 본격적으로 하나님의 복음이 무엇인지 살펴보겠습니다.

하나님의 복음이란 무엇입니까? 복음을 아주 짧게 한마디로 말하면, 2절 말씀에 '그의 아들에 관한 것'이라고 했습니다. 3절에도 '그의 아들에 관한 것, 하나님의 아들에 관한 것'이라고 했습니다. 물론, 복음은 삼위 하나님과 관련이 되지만 특별히 제2위 하나님, 하나님의 아들과 관련이 있습니다.

그렇다면 복음의 핵심이 무엇이겠습니까? 복음의 핵심은 하나님의 아들입니다. 예수 그리스도이십니다. 그러므로 복음이 없는 기독교가 존재할 수 없듯이, 예수 없는 복음은 존재할 수가 없는 것입니다. 마가복음 1장 1절에 보면 "하나님의 아들 예수 그리스도의 복음의 시작이라"고 말씀했습니다. 예수 그리스도가 복음의 핵심이기 때문에, 하나님의 아들 예수 그리스도 복음의 시작이라는 것입니다. 우리가 신약을 펼치면 제일 먼저 무엇이 나옵니까? 마태복음, 마가복음, 누가복음, 요한복음 모두 복음서입니다. 복음서는 무엇에 대한 기록입니까? 하나님의 아들 예수님에 관한 기록입니다. 그의 인격과 사역에 대하여 말씀을 하고 있습니다.

여러분, 하나님 아버지만 믿고 섬기면 구원을 받습니까? 천만의 말씀입니다. 우리 교회 옆길을 쭉 따라가다 MBC방송국 앞에 보면 '여호와의 왕국'이라는 건물이 있습니다. 거기에는 '여호와의 증인'들이 다닙니다. '이단'입니다. 그들을 왜 여호와의 증인이라고 하는지 아십니까? 그들은 '오직 여호와만이 신이다, 여호와만이 영원히 살아계신다, 예수 그리스도는 하나님이 아니고, 신이 아니고 여호와께서 지으신 첫 인간이다'고 말하는 것입니다. '예수는 한 사람이다, 예수 그리스도 십자가의 죽음은 한 사람의 죽음이기 때문에 다른 사람을 구원할 수가 없다, 대속할 수가 없다'고 주장하는 것이 여호와의 증인인 것입니다.

세계적으로 가장 강하게 폭발적으로 늘어가는 종교가 이슬람교입니다. '회교'는 예수님에 대해서 어떻게 말씀하는지 아십니까? '알라만이 신이다'고 주장합니다. '알라 외는 다른 신이 없다. 예수 그리스도는 구원자가 아니고 선지자 중 하나에 불과한데 마호메트보다도 못한 선지자다. 사람은 예수 믿어서 구원 얻는 것이 아니다. 그러니 다섯 가지를 지켜야 된다'고 합니다. 그 다섯 가지 중 첫 번째는, '신앙고백'으로 알라는 유일한 신이라는 것이요, 두 번째는, '자선행위'로 자선을 해야 된다는 것이요, 세 번째는, '라마단'인데 그 기간을 지켜야 한다는 것이요, 네 번째는, '기도'로 하루에 다섯 번 기도 시간에 맞추어 기도해야 한다는 것이요, 다섯 번째는, 성지 메카를 순례해야 한다는 것입니다. 이 다섯 가지를 지켜야 구원을 얻는다고 합니다. 무슨 말입니까? 거기에는 하나님의 아들 예수님이 없습니다. 그러므로 이런 종교를 통해서는 결코 구원을 받을 수 없습니다.

복음은 어떤 인간에 대한 이야기가 아니라, 하나님의 아들에 관한 소식이요, 하나님의 아들에 관한 구원의 메시지임을 믿으시기 바랍니다. 이것이 구원받는 바른 믿음인 것입니다.

복음은 하나님의 아들에 관한 것이라고 했는데, 보다 구체적으로 어떤 것인지 3절과 4절이 말씀합니다.

이를 3가지로 진술할 수가 있습니다.

첫째는, 하나님의 아들이 사람으로 태어나셨다는 것입니다.

3절 말씀을 보면 "그의 아들에 관하여 말하면 육신으로는 다윗의 혈통에서 나셨고"라고 했는데, 이 '나셨고'라는 말이 중요합니다. 하나님이 태어날 수 있습니까? 아니요! 인간으로 태어날 수 없습니다. 그렇다면 하나님의 아들이 하나님입니까, 사람입니까? 하나님이죠. 사람의 아들은 사람입니까, 하나님입니까? 사람이죠. 하나님은 영이십니까, 육이십니까? 하나님은 영이십니다. 그런데 그 영이신 하나님께서 육신을 입고 사람으로 태어났다는 것입니다. 이것은 너무나 신비한 일인 것입니다.

빌립보서 2장 6절에 보면 "오히려 자기를 비워 사람이 되셨다"고 말씀하고 있습니다. 근본은 하나님과 동등입니다. 하나님 아버지와 동등이라는 것입니다. 영광과 권능이 똑같다는 말입니다. 그런데 자기를 비웠다는 것은 하나님으로서의 영광과 존귀, 권력, 권위를 다 내려놓으시고 육신을 입고 사람이 되셨다는 것입니다. 영이 육이 되고 전능하신 창조자가 연약하고 유한한 피조물로 바뀌었다는 것입니다.

카프카가 쓴 ≪변신≫이라는 단편소설이 있습니다.

어느 날, 한 소년이 침대에서 눈을 떴는데 자기의 모습을 보고 깜짝 놀랐습니다. 왜냐하면 자기가 큰 벌레로 바뀌어져 있는 겁니다. 그의 몸이 변신된 것입니다. 등은 마치 벌레의 등처럼 갑옷과 같이 딱딱하게 변해 있고, 배는 마치 배짱이 배처럼 볼록하게 튀어나와 있는 것입니다. 그리고 자기의 굵은 다리는 어디로 가고 가느다란 여러 개의 다리로 방바닥을 기어 다니는 것입니다. 그런 자기의 모습을 보며 혼비백산한 겁니다. 가족들도 얼마나 충격을 받았겠습니까? 가족들은 처음에는 동정을 하다가 차츰차츰 시간이 갈수록 이 아들을 멀리하고 증오하고 싫어하기 시작했습니다.

어느 날, 그 아버지가 보기 싫다고 화가 나서 이 아들에게 사과 바구니에 있는 사과들을 마구 던졌습니다. 그런데 그중 하나의 사과가 불행하게도 등에 콱 박혀버렸습니다. 등에 맞아서 바닥에 떨어졌으면 좋았을 텐데, 너무 세게 던져서 등속에 박혀버렸습니다. 얼마나 아프겠습니까? 너무너무 고통스러워서 이제는 먹을 수도 없었습니다. 그래서 고통 가운데 굶어 죽어 간다는 그런 소설입니다.

어떻게 보면 좀 기괴하죠. 기괴하면서도 마음이 아픈 소설입니다. 저는 그 소설을 읽을 때에 예수님이 생각났습니다. 하나님의 아들이 생각났습니다. 영광스러운 하나님의 아들이시면서 죄인을 위해 죽으시기 위해 인간의 몸을 입고서 태어나셨다, 인간으로 변신하셨다, 이것은 참으로 낮아지심의 극치라 아니할 수 없습니다. 이 얼마나 황송한 일입니까?

소년이 벌레로 변신하는 것은 피조물이 피조물로 바뀌는 것입니다. 그런데 하나님의 아들이 사람이 되는 것은 창조자가 피조물로 바뀌는 겁니다. 소년이 벌레로 바뀌는 것보다 훨씬 더 심한 낮아짐이요, 수치요, 불명예라는 것입니다.

사람이 사람으로 태어나기 위해서는 혈통이 있습니다. 혈통 없이 태어난 사람이 있습니까? 아버지 없이, 어머니 없이, 할아버지 할머니 없이 태어난 사람이 있습니까? 아무도 없죠. 다 혈통이 있습니다. 그러면 하나님의 아들은 누구의 혈통에서 태어났습니까? 3절에 보면 '다윗의 혈통'이라고 되어 있습니다.

한 달 전에 제가 사무엘하 7장에서 다윗에 대한 설교를 했습니다. 다윗이 백향목 궁에 있으면서 '아, 나는 이렇게 좋은 곳에 있는데 하나님의 법궤는 천막 밑에 있다니 내가 하나님을 위해서 성전을 지어 드려야 되겠다'라고 했죠. 하나님이 'OK' 하셨습니까? 아니요. 'NO' 하시면서도 하나님은 기뻐하시면서, 도리어 '내가 너를 위하여 집을 지어주겠다', '너를 위하여서 dynasty, 왕조를 지어주겠다', '너에게서 난 아들이 왕이 될 것이요 그의 왕위가 영원할 것이다, 그의 나라도 영원할 것이다'라고 말씀하셨습니다.

이것이 무슨 약속입니까? '다윗 언약'입니다 다윗 언약을 다르게 말하면 '메시아 언약'입니다. 너의 자손 중에서 메시아, 곧 영원한 왕이신 메시아가 태어나겠다는 것입니다.

예수님의 부모 이름이 무엇입니까? 요셉과 마리아이지요. 그들의 조상이 누군지 아십니까? 다윗입니다. 두 사람 다 다윗에게서 나온 사람입니다. 그 가운데서 하나님의 아들이 사람의 몸을 입고 이 세상에 오신 것입니다. 하나님의 아들이 사람의 아들이 되신 것입니다. 오늘 찬송 32장을 찬양했는데 처음의 가사가 "사람이 되신 하나님"이었습니다. 쉽게 지나가는 짧은 가사이지만, 너무나도 엄청나고 너무나도 황송하고 너무나도 감사하고 너무나도 함축된 내용을 담고 있는 것입니다.

둘째는, 하나님의 아들이 죽으셨다는 것입니다.

첫째는, 하나님의 아들이 태어나셨다는 것이고, 둘째는, '하나님의 아들이 죽으셨다'는 것입니다. 로마서 1장 4절에 보시면 "성결의 영으로는 죽은 자들 가운데서"라고 말합니다. 이 말씀은, 하나님의 아들이 사람이 될 뿐만 아니라 죽으시기까지 했다는 것입니다. 디모데전서 6장 16절에 보시면 이런 말씀이 있습니다. 하나님에 대해 말하기를 "오직 그에게만 죽지 아니함이 있고"라고 하였습니다. 누구에게 죽지 아니함이 있습니까? '하나님에게만!' 하나님에게만 죽지 아니함이 있는 것입니다.

우리 하나님은 영원하신 하나님 아닙니까? 영원히 살아계신 하나님, 불멸의 하나님, 'immortal'이라고 합니다. 우리 인간은 어떤 존재입니까? 'im' 빼고 'mortal' 죽을 수밖에 없는 존재, 연약한 존재라는 것입니다. 그런데 죽으실 수 없는 하나님이 죽으셨습니다. 어떻게 그런 일이 가능합니까? 우리처럼 육신을 입으셨기 때문에, 사람이 되셨기 때문에 가능한 것입니다. 알고 보면, 하나님의 아들이 인간이 되신 이유는 우리 죄인들의 죄를 대신해서 죽으시기 위함인 것입니다. 사람이 되신 하나님의 아들은 십자가에서 고통스럽고 수치스럽게 죽으셨습니다.

셋째는, 하나님의 아들이 부활하셨다는 것입니다.

4절 말씀에 다시 보면 "성결의 영으로는 죽은 자들 가운데서 부활하셨다"라고 말씀하고 있습니다. 범죄한 우리 인생은 다 죽음의 권세에 항복합니다. 그래서 "한 번 죽는 것은 사람에게 정하신 것이요"라고 했습니다. 범죄한 우리 인생은 한 번 죽도록 정해져 있습니다. "죄의 삯은 사망"이라고 했습니다. 모두 죄인이기 때문에 다 죽는 것입니다. 그런데 사도행전에 보면 하나님의 아들을 가리켜서 '생명의 주'라고 말씀합니다. 사망에 매여 있을 수가 없다고 말씀합니다. 하나님의 아들은, 하나님으로서의 능력이 있기 때문에 사망이 꼭 붙잡아 두려고 해도 하나님의 아들보다 힘이 없습니다. 능력이 약합니다. 잡아둘 수가 없는 것입니다. 하나님의 아들은 부활할 수밖에 없다는 것입니다. 하나님 아버지께서 그 아들을 사망의 고통에서 풀어 살리셨다고 했습니다. 그래서 장사된 지 사흘 만에 사망권세를 이기시고 부활하셨습니다.

사람들은 '죽은 자가 어떻게 살아나느냐'고 말합니다. 그러나 어떤 생각을 가지고 그렇게 말합니까? 우리 인간의 수준에서, 인간의 관점에서, 인간의 능력의 차원에서 생각하기 때문에 죽은 자가 살아날 수가 없다고 말합니다. 그러나 예수님은 하나님이십니다. 우리 하나님 아버지는 전능하신 하나님이십니다. 하나님의 차원에서, 아무것도 없는 데서 온 우주와 천지만물을 창조하신 하나님께서 죽은 자를 일으키게 하지 못하시겠습니까? 아무것도 아닌 것입니다. 사람으로는 할 수 없으되 하나님으로는 다 하실 수가 있는 것입니다.

오늘 본문에 보면, 이 부활의 능력을 통해서 하나님의 아들로 선포되셨다고 했습니다. 그러면 부활 전에는 하나님의 아들이 아닙니까? 그렇게 주장하는 신학자들이 있고, 그렇게 주장하는 이단들이 있습니다. 그러나 꼭 아셔야 될 것은, 예수님께서는 부활하시기 전에도 하나님의 아들이셨다는 것입니다. 예수님이 하나님의 아들 아니신 적은 한순간도 없었습니다. 중요합니다. 그런데 그 사실이 가려져 있었습니다.

하나님의 아들이 베들레헴에서 아기로 태어났을 때에는, 그리고 이 세상에 사실 때는 이 하나님의 아들의 능력이 육체의 베일에 가려져 있었다는 것입니다. 한 번씩 큰 기적을 통해서, 오병이어 기적을 통해서, 나사로를 죽음에서 살리는 기적을 통해서 가끔 나타나기도 했지만 대부분은 육체의 베일에 가려져 있었습니다. 그런데 부활하심으로 인해서 하나님의 아들 되심이 공개적으로 드러났습니다. 하나님의 아들 되심이 비로소 공공연히 온 세상에 전파되고 확인이 되어졌다는 것입니다.

정리를 해봅시다. 복음의 내용을 구체적으로 세 가지로 이야기했습니다. 한마디로 복음은 하나님의 아들에 관한 기쁜 소식입니다. 그러면 구체적으로 하나님의 아들이 처음에 어떻게 했다는 것입니까? 첫째는, 하나님의 아들이 사람으로 태어나셨다는 것입니다. 둘째는, 하나님의 아들이 죽으셨다는 것입니다. 셋째는, 하나님의 아들이 다시 살아나셨다는 것입니다.

이제 세 가지 권면을 드림으로써 말씀을 마치고자 합니다.

첫째는, 이 복음의 능력을 믿으시는 여러분이 되시기를 바랍니다.

로마서 1장 16절을 보면 "내가 복음을 부끄러워하지 아니하노니, 이 복음은 모든 믿는 자에게 구원을 주시는 하나님의 능력이 됨이라"고 하였습니다. 참 놀라운 말씀입니다. 그런데 이 복음이 별거 아닌 것 같습니다. 그러나 이 복음은 모든 믿는 자에게 구원을 주시는, 영원한 생명을 주시는 하나님의 능력이 된다고 했습니다. 그러고 보면, 이 하나님의 복음만큼 능력 있는 것이 없습니다.

사도행전 5장 20절에 보면, 이 복음을 가리켜서 '생명의 말씀'이라고 했습니다. 그러니까 이 복음을 믿을 때 누구든지 '생명을 얻는다, 영생을 얻게 된다'는 것입니다. 그러므로 여러분 모두가 이 하나님의 복음을 믿음으로 받아들이셔서 구원받으시기를 바랍니다. 10년, 20년 아무리 교회에 다녀도 소용이 없습니다. 오늘 전파되는 이 복음을 내가 믿음으로 받아들일 때에 하나님께서 죄를 용서하시고, 구원해 주시고, 영생을 주시고, 하나님의 자녀로 삼아주시는 것입니다.

둘째는, 이 하나님의 복음을 전하라는 것입니다.

앞에 말했듯이 이 복음은 모든 믿는 자에게 구원을 주시는 하나님의 능력, 특히 '모든 믿는 자에게'라고 했습니다. 그러므로 내 남편도 내 자식도 내 친구도 이 복음을 믿으면 구원을 받을 수가 있는 것입니다. 복음은 모든 믿는 자에게 구원을 주시는 하나님의 능력입니다. 이 복음은 믿는 자에게 영생을 주시는 '생명의 말씀'이라고 했습니다. 그래서 사도행전에 보면, 사도들이 감옥에 갇혀 있을 때에 하나님의 천사가 나타나 풀어주면서 바깥으로 나가 성전으로 가서 이 생명의 말씀을 다 전하라고 했습니다. 생명의 말씀은 다 전해야 합니다. 구원의 복음은 전해야 하는 것입니다. 우리 예수님께서도 누가복음 16장 15절에 보면 "너희는 온 천하에 다니며 만민에게 복음을 전파하라"고 했습니다.

여러분, 세상에서 가장 아름다운 발이 어떤 발인지 아십니까? 오늘 교독문 앞부분에 보시면, "좋은 소식을 전하는 자의 발"이라고 했습니다. "그 좋은 소식을 전하는 자의 산을 넘는 발이 어찌 그리 아름다운가"라고 했습니다. 이 말씀을 볼 때에, 세상에서 가장 아름다운 발은 바로 '복음 전하는 자의 발'입니다. 세상에서 하나님 보시기에 가장 아름다운 인간의 모습은 무엇이겠습니까? '복음 전하는 모습'입니다.

어떤 사람의 생명을 구해주는 일이 얼마나 착한 일입니까? 얼마나 귀한 일입니까? 그러나 우리가 그를 구해줘도 그 사람은 몇십 년 살다가 죽고 맙니다. 그런데 우리가 복음을 전함으로 인해 그 사람을 영원한 멸망에서 구원해 줄 때에, 그래서 그 사람에게 영원한 생명을 주게 될 때에 그 일이 얼마나 귀하고 선한 일입니까? 그것보다 더 소중한 일이 있습니까? 그렇기 때문에 그 복음을 전하는 자의 발이 아름답다고 하나님께서 감탄하시는 것입니다. 우리는 이 복음을 전하면서 살아야 되는 것입니다. 내 입술로, 내 삶으로, 관계전도로, 믿지 않는 내 가족과 친척과 친구와 이웃과 동료들에게 구원의 기쁜 소식을 전하시는 여러분이 되시기를 바랍니다.

마지막으로, 복음을 믿는 자는 믿는 자답게 살아야 합니다.

복음을 믿는 자는 어떻게 사는 것이 복음을 믿는 자답게 사는 것일까요? 누가복음 2장에 보시면, 예수님이 태어나실 때 베들레헴 근처에는 밤에 자기 양 떼를 지키는 목자들이 있었습니다. 그런데 갑자기 하늘에서 빛이 비추이면서 하나님의 천사가 나타나 아기 예수의 탄생을 알릴 때에 목자들은 귀신이 나타난 줄 알고 무서워서 떨었습니다. 그때 천사가 뭐라고 했습니까? "무서워하지 말라. 오늘 내가 너희에게 큰 기쁨의 좋은 소식"을 전하러 왔다고 했습니다. 좋은 소식이 무엇입니까? 복음입니다. '큰 기쁨의 복음'을 너희에게 전한다면서 "오늘 다윗의 동네에 너희를 위하여 구주가 나셨으니" 하고 복음을 전했습니다.

이 복음을 듣고서 목자들이 어떻게 했습니까? 양 떼를 버려두고 급히 베들레헴으로 올라갔습니다. 올라가서 구유에 누인 아기를 찾았습니다. 그런데 아기가 그날 밤에 하나만 태어납니까? 여럿이 태어나서, 보통은 방에 있을 거 아닙니까? 그런데 구유에 누인 아기를 찾았으니, 그분이 바로 '하나님의 아들 구주'였습니다. 그래서 그들이 듣고 본 것으로 인하여 하나님께 영광을 돌리고 찬송하면서 돌아갔다고 하였습니다.

그들의 지금까지의 삶은 어떠했습니까? 그들의 삶은 가난한 목자, 비천한 목자로서 밤에까지 양 떼를 지켜야 되는 참으로 비참한 신세였습니다. 그들에게는 내일이 없었습니다. 그들에게는 절망밖에 없었습니다. 그래서 우울하게 지금까지 살아왔는데, 이제 예수님을 만나고 복음을 발견하고 나서 그들의 삶은 달라졌습니다.

하나님께 영광을 돌리고 찬송하며 기뻐하면서 돌아갔다고 했습니다. 이것이 복음을 발견한 자, 복음을 믿는 자의 삶의 모습인 것입니다. 그러므로 복음을 믿는 자는 이 세상 사람들처럼 살아서는 안 됩니다. 원망하고 불평하고 남을 비난이나 하면서 살아서는 안 된다는 것입니다. 우울한 마음으로 절망 가운데서 '어떻게 할꼬' 낙심하면서 살아가서는 안 된다는 것입니다.

진실로 복음을 믿는 자는 하나님께 감사하면서 사는 사람입니다. 하나님께 영광을 돌리면서 사는 사람입니다. 하나님께 날마다 찬송하며 기뻐하면서 사는 사람입니다. 비록 아무것도 없어도, 계획하는 일이 내 뜻대로 안 된다 해도 오직 구원의 하나님 한 분만으로 기뻐하며, 복음을 받고 믿은 그 일 하나로 인해 하나님 앞에서 적극적이고 긍정적으로 살아갈 수 있어야 된다는 것입니다.

복음을 받고 믿어 새롭게 살아간 목자들과 같은 삶을 살아가시는 여러분이 되시기를 바랍니다.

4

로마서 1:5-6

그를 통해 받은 것과 그 목적

"그로 말미암아 우리가 은혜와 사도의 직분을 받아 그의 이름을 위하여 모든 이방인 중에서 믿어 순종하게 하나니 너희도 그들 중에서 예수 그리스도의 것으로 부르심을 받은 자니라"

지난주 설교 제목을 기억하십니까? '하나님의 복음'이었죠. 정말 중요한 메시지였습니다. 복음을 한마디로 '하나님의 아들에 관한 것'이라고 했습니다. 하나님의 아들이 죄인들을 구원해 주시기 위해 이 세상에 사람으로 태어나셨고, 또 죄인들을 위하여 죽어주셨고, 그리고 부활하셨다. 그분이 바로 '우리 주 예수 그리스도시다'라고 말씀을 드렸습니다. 우리 하나님께서 성경에 '주 예수를 믿으라 그리하면 너와 네 집이 구원을 얻으리라'고 약속하셨는데, 이 말씀을 좀 바꾸면 '복음을 믿으라 그리하면 구원을 얻을 것이다'라는 약속의 말씀이 되는 것입니다. 그래서 교회 다니는 것도 중요하지만, 가장 중요한 것은 정말 예수님을 나의 구주로 믿고 구원 받는 것입니다. 우리 모든 교우들은 예수님을 하나님 아들로 나의 구주로 믿어서 구원 받는 성도가 꼭 되시기를 바랍니다.

오늘 본문 5절에는 "그로 말미암아 우리가 은혜와 사도의 직분을 받아"라고 시작을 합니다. '그'가 누구겠습니까? 바로 4절 끝부분에 있는 "우리 주 예수 그리스도시니라"고 했습니다. '그로 말미암아', 우리 주 예수 그리스도로 말미암아 우리가 받는 것이 있습니다. 이 시간 '그를 통해 받은 것과 그 목적'이라는 제목으로 말씀을 생각할 때에 은혜의 시간이 되시기를 바랍니다.

여러분, 그를 통하여 바울은 무엇을 받았다고 하였습니까?

5절 첫줄에 보시면 "그를 통하여 은혜와 사도의 직분을 받았다"라고 했습니다. 두 가지를 말씀하고 있습니다. 앞에 나오는 '은혜'라는 말은 우리 기독교에서 가장 많이 사용되는 말 중에 하나입니다. 무슨 뜻입니까? '하나님께서 그저 베푸시는 호의'라는 뜻입니다. 자격이 아무것도 없는데 하나님께서 그냥 베풀어 주시는 호의, 은총을 말하는 것입니다. 그런 점에서 은혜는 아주 폭이 넓은, 광범한 범위를 담고 있는 포괄적인 단어입니다. 구원도 직분도, 또 인도하심도, 물질도, 건강도 우리 성도의 모든 것은 다 하나님의 은혜인 것입니다.

그러면 사도의 직분은 무엇입니까? 사도의 직분은 은혜 중의 하나입니다. 하나님께서 예수님의 열두 제자와 바울에게만 주셨던 특별한 은혜입니다. 하나님이 바울에게 언제 주셨습니까? 바울이 다메섹에 있는 그리스도인들을 체포하기 위해 다메섹 가까이 갔을 때에 부활하신 주님께서 빛 가운데 나타나셨죠. 그때 그 빛에 의해서 눈이 멀었습니다. 사람들에게 이끌려 다메섹 안으로 들어가서, 보지 못하고 사흘 동안 음식도 먹지 않고 금식하면서 하나님 앞에 회개기도를 했습니다. 지금까지 자신이 잘못 살아온 것입니다. 그때에 하나님께서 그 다메섹에 있는 '아나니아'라고 하는 제자를 불렀습니다. 그리고 바울에게 보냅니다. 하나님께서 아나니아에게 말씀하시기를 "가라 이 사람은 내 이름을 이방인과 임금들과 이스라엘 자손들에게 전하기 위하여 택한 나의 그릇이다"라고 말씀합니다. 이것은 바울에게 사도직을 주신다는 것을 의미합니다.

이 말씀에는 사도직의 세가지 대상이 나오는데, 맨 먼저 나온 대상이 이방인입니다. 그래서 사도 바울을 가리켜 '이방인의 사도'라고 말하는 것입니다. 이것은 너무나도 특별한 은혜였습니다. 그래서 바울은 '나의 나 된 것, 즉 사도된 것은 하나님의 은혜'라고 고백하였습니다.

우리는 어떻습니까? 예수 믿는 우리는 하나님의 은혜를 받았습니까? 우리 예수 믿는 사람은 하나님의 은혜를 받은 사람입니다. 여러분, 은혜와 사도직, 이 둘 중에 어느 것이 더 크고 중요합니까? '은혜'가 중요합니다. 왜 그렇습니까? 사도직을 받아도 구원의 은혜를 못 받으면 아무것도 아닙니다. 예수님의 열두 제자 중에 가룟 유다를 보십시오. 열둘 중에 사도로 부름을 받았습니다. 그러나 그는 하나님의 은혜를 입지 못하였습니다. 그는 구원 받지 못한 사람인 것입니다. 그러면 그 사도직이 무슨 소용이 있겠습니까?

하나님은 우리에게 구원의 은혜를 베풀어 주셨습니다. 그것은 은혜 중에 가장 큰 은혜인 것입니다. 이 세상에서 우리가 받을 수 있는 하나님의 복 중에 가장 큰 복, 은혜 중에 가장 큰 은혜가 '구원의 은혜'인 것입니다.

뿐만 아니라 베드로 사도가 말하기를 우리 하나님은 '모든 은혜의 하나님'이라고 했습니다. 구원의 은혜만 베풀어 주시는 하나님이 아니라, 모든 은혜의 하나님, 택함 받고 구원 받은 성도가 이 세상을 살아갈 때에 필요한 모든 은혜를 때를 따라 베풀어 주시는 모든 은혜의 하나님이십니다. 지금까지 모든 은혜를 주셨고, 지금도 주고 계시고, 앞으로도 주실 것을 믿으시기 바랍니다. 죄 많고 아무 쓸데없고 부족한 우리에게 늘 한없는 은혜를 베풀어 주시는 좋으신 우리 하나님 앞에 날마다 감사하면서 살아가시기 바랍니다.

그렇다면 우리도 사도의 직분을 받았습니까? 아니지요. 우리에게는 바울과 같이 사도의 직분을 주시지는 않았지만 다른 직분들을 주셨습니다. 에베소서 4장 7절, 11절을 보시겠습니다.

"우리 각 사람에게 그리스도의 선물의 분량대로 은혜를 주셨나니."

"그가 어떤 사람은 사도로, 어떤 사람은 선지자로, 어떤 사람은 복음 전하는 자로, 어떤 사람은 목사와 교사로 삼으셨으니."

우리 하나님께서 어떤 사람은 목사로, 어떤 사람은 교사로, 어떤 사람은 장로로, 어떤 사람은 집사로, 어떤 사람은 권사로 삼아주셨습니다. 여러 직분들, 즉 교사와 찬양대원과 구역장과 권찰의 직분을 주셨습니다. 이것은 하나님의 은혜입니다. 내가 잘나서가 아니고, 내가 자격이 있어서가 아닙니다. 우리 자신을 바라볼 때에 하나님 앞에 악하고 더러운 자격 없는 모습을 발견하게 됩니다. 이런 우리의 모습이 어떻게 하나님 나라를 위한 일꾼이 될 수가 있겠습니까? 전혀 자격이 없지만, 하나님께서는 우리를 구원해 주실 뿐만 아니라, 우리에게 직분을 허락해 주시어서 주의 몸 된 교회를 위해서 하나님 나라의 영광을 위하여 일할 수 있는 기회와 직분을 주셨습니다. 이것은 하나님의 은혜입니다. 하나님의 선물임을 믿으시기 바랍니다.

그러므로 내가 받은 직분이 하나님의 은혜요 선물임을 안다면, 이 직분 때문에 내 목과 어깨가 뻣뻣해질 수 있겠습니까? 교만해질 수 있겠습니까? 거드름을 피울 수 있겠습니까? 그럴 수 없는 것입니다. 그것이 나에게서 났다면 내가 자격이 있어서 되었다면 교만할 수도 있겠지요. 그러나 아무 자격도 없는데, 하나님이 나 같은 사람을 목사로 장로로 집사로 권사로 세워 주셨거든요. 은혜를 주신 것입니다. 이것을 믿는 사람은 하나님 앞에서 그저 겸손할 수밖에 없다는 말씀입니다.

그리고 내가 받은 직분이 하나님이 주신 것을 안다면, 이 직분에 무관심하고 성실하지 않고 게으를 수 있을까요? 그럴 수가 없는 것입니다. 사명감을 가지고 열심을 다해 충성하게 되는 것입니다. 우리 교회 직분자들께서는, 자신의 직분이 하나님께서 그 아들을 통하여 주신 하나님의 은혜요 선물임을 깨달아서, 겸손히 그리고 열심히 섬기는 주의 종들이 다 되시기를 바랍니다. 때로는 내 마음속에 시험 드는 일이 있을 수 있습니다. 때로는 장애물이 있을 수 있습니다. 그러나 하나님께서 우리에게 주신 직분이 얼마나 귀합니까? 하늘의 직분 입니다. 하나님 앞에 낙심하지 않고 끝까지 충성하는 성도, 주의 종들이 다 되시기를 바랍니다.

다음으로 생각할 것은, 하나님께서 왜 사도 바울에게 사도 직분을 주셨느냐는 것입니다. 목적이 무엇이냐는 것입니다. 5절 끝부분에 보시면, "모든 이방인 중에서 믿어 순종하게 하나니"라고 했습니다. 바로 이것입니다. "이방인들로 믿어 순종하도록 하려고" 사도 직분을 주신 것입니다. 즉 두 가지 이유 때문입니다. 하나는 무엇입니까? '믿어', 또 하나는 무엇입니까? '순종케 하는 것입니다.

믿음과 순종의 관계를 생각해 봅니다. 믿음과 순종은 완전히 별개의 것입니다. 그런데 믿음과 순종은 서로 나뉘질 수가 없습니다. 언제나 함께 가는 것입니다. 불가분의 관계입니다. 저는 아내와 같이 다니기로 유명합니다. 군목 때는 철도 없이 진주노회 모이는데 거기에 제 아내와 함께 참석을 했습니다. 그러자 선배목사님들과 장로님들의 눈이 휘둥그레졌습니다. 세상에 노회에 자기 아내를 데리고 오는 목사가 있다니, 놀라서 우리한테는 특별히 여관방을 하나 따로 잡아주었습니다. 다른 장로님들과 목사님들은 여러 명이 한 방에서 자는데, 우리 방만 특실로 잡아 주시더라고요.

그렇게 자주 같이 다니지만 함께 안 다닐 때도 있습니다. 제 아내가 머리하러 미장원 갈 때는 저는 절대로 안 따라갑니다. 머리하는 데 시간이 얼마나 오래 걸립니까? 화장실 갈 때도 안 따라갑니다. 지난 주간에 장모님이 편찮으셔서 며칠간 입원하여 계신다고 해서 제 아내가 서울에 가 있었는데, 제가 교회를 비우고 며칠간 가 있을 수가 있겠습니까? 저는 못 따라갔습니다.

그런데 달리는 열차의 경우를 생각해 보십시오. 달리는 열차에는 언제나 순서가 있습니다. 맨 앞에 뭐가 있습니까? 기관차가 있습니다. 그 다음에는 기관차가 한 동, 두 동, 세 동, 네 동 붙어 있습니다. 객차만 달리는 경우는 없습니다. 언제나 맨 앞에는 기관차, 그 다음에는 객차 그렇게 같이 다니는 것입니다. 믿음과 순종의 관계가 그렇습니다. 믿음과 순종은 서로 분리되지 않습니다. 그리스도에 대한 참된 믿음은 그리스도에 대한 참된 순종을 가져오는 것입니다. 순종을 동반하지 아니하는 믿음은 참된 믿음으로 보기가 어렵습니다.

그리고 믿음과 순종은 우리 신앙인의 신앙생활의 두 면이라고 볼 수 있습니다. 십계명은 몇 개의 돌판으로 되어 있습니까? 두 개의 돌판으로 되어 있습니다. 돌판 하나에 1~4계명이, 다른 돌판에 5~10계명이 적혀 있습니다. 그처럼 우리의 신앙생활도 크게 보면, 두 돌판과 같습니다. 두 개와 같습니다. 하나는 믿는 것입니다. 믿어서 구원 받는 것입니다. 또 하나는 무엇입니까? 순종하는 것입니다.

로마서 16장 26절에 보면 "모든 민족이 믿어 순종하게 하시려고" 하는 말이 나옵니다. 여기서 순종한다는 말은 단순히 하나님의 어떤 계명, 어떤 말씀 몇 가지를 순종한다는 말이 아닙니다. 여기에 나오는 순종이라는 말은 하나의 삶의 모습입니다. 하나의 삶의 방식을 말합니다.

우리 인간이 타락하기 전에는 어떻게 했습니까? 에덴동산에서 하나님과 교제하면서 하나님을 주인으로 왕으로 섬기면서 하나님 앞에 순종하는 삶을 살았습니다. 그것이 바로 하나님께 순종하는 삶입니다. 그런데 첫 사람 아담과 하와가 범죄하여 타락한 이후에는 인간중심으로 자기중심으로 살게 되었습니다. 하나님께 순종하는 삶이 아니라, 자기가 주인이 되어서 자기 욕망과 자기 뜻대로 살게 되었습니다. 이것이 하나님을 반역하고 거역하는 모습입니다. 불순종하는 모습입니다.

예수를 믿고 순종한다는 것은 더 이상 자기중심으로 살지 않고, 더 이상 하나님을 거역하지 않고 타락하기 전처럼 하나님을 주인으로 모시고 하나님께 순종하는 삶을 살아가는 것을 말합니다. 하나님을 섬기는 삶, 하나님이 원하시는 삶, 하나님을 주인 삼은 삶, 새로운 삶, 변화된 삶, 그것이 바로 '순종의 삶'입니다. 그렇게 살아가는 것이 순종하는 것입니다.

예수님 당시에 '여리고'라고 하는 성은 예루살렘에서 동쪽으로 얼마 떨어지지 않은 성이었습니다. 예루살렘은 산꼭대기에 있고, 거기서 밑으로 내려가면 여리고라고 하는 성이 있었습니다. 그 여리고 성에 한 사람이 있었습니다. 키가 아주 작았습니다. 가난한 사람입니다. 신분도 별로 보잘것없었습니다. 이에 그 사람이 생각을 했습니다. '나 같은 사람은 어딜 가도 앞으로 사람대접 못 받을 거야. 그렇다면 차라리 돈이라도 많이 벌자. 개처럼 일해서라도 돈이라도 많이 벌자" 하고 그는 세리가 되었습니다. 세금 받는 공무원, 세무 공무원이 지금은 괜찮은 공직입니다만 그때는 그렇지 않았습니다.

당시에는 이스라엘이 로마제국에 압제를 받고 있었기 때문에, 세금을 받아서 로마정부에 바치는 사람은 매국노였습니다. 나라를 팔아먹는 놈, 민족을 팔아먹는 놈이었습니다. 게다가 세금만 딱 받는 것이 아니라, 정해진 세금에다가 얼마를 더 받아서 그것은 자기 주머니에 집어넣었습니다. 그래서 그 착복한 돈으로 세리들은 돈을 벌고 부자가 되었습니다. 그로 인해 이스라엘 사람들은 세리들은 사람으로 취급을 하지 않았습니다. '죄인'이라고 생각했습니다. '세리와 죄인들'은 늘 함께 가는 말이었습니다. 그래서 천국에 들어가지 못하고 구원받지 못할 사람으로 낙인을 찍어놓았습니다. 그러니 돈이 많이 벌린다고 해도 의식이 있는 사람은 세리가 되지 않는 것입니다. 그러나 이 사람은 자기가 살 길은 돈을 많이 버는 길밖에 없다고 생각하고 세리가 되었고, 로마제국에 충성을 다하여 나중에 세리장까지 되었습니다. 그래서 돈도 많이 벌었습니다. 그러나 그의 마음속에는 구멍이 뻥 뚫려 있었습니다. 마음속에 허무함이 있는 것입니다.

사람이 돈 많이 번다고 하여 그 마음속에 참된 만족이 있는 것이 아닙니다. 내가 원하는 만큼 출세했다고 해서 참만족이 오는 것이 아닙니다. 이 세상에 어떤 것이라도 눈에 보이는 것은 참된 만족을 주지 못합니다. 그래서 돈은 많았지만 사람들의 멸시가 있었고, 이에 그 마음속에 자기도 하나님 앞에 인정받고 싶은 마음이 있었던 것입니다. 의에 대한 갈망, 영생에 대한 갈망이 있었다는 것입니다. 그런데 의로우신 선생님, 예수 선생님에 대한 소문을 듣게 됩니다. 그 예수님이 꼭 한 번 보고 싶었습니다. 그분이 하시는 말씀을 간절히 듣고 싶었습니다.

그러던 어느 날, 그 예수님이 여리고에 오신다는 것입니다. 자기는 키가 작아서 예수님을 볼 수 없자 예수님이 지나가는 길목에 있는 뽕나무 위로 올라갔습니다. 어른이 뽕나무를 타고 올라가 저 멀리서 오시는 예수님을 바라보는데, 그 예수님이 가까이 다가오시더니 삭개오가 올라간 뽕나무 아래 딱 서시고는 위를 바라보며 "삭개오야, 내려와라. 내가 오늘 너의 집에 머물러야 되겠다"라고 말씀하시는 것입니다. 얼마나 놀라운 일입니까?

예수님이 여리고 성에 오시기 전에 여리고 성에 살고 있는 사람들의 이름이나 키를 비롯하여 재산이 얼마 되는지, 생김새가 어떻게 되는지, 다 알아보고 오셨을까요? 아니죠. 그런데 신기하게도 예수님께서는 삭개오의 이름을 불러주셨습니다. "내 이름 아시죠" 하는 찬양이 있지요? 우리가 예수 믿기 전에도 우리 주 예수 그리스도께서는 우리 이름을 다 알고 계시고, 그런 가운데 은혜를 베풀어 저와 여러분들을 불러주셨음을 믿으시기 바랍니다.

예수님께서 삭개오를 불러주실 때에 삭개오는 기뻐서 나무에서 내려와 예수님을 자기 집으로 영접했습니다. 그보다 더 중요한 것은 예수님을 자기의 마음속에 영접한 것입니다. 그는 예수님을 믿었습니다. 예수님을 믿게 되었을 때에 어떤 변화가 나타났습니까? 그의 삶이 변화되었습니다.

그 잔칫상에서 식사를 할 때에 삭개오가 일어나 예수님께 말합니다.

"선생님, 제가 지금까지 남의 돈 떼먹은 것은 성경 말씀대로 네 배로 갚겠나이다".

구약성경에 말씀하신 대로 네 배로 갚겠다는 것입니다. "제가 번 돈은 부정한 돈이 많으니, 제 재산의 절반을 떼어서 가난한 사람들을 돕겠습니다"라고 하였습니다. 그의 삶이 새롭게 변화되었습니다.

한마디로 어떤 삶입니까?

'순종의 삶'으로 변화된 것입니다. 믿고 순종하는 것입니다. 우리 하나님께서 원하시는 모습이 바로 이런 삶입니다. 이것이 바로 예수 믿고 순종하는 삶의 모습인데, 우리 교회의 모든 성도님들도 교회만 다니는 자가 되지 마시고 믿고 순종하는 자들이 되시기를 바랍니다. 하나님을 항상 내 삶의 주인으로 모시고, 그분의 말씀에 순종함으로 변화된 새로운 삶을 살아가게 되시기를 바랍니다.

마지막으로 생각할 것은, 하나님이 바울에게 은혜와 사도직을 주신 궁극적인 목적이 무엇이냐는 것입니다.

5절에 보시면 "그의 이름을 위하여"라는 말이 있습니다. 그런데 여기에는 "그의 이름을 위하여"가 중간에 있지만, 사실 원문성경에는 이 말이 마지막에 있습니다. "믿어 순종하게 하나니" 뒤에 있습니다. 5절 끝에 붙어 있다는 말씀입니다. "그의 이름을 위하여"에서 '그'가 누구겠습니까? '우리 주 예수 그리스도', 예수 그리스도의 이름을 위하여! 이것이 하나님께서 바울에게 은혜와 사도 직분을 주신 궁극적인 이유라는 것입니다.

우리나라가 개성공단도 하고 금강산 관광도 운영하는데 왜 운영할까요? 지금 눈앞의 목적은 무엇입니까? 돈을 벌기 위해서입니다. 개성공단의 값싼 노동력을 이용하여 제품을 만들면 돈이 많이 남잖아요. 그렇게 해서 돈 번 사람들이 많거든요. 그러나 보다 궁극적인 목적이 또 있습니다. 북한과 평화롭게 지내고 더 나아가 통일을 바라보면서 그런 일을 시작하는 것입니다.

하나님께서 사도 바울에게 은혜와 사도직을 주신 궁극적인 목적이 무엇이라고 했습니까? "그의 이름을 위하여", "하나님의 아들을 위하여"입니다. 그 당시에는 이름과 인격을 하나로 보았습니다. 그러므로 "그의 이름을 위하여"라는 말은 '그를 위하여', '그의 영광을 위하여'라는 말과 똑같은 것입니다. 다시 말하면 예수 그리스도가 영광을 받으시도록 하는 것이 하나님의 궁극적인 목적이었습니다.

당시에 유대인들은 하나님을 섬긴다고 하면서도, 율법을 자랑하면서 온갖 죄를 범해서 이방인들 가운데서 하나님의 이름을 더럽혔다고 했습니다. 로마서 2장 24절을 보시면 "기록된 바와 같이 하나님의 이름이 너희 때문에 이방인 중에서 모독을 받는도다"라고 했는데, 여기서 '너희'가 누구겠습니까? 이스라엘 백성입니다. 그들은 하나님의 백성입니다. 자기들만이 하나님의 백성이라고 늘 자랑하던 그들 때문에 하나님의 이름이 모독을 받는다는 것입니다. 얼마나 안타까운 일입니까? 하나님의 백성이라는 그들의 신분에 걸맞은 삶을 살지 못하여 하나님의 이름을 욕되게 하고 더럽혔습니다.

안타깝게도 오늘 우리 한국에도 주의 이름을 욕되게 하는 기독교인들이 많이 있습니다. 더욱 안타까운 것은 목사와 장로들이 가장 많이 그렇게 한다는 것입니다. 제가 정기 구독하는 잡지가 있습니다. 가장 최근호에 'O목사 큰아들 O군의 여자들'이라는 타이틀이 표지에 나와 있었습니다. 아버지 O목사를 비롯한 자식들 전부가 세금 증여세 포탈혐의로 기소가 되어 있었습니다. 장남 O군은 세 번을 이혼했습니다. 이혼하고 네 번째 여자하고 결혼했는데 그게 또 사단이 나서 고소를 받아 기소 중에 있습니다. 그 기사에 보니까 "O목사 일가 탈선에 끝이 없다. 한편의 막장 드라마"라고 써놓았습니다. 하나님의 이름에 먹칠을 하고 너무나도 욕되게 하였습니다. 정말 가슴 아픈 일입니다.

우리는 O목사님처럼 유명한 사람은 아니지요. 그렇지만 우리도 하나님의 이름을 가지고 있는 하나님의 백성임을, 그리스도의 이름을 가지고 있는 그리스도인임을 잊지 마시기를 바랍니다. 내 삶의 현장에서, 내 직장에서 예수님의 이름을 더럽히지 않도록, 예수님의 이름이 욕먹지 않도록, 하나님 앞에 늘 말과 행동에 조심하면서 사시고, 도리어 주님의 이름을 빛내는 성도들이 되시기를 바랍니다.

그런데 바울은 이스라엘 백성들과 전혀 반대입니다.

부정한 이방인들에게 복음을 전하여 그들로 하나님을 믿고 순종하게 함으로 하나님의 영광을 드러내고자 했습니다. 주님의 이름을 빛내고자 했습니다.

여러분도 불신자들 가운데서 주의 이름을 빛내는 성도가 되시기를 바랍니다. 우리가 공부하는 목적은 좋은 성적을 얻는 것이요, 좋은 대학에 가는 것이지요. 우리가 직장에서 열심히 일하는 목적은 무엇입니까? 돈 벌어 먹고 사는 것이지요. 그러나 그 모든 일에 우리의 삶의 궁극적인 목적은 무엇이 되어야 합니까? 하나님의 영광, '그 이름을 위하여'가 되어야 합니다. 사도 바울이 그랬습니다.

빌립보서 1장 20절에 "살든지 죽든지 내 몸에서 그리스도가 존귀하게 되게 하려 하나니"라고 했습니다. 얼마나 귀한 모습입니까? 살든지 죽든지 내 몸에서 내가 아니라 그리스도가 존귀하게 되어야 한다고 했습니다.

교회에서 직분을 받아 봉사할 때도 자칫 내 이름, 내 영광을 위해서 하기 쉽습니다. 우리 한국교회에도 자기 이름, 자기 영광을 위해서 목회하는 목사님들이 더러 있습니다. 저도 어쩌다 생각해 보면, 설교하는 것이 제 자신의 명예와 영광과 관련이 될 때가 있다는 것을 느낍니다. 잘못된 일이죠. 오직 하나님의 말씀이 영광스럽게 되도록, 곧 하나님이 영광 받으시도록 해야 하는데 말입니다. 우리 장로님들이 이 강대상에서 대표기도를 할 때도 마찬가지입니다. 자신의 명예와 자신의 영광, 자신의 이름을 생각해서는 안 되는 것입니다. 다 잊어버리고 오직 주의 이름만이 빛나고 영광 받도록 해야 됩니다.

많은 분들이 올해도 교회 수련회를 위해서 수고와 헌신을 하십니다. '나, 이렇게 많이 봉사해'라고 하는 보여주기식이 아닌, 여러분의 봉사를 통하여 주님의 이름이 빛나고 영광 받으실 수 있기를 바랍니다. 그것이 올바른 봉사입니다. 사도 바울은 평생 동안 오직 주님의 영광을 위해 살았습니다. 이방인들에게 복음을 전파하며, 그들을 믿어 순종케 하는 일에서 결코 자기의 영광을 추구하지 않았습니다.

여러분의 삶의 궁극적인 목적은 무엇입니까?

다시 한 번 하나님 앞에서 내 삶의 궁극적인 목적이 무엇인지 살펴보시기 바랍니다. 하나님이 우리에게 은혜 주시고 직분을 주신 궁극적인 목적, 그것은 우리 자신을 위함이 아니요 주의 이름을 위하고 하나님의 영광을 위함인 것을 알고, 오직 그 이름을 위해 사는 저와 여러분이 되기를 바랍니다.

5

로마서 1:7

로마교회와 문안인사

"로마에서 하나님의 사랑하심을 받고 성도로 부르심을 받은 모든 자에게 하나님 우리 아버지와 주 예수 그리스도로부터 은혜와 평강이 있기를 원하노라"

신약시대는 편지문화시대라 말할 수 있습니다. 제가 젊었을 때도 편지문화시대였습니다. 모든 것을 편지로 다 전달하였습니다. 그런데 가만히 생각해 보니 편지문화시대가 아주 긴 것 같습니다. 왜냐하면 신약성경의 몇 권을 빼고는 전부다 편지로 기록이 되어 있습니다. 그 당시에도 편지로 모든 것을 교류하였는데, 몇십 년 전까지만 해도 편지로 사람들이 교통을 했다 생각해 보니 편지시대가 정말 길었다는 생각이 듭니다. 그러나 같은 편지일지라도 시대마다 문화마다 조금씩 달랐습니다. 영어편지를 쓰는 방법도 우리와는 조금 다릅니다.

2000년 전에 로마시대에 편지를 쓰는 방법도 우리와는 좀 달랐습니다. 그 로마시대 때는 편지를 어떻게 시작했느냐 하면 발신자,

수신자, 그리고 문안내용, 이렇게 시작했습니다. 예를 들어 로마서의 발신자가 누구입니까? 사도 바울입니다. 1절에 보면 "예수 그리스도의 종 바울은"이라고 했습니다. 그러면 로마서를 받는 사람, 곧 로마서의 수신자와 문안내용은 어디 있습니까? 오늘 읽은 본문에 있습니다. 누가 받았습니까? 로마에 있는 성도들입니다. 그리고 그 문안내용이 무엇입니까? 은혜와 평강입니다.

그래서 이 시간은 사도 바울이 로마서의 수신자인 로마교회와 나눈 문안인사에 대해 생각해 보며 은혜를 나누고자 합니다.

먼저 생각할 것은, 로마서의 수신자입니다.

로마서의 수신자가 누구라고 했습니까? 로마에 있는 성도들입니다. 그런데 로마에 어떻게 해서 성도들이 있게 되었을까요? 또 교회는 어떻게 세워지게 되었을까요? 누가 로마에 가서 복음을 전했을까요? 사도 바울이 그곳에 가서 전했습니까? 아닙니다. 그것을 알 수 있는 것이 사도행전 2장에 기록되어 있습니다.

사도행전 2장에 보면, 오순절이 되어 천지사방에 흩어져 있던 이스라엘 사람들, 곧 디아스포라 유대인들이 예루살렘으로 다 몰려들었습니다. 그때 오순절 성령강림이 있지 않았습니까? 그리고 제자들이 여러 가지 방언으로 주의 복음을 전파하기 시작합니다. 베드로 사도가 성령이 충만해서 복음을 전할 때에 각 지역에서 올라온 사람들이 설교를 듣는데, 사도행전 2장 10절에 보면 로마에서 온 유대인들도 나옵니다. 당시 로마 시에는 약 1만 명의 유대인이 살고 있었습니다. 그들 중에 일부가 이 오순절에 참석한 것입니다. 참석해서 제자들의 전도와 베드로의 설교를 듣고서 예수를 믿고 세례를 받고 다시 로마로 가서 교회에 함께 모이기 시작하여 로마 교회가 세워지게 된 것입니다.

그런데 왜 그냥 '로마에 있는 성도들에게'라고 성경에 되어 있지 않고 두 가지 말을 덧붙이고 있습니다. 하나는 "하나님의 사랑하심을 받고"이고, 또 하나는 "성도로 부르심을 받은 로마에 있는 성도들"이라고 했습니다.

우리 한글성경에는 먼저 "하나님의 사랑하심을 받고"라고 했으니 과거형으로 보입니다. 그러나 "사랑하심을 받고"라는 말은 현재형입니다. 그러니까 정확하게 번역하면, '하나님의 사랑을 받는 로마교회의 성도들'이라고 할 수 있는 것입니다. 알고 보면 구원에는 순서가 있습니다. 제일 첫 번째 단계가 무엇인지 아십니까? 그것은 '하나님 아버지께서 창세전에 우리를 예정하셨다, 선택하셨다'라는 것입니다. 하나님의 선택이 맨 처음에 가는 것입니다.

왜 하나님이 우리를 선택하셨을까요? 그 선택의 동기가 무엇일까요? 그것은 사랑입니다. 에베소서 1장 4절과 5절에 보시면, '사랑 안에서 하나님께서 우리를 예정하셨다'고 말씀합니다. 우리를 사랑하셨기 때문에 택하셨고, 우리를 사랑하셨기 때문에 독생자를 보내주셨고, 우리를 사랑하셨기 때문에 때가 되니까 우리를 하나님의 백성으로 불러 주셨다는 것입니다. 그런데 그 하나님의 사랑은 과거의 일만은 아니라는 것입니다. 지금도 계속된다는 것입니다.

아들을 세상에 보내신 그 사랑, 우리 대신 아들을 십자가에 못 박아 죽이신 그 하나님의 사랑으로, 지금도 변함없이 하나님의 백성 된 우리를 사랑하고 계신다는 것입니다. 우리 하나님은 예수 믿는 우리를 양자로 삼아서 우리의 아버지가 되시어 우리를 변함없이 사랑하고 계시는 것입니다. 그 사랑은 앞으로도 변하지 않을 것입니다. 그 사랑은 영원한 사랑입니다.

스바냐 3장 17절에 보면 "그가 너를 잠잠히 사랑하시며 너로 말미암아 즐거이 부르며 기뻐하시리라"고 하셨습니다. 로마서 8장에 보면, 우리 하나님의 사랑에서 이 세상 그 무엇도 아무도 우리를 끊을 수 없다고 했습니다. 이것은 우리를 향하신 하나님의 사랑이 영원함을 보여주는 것입니다. 여러분 중에 혹 사람의 사랑이 부족해서 불만족인 사람이 있습니까? 그러나 기억하십시오. 가장 높으신 하나님께서, 천지만물의 창조자 하나님께서 여러분을 너무나도 사랑하심을 믿으시고, 지금도 그 사랑을 받고 있음을 믿으시기 바랍니다.

그리고 "성도로 부르심을 받은 모든 자에게"라고 했습니다.

특별한 사람들만 하나님의 부르심을 받는 것이 아닙니다. 지난번에도 말씀드렸지만, 바울 같은 사람이나 구약의 선지자 같은 사람들만 하나님의 부르심을 받는 것이 아니라는 것입니다. 오늘 성경에 "성도로 부르심을 받은 자들에게"라고 했으니, 믿는 자들은 다 하나님의 부르심을 받은 자입니다. 성도는 다 하나님의 부르심을 받은 자입니다. 물론 하나님께서 모든 성도를, 바울을 부르심과 같이 하지는 않습니다.

바울은 어떻게 했습니까? 주님께서 직접 그에게 나타나셔서 '사울아, 사울아' 하고 불러주셨습니다. 바울처럼 모든 성도들도 그렇게 부르시지는 않습니다. 그러나 우리의 친구들을 통하여, 가족들을 통하여, 부모를 통하여, 우리를 불러주시는 것입니다. 궁극적으로 누가 부르신 것입니까? 하나님께서 불러주신 것입니다. 여러분이 교회 나온 것, 예수를 믿어서 지금 신앙생활하는 이 모든 것이 하나님이 불러주신 것임을 믿으시기 바랍니다.

그러면 사도 바울이 로마에 있는 성도들에게 무엇이라고 문안을 합니까? '은혜와 평강'을 기원합니다.

제가 일전에 몸이 갑자기 안 좋아서 병가로 안식년을 시작하기 전에, 마지막으로 여러분들에게 전한 말씀이 있습니다. 그때 제목이 '은혜와 평강'이었습니다. 데살로니가전서 1장 1절에 나오는 말씀입니다. 그래서 은혜와 평강의 설교를 하고서 제가 반년을 쉬었습니다. 순서를 보면 언제나 은혜가 앞에 나옵니다. '은혜와 평강'이지 '평강과 은혜'는 없습니다.

그렇다면 은혜는 무엇입니까?

은혜는 '하나님이 거저 주시는 호의'라고 했습니다. 지난주일 설교 제목이 '우리가 받은 것과 그 목적'이었습니다. 바울은 하나님께 무엇을 받았다고 했습니까? 5절 첫줄에 보시면, 그로 말미암아 우리가 "은혜와 사도의 직분을 받았다"고 했습니다.

여러분, 가장 큰 은혜가 무슨 은혜라고 했습니까? '구원의 은혜'라고 했습니다. 또 여러 가지 은혜를 받았습니다. 우리도 마찬가지입니다. 하나님께 구원의 은혜도 받고 여러 가지 은혜도 받았습니다. 이미 은혜를 받았는데 또 은혜를 기원하고 있습니다. 이게 어찌된 것입니까? 여기서 우리가 깨달을 수 있는 것이 무엇입니까? 우리가 하나님의 큰 은혜를 받았지만 '우리는 계속적으로 하나님의 은혜가 필요한 사람들'이라는 것입니다. 저 천국에 이를 때까지 하나님의 은혜가 필요한 사람들입니다. 하나님의 은혜 없이는 한순간도 바로 살아가기가 어렵고 넘어질 수밖에 없는 연약한 존재가 저와 여러분인 것입니다.

저는 제 자신을 보면서 그것을 너무나도 절실히 느낍니다.

하나님의 은혜가 아니면 참된 신앙인으로 살아갈 수가 없습니다. 하나님의 은혜가 아니면 목회를 할 수가 없습니다. 세월이 갈수록 하나님의 은혜가 더 많이 필요함을 절실히 느끼면서 살아가고 있습니다. 우리 성도들도 마찬가지입니다. 다 하나님의 은혜가 필요합니다. 수련회에 가서 새롭게 은혜를 받아도 하나님께서 계속적으로 은혜를 주시지 않으면 그 결심은 얼마 못가서 여지없이 깨어져 버립니다. 옛날의 모습으로 돌아가게 되는 것입니다. 부흥회에서 은혜를 받고, 또 주일날 설교말씀을 통해 은혜를 받아도 하나님이 계속 주시는 은혜가 없으면 집으로 돌아가면 그것으로 끝입니다. 하나님의 말씀이 어디로 간 곳이 없는 것입니다. 그것이 우리들의 연약한 모습입니다. 이것을 잊지 마시고 더욱더 겸손히 주님의 발 앞에 엎드리시기 바랍니다.

우리가 한때 은혜를 받았을지라도 계속해서 주님의 발 앞에 엎드려 기도해야 합니다. '우리 하나님, 제게 은혜를 베풀어 주시옵소서' '주님의 은혜를 베풀어 주시옵소서'라고 간구해야 합니다. 그래서 주의 은혜를 받아서 주의 은혜로 살아가는 성도 여러분들이 다 되시기를 바랍니다.

우리의 상황이 어렵고, 우리의 가정이 어렵고, 우리의 환경이 어려울지라도 하나님께서 우리에게 은혜 주시면 이겨내지 못할 일이 없습니다. 해결되지 못할 일이 없습니다. 하나님의 은혜를 받으면 모든 것이 형통하게 되고, 모든 것이 바른길로 가게 될 줄로 믿으시기 바랍니다.

사도 바울은 로마교회 성도들에게 은혜와 평강을 기원했습니다.

이 '평화'라는 말은 헬라어로 '에이레네'라고 합니다. 학성교 옆 강변에 여러 아파트가 있는데, 그중에 한 아파트 이름이 에이레네입니다. 알고 보니 어느 장로님이 그 아파트를 지었다고 합니다. '에이레네' 뜻이 헬라어로 '평화'입니다. 히브리어로는 '샬롬'이라고 합니다. '샬롬'을 헬라어로 옮긴 것이 '에이레네'입니다.

여러분, 세상 사람들이 말하는 평화는 무엇입니까?

세상 사람들이 평화를 말할 때는 싸움이 없고, 갈등이 없고, 전쟁이 없을 때에 '야, 평화롭다'라고 말합니다. 이것은 생각해 보면 아주 소극적이 평화입니다. 그러나 성경이 말하는 '평화, 샬롬, 에이레네'는 이 소극적인 의미를 가질 뿐만 아니라, 보다 적극적인 의미를 가지고 있습니다. 이 평화는 사람이 하나님과 올바른 관계를 맺게 될 때 누리게 되는 모든 것이 충족한 상태, 완전한 안녕의 상태를 말하는 것입니다.

이 평화는 내적인 평화입니다. 마음의 평화라는 것입니다. 이 평화는 앞에 나온 은혜에서 나옵니다. 생각해 보십시오. 하나님의 진노 아래 있는 인간에게 평화가 있겠습니까? 없습니다. 인간이 하나님의 진노 아래 있을 때는 참 평화가 없습니다. 죽음을 두려워하는 인생, 하나님의 심판을 기다리고 있는 인생에게 참 평화가 있겠습니까? 없는 것입니다. 그래서 구약에 이사야선지자는 몇 번이나 악인들과 죄인에게는 평강이 없다고 했습니다. 죄인에게 하나님의 진노가 머물러 있으니 어떻게 평화가 머물러 있겠습니까? 그런데 하나님의 은혜를 받아서 예수 믿고, 죄용서 받고 이제는 의롭다 함을 받고 하나님의 품에 안긴 인생은 그 속에 참 평화가 있게 되는 것입니다.

평화의 근원

이 참된 평화의 근원이 어디겠습니까?

이 평화는 사람에게서 나오지 않습니다. 세상 무엇에서 나오지 않습니다. 이 평화는 강한 군대에서 나오는 것이 아닙니다. 이 평화는 안락한 삶이나 부유한 삶에서 오는 것이 아닙니다. 참된 평화의 근원은, 오늘 본문 7절에 보면 "하나님 우리 아버지와 주 예수 그리스도로부터 은혜와 평강이 있기를 원하노라"고 했습니다. 하나님 우리 아버지와 주 예수 그리스도가 평강의 근원인 것입니다. 그래서 우리는 찬송합니다. "평화, 평화로다 하늘 위에서 내려오네~" 그리고 후렴에 가서도 "평화 평화 하나님 주신 선물"이라고 하지 않습니까?

주님이 주시는 이 평화는 세상이 주는 평화와 같지 않습니다. 세상이 줄 수 없는 평화입니다. 어떤 역경과 어려움과 환난에 처해도 언제나 누릴 수 있는 평화입니다.

세상사는 동안 우리의 삶에는 여러 가지 어려움이 찾아옵니다. 환난의 날이 찾아와서 마음의 걱정과 근심이 마치 불꽃이 튀는 것 같을 때도 있습니다. 그러나 그때마다 하나님께서 믿는 자에게 주시는 이 참된 평화가 있음을 잊지 말아야 됩니다. 하나님 앞에 기도해야 됩니다.

"우리 하나님, 저는 하나님을 믿습니다. 저는 하나님의 자녀입니다. 하나님과의 관계가 바르게 된 자입니다. 하나님이 약속하신 그 평화로 저를 채워주시옵소서."

그래서 이 참된 평화를 언제나 누리면서 사시는 여러분이 되시기를 바랍니다.

로마서의 수신자에 대해 고찰해 보았습니다.

로마서의 수신자는 로마에 있는 성도들입니다. 그들은 지금도 하나님의 사랑을 받고 있는 자들이었습니다. 그 많은 사람들 중에서 성도로 부름 받은 복된 자들이었습니다. 그 당시 로마 시에는 100만이 넘는 인구가 살고 있었습니다. 그런데 특별히 하나님의 사랑을 받은 사람들은 높은 지위에 있는 사람들이 아니었습니다. 노예도 있었고, 유대인도 있었고, 평민도 있었고, 또 아프리카에서 온 야만족도 있었습니다. 그러나 하나님의 사랑을 받고 성도로 부르심을 받은 너무나도 복되고 행복한 사람들이었습니다.

문안인사의 내용도 살펴보았습니다.

바울은 먼저 무엇을 기원했습니까? 은혜를 기원했습니다. 우리도 은혜를 받았지만, 천국 가는 그날까지 매 순간 은혜가 필요한 사람들임을 잊지 마시고 하나님 앞에 은혜를 간구하면서, 또 다른 사람들에게 하나님의 은혜가 있기를 빌어주면서 살아가시기 바랍니다.

그리고 바울은 평강을 기원했습니다.

아무리 잘 살아도, 아무리 부유하게 살아도, 아무리 좋은 집에 살아도 마음에 평강이 없으면 아무 소용이 없습니다. 이 복잡하고 불안한 세상 속에서도 하늘 위에서 내려오는 참된 평안이 있음을 기억하시고, 하나님께로부터 주어지는 이 평안을 구하고 간구해서 하늘의 평안을 늘 누리면서 살아가시는 여러분들이 다 되시기를 바랍니다.

6

로마서 1:8

바울의 감사

"먼저 내가 예수 그리스도로 말미암아 너희 모든 사람에 관하여
내 하나님께 감사함은 너희 믿음이 온 세상에 전파됨이로다"

복음송 가사에 "내가 할 수 있는 것은 오직 감사와 기도 두 손을
높이 들고 주께 감사하네"라는 찬양이 있습니다.

내가 할 수 있는 것은 '감사와 기도'라고 했습니다. 여러분들은 이
가사를 듣고 혹시 이상함을 느끼지 않았습니까? 저는 처음 이 찬
양을 만났을 때에 좀 이상하다고 느꼈습니다. 나는 장애인이 아닌
데, 나는 다른 것도 할 수 있는데, 내가 할 수 있는 것은 오직 감사
와 기도라니? 그런데 그 가사를 좀 더 깊이 생각을 해보니 '내가 할
수 있는 일 중에 가장 중요하고 가장 귀한 일은 바로 감사와 기도
다'라는 의미였습니다.

말세를 살아가는 우리 성도에게 가장 중요한 일은 감사하고 기도
하는 일인 줄을 믿고서 항상 감사하며 쉬지 말고 기도하면서 살아

가는 여러분들이 되시기를 바랍니다.

지금까지 살펴본 로마서 1장 1절에서 7절 말씀은 로마서라고 하는 편지의 인사에 속하는 부분이었습니다. 그리고 이어지는 8절에서부터 15절까지는 바울의 감사와 바울의 기도에 대하여 기록을 하고 있습니다. 오늘은 8절을 통하여 바울의 감사에 대해 생각해 보고자 합니다.

> "먼저 내가 예수 그리스도로 말미암아 너희 모든 사람에 관하
> 여 내 하나님께 감사함은 너희 믿음이 온 세상에 전파됨이
> 로다."

인사를 마친 사도 바울이 무엇을 가장 먼저 하고 있습니까? 감사를 먼저 하고 있습니다. "내 하나님께 감사함은" 하고 있습니다. 여기에서 우리가 생각할 것이 세 가지가 있습니다.

첫째, 바울은 먼저 감사의 삶을 살았다는 것입니다.

이 8절을 영어성경에 보면 "First, I thank my God"입니다. 'First, 첫째로, 제일 먼저'란 말입니다. '제일 먼저 내가 내 하나님 앞에 감사한다'고 기록하고 있습니다. 그런데 이 기록이 여기에만 나오는 것이 아니라, 바울의 다른 편지들도 보면 맨 앞에 언제나 똑같은 말씀이 나오는 것을 볼 수 있습니다.

> "나는 하나님 앞에 감사한다."

여기서 우리는 바울의 삶의 모습을 볼 수 있습니다. 바울은 먼저 하나님 앞에 감사하는 삶을 살았습니다. '감사 먼저'의 삶이었다는 것입니다. 바울의 이런 모습은 우리 신앙생활의 훌륭한 본이 됩니

다. 우리 성도들은 무엇보다도 먼저 하나님께 감사드리며 살아야 합니다. 그래서 에베소서 5장 20절에 보면 "범사에 항상 하나님께 감사하라"고 했습니다. 데살로니가전서 5장 18절에도 "범사에 감사하라 이것이 그리스도 예수 안에서 너희를 향하신 하나님의 뜻이니라"고 말씀하고 있습니다. 감사는 하나님의 뜻입니다. 감사하는 것은 하나님의 기뻐하시는 뜻인 것입니다. 내 삶의 여러 가지 어려운 일이 있고 문제가 있다고 해도, 내가 먼저 해야 될 일은 하나님께 감사하는 일이라는 것을 잊지 마시기 바랍니다.

종교개혁자 루터가 아주 귀한 말을 했습니다. "마귀의 세계에는 감사가 없다. 불평은 마귀가 들어오는 문이다!"라고 했습니다. 다시 한 번 곰곰이 생각해 보십시오. '마귀의 세계에는 감사가 없다.' 만일 내 삶에 감사가 없다면, 내 마음은, 내 삶은 사실 마귀의 세계입니다. '불평은 마귀가 들어오는 문이다.' 내가 무엇에 대해 이런 불평 저런 불평을 하면 나도 모르는 사이에 마귀가 내 속에 들어온다는 것입니다. 불평이 마귀가 들어오는 문입니다. 어떤 이는 마땅히 감사해야 할 터인데도 감사하지 않고 그것을 마땅히 여깁니다. 하나님의 은혜를, 교회의 은혜를 마땅히 여깁니다. 그런가 하면 불만족해 하면서 불평을 하는 이들도 있습니다. 이는 잘못된 것입니다. 성도는 항상 모든 일에서 감사의 제목을 찾아 하나님 앞에 감사해야 됩니다. 그냥 감사하는 것이 아니라 먼저 감사의 삶을 살아가야 합니다.

저는 이 설교를 지난 월요일에 준비해 두고 계속해서 하나님 앞에 감사하기를 힘썼습니다. 하루를 살아가면서 시시때때로 "아버지, 감사합니다" 하면서 한 주간을 살았는데, 제가 세어보지는 않았지만 하루에 100번 이상 '아버지, 감사합니다' 하면서 산 것 같습니다. 특별히 저는 한 주간 동안 제 건강에 대하여 하나님 앞에 감사를 드렸습니다. 참 우리 인간은 이상합니다. 제가 생각해 보니 건강해서 컨디션이 좋을 때에는 건강에 대한 문제를 잊어버리고 하나님 앞에 건강에 대한 감사를 잘 하지 않습니다. 여러분도 아마 저와 비슷할지 모르겠습니다. 그러면 언제 감사를 하게 됩니까? 몸이 안 좋을 때에 건강의 은혜가 얼마나 큰지 생각하게 되고, 깨닫게 되고, 그것으로 인해 하나님 앞에 감사하게 되더라는 것입니다.

"하나님, 오늘도 하나님께서 산보할 수 있게 해주시니 감사합니다."

"오늘도 새벽기도에 나와서 하나님 앞에 기도할 수 있는 건강을 주시니 감사합니다."

"오늘도 아침 밥 먹고 목양실에 나와 주의 일들을 준비할 수 있게 하여 주시니 감사합니다."

"오늘도 설교할 수 있는 건강 주시니 감사합니다."

어제는 점심때 가족끼리 고기를 먹었는데요, "하나님, 이 고기를 먹을 수 있게 해주시니 감사합니다"라고 감사했습니다. 맛있는 한우 고기를 하나님께서 주셔서 감사하다는 것이 아니라, 도리어 제 마음에 진정 감사한 것은 "이 소고기를 먹고서 소화시킬 수 있는 건강 주시니 감사합니다"라는 말입니다. 아파 보신 분들은 경험하셨을 것입니다. 몸이 너무 안 좋으면 고기가 입에 들어가지 않습니다. 그것을 소화시킬 능력이 없는 거예요. 그래서 죽 먹고, 밥에 물을 부어 무르게 해서 먹는 것 아니겠습니까? 그런데 건강하니까 "이렇게 고기도 먹어서 소화시킬 수 있으니 감사합니다" 하고 하나님께 감사하게 되더라는 것입니다.

우리가 몇 번 보았듯이 닉 부이치치를 생각하면 감사할 것이 셀 수 없습니다.

"하나님, 저에게 팔을 주시니 감사합니다. 하나님, 저에게 손을 주시니 감사합니다. 하나님, 저에게 다리를 주시니 감사합니다. 하나님, 저에게 발을 주시니 감사합니다. 그래서 이렇게 걸어 다닐 수 있게 해주시니 감사합니다. 운전도 할 수 있게 해주시니 감사합니다." 감사할 것이 셀 수 없이 많은 것입니다.

감사하기 위해서 꼭 교회당을 찾을 필요는 없습니다. 하루를 살면서 수시로 짤막하게 감사기도를 드리면 됩니다. 생각이 날 때마다 '아버지, 감사합니다' 하고 감사하면 되는 것입니다. 감사 기도를 하면서 두 가지 기도를 덧붙였으면 좋겠습니다.

"지금도 저와 함께해 주옵소서."

"이 시간도 저를 다스려 주옵소서."

이 세 가지 간단한 기도를 하십시오.

"아버지, 감사합니다."

"지금도 저와 함께해 주옵소서."

"이 시간도 저를 다스려 주옵소서."

이 간단한 세 마디 기도를 마음속에 간직하고, 날마다 순간마다 생각날 때마다 그렇게 기도하십시오. 얼마나 아름답습니까? 그렇게 하면서 주님과 교제하십시오.

바울처럼 날마다 먼저 감사하는 삶을 살아가시는 여러분들이 다 되시기 바랍니다.

두 번째, 바울은 누구를 인하여 감사했습니까?

8절 중반부를 보시면 "너희 모든 사람에 관하여 내 하나님께 감사한다"라고 했습니다.

'너희 모든 사람, All of you, 로마교회 모든 성도들' 때문에 나는 하나님께 감사한다는 것입니다. 생각해 보면, 우리의 감사는 너무 이기적일 때가 많은 것 같습니다. 여러분은 언제 감사합니까? 내 일이 잘 되고, 잘 풀리고, 내 가정의 일이 잘 되고, 우리 교회가 잘 될 때는 하나님께 감사합니다. 그런데 다른 성도들, 다른 가정, 다른 교회가 잘 된다고 할 때도 감사하는 경우는 드물지 않습니까? 우리와 아무 관계가 없다고 생각하기 때문입니다. 그런데 로마교회와 바울과의 관계는 어떻습니까? 바울이 전도해서 세운 교회입니까? 아닙니다. 바울은 로마에 가본 적도 없습니다. 로마교회에 가서 성도들을 만나 본 적도 없습니다. 그런데 사도 바울은 로마교회 성도들로 인해 하나님 앞에 감사를 하는 것입니다. 그것도 로마교회 성도 모두로 인하여서 하나님 앞에 감사한다는 것입니다.

여기에 대단한 의미가 있습니다. 저의 형제는 8남매입니다.

원래 9남매인데 형이 일찍 홍역으로 죽었습니다. 옛날에는 한 집에 다섯에서 열이 보통 아니었습니까? 그런데 모든 자녀가 다 잘 되어서 신앙생활을 잘하면 좋을 텐데, 그렇게 많다 보니 그러지 못한 자녀들도 있었습니다. 엇나간 자녀들도 한둘 있더라는 것입니다. 감사의 제목이 되지 않는 자녀가 있더라는 것입니다. 요즘은 두세 명밖에 안 되는데도 감사의 제목이 되지 못하고 부모의 근심거리가 되는 자녀가 있습니다. 우리 사랑하는 청년들, 우리 사랑하는 자녀 된 여러분들, 부모의 걱정거리, 근심거리가 되지 말고 늘 하나님 앞에 감사의 제목이 되는 자녀가 되시기를 바랍니다.

제가 왜 이런 말을 합니까? 로마교회 교인들 중에 문제를 가진 사람이 하나도 없었을까요? 있습니다. 로마서 9장부터 읽어 보면 로마교회도 세상 교회 아니겠습니까? 이 세상 교회에 완전한 교회가 어디 있으며 완전한 성도가 어디 있습니까? 문제 있는 성도들이 많이 있었습니다. 그런데 바울 사도는 '나는 로마교회의 신앙생활 잘하는 누구누구로 인하여 하나님 앞에 감사한다'고 하지 않고, '너희 모두로 인하여서 하나님께 감사한다'고 했습니다. 이게 그냥 립서비스일까요? 아닙니다. 바울이 볼 때 문제 있는 성도가 있었습니다. 그런데도 어떻게 그들 모두를 인하여 사도 바울이 하나님 앞에 감사하겠느냐는 것입니다. 1장 7절을 보십시오.

"로마에서 하나님의 사랑하심을 받고 성도로 부르심을 받은 모든 자에게⋯."

또, 6절에도 보면 '예수 그리스도의 것으로 부르심을 받은 자라고 했습니다. 로마교회 성도들 중 문제가 있는 성도도 있지만, 그들 모두가 하나님의 사랑하심을 받고 성도로 부르심을 받고 예수 그리스도의 것으로 부르심을 받았다는 것을 생각할 때에, 그들이 가지고 있는 작은 문제는 별 것이 아니더라는 것입니다. 그래서 사도 바울은 로마교회 모든 성도들로 인하여서 하나님께 감사했다는 것입니다.

2005년 6월 어느 밤에, 모 전방 부대에서 한 일병이 자기 내무반에 수류탄을 던지고 총기를 난사한 사건이 일어났습니다. 아마 구타를 당하고 욕을 먹으니까 군생활이 너무 힘들고 견딜 수가 없어서 그렇게 한 것 같습니다. 그때에 8명이 죽고 4명이 부상을 당했습니다. 그 부대가 해체되고, 다시 재편성되었습니다. 그때 군에 간 자녀를 둔 부모님들 마음이 어땠을까요?

한번 생각해 보십시오. '아이고, 공부 못해도 좋고, 좋은 직장 못가도, 돈 많이 못 벌어도 좋으니 건강해서 살아만 와다오. 살아서 제대만 해다오' 그런 마음 안 생기겠습니까? 특히 그 사단에서 자녀가 군 복무를 하고 있었다면 당연히 그런 마음이 들 것입니다. 그런 위기에서는 사소한 문제들이 문제가 아닌 거예요. '죽지만 말고 건강하게 살아만 나와다오'라는 심정일 것입니다.

지금 바울의 마음이 그렇습니다. 문제 있는 성도들이 있지요. 그러나 그들 모두가 하나님의 사랑을 받고 성도로, 예수 그리스도의 것으로 부름 받은 것에 비하면 그들이 가진 문제는 아무것도 아니라는 것입니다. 그들 모두로 인하여서 하나님께 감사하게 되더라는 것입니다. 여러분들도 바울 같은 안목을 가지고 살아갈 수 있기를 바랍니다. 내 가족에 대해서도, 교회의 다른 성도들에 대해서도,

그리고 내 자신에 대해서도, 내 자신의 삶에 대해서도 못마땅한 것이 있고 불만족스러운 것이 있어도, 그 작은 문제들로 인하여 감사를 잃어버리고 살아가는 성도, 불평하면서 살아가는 성도가 아니라, 하나님의 큰 사랑, 나 같은 죄인 불러주시고 구원해 주신 놀라우신 그 사랑, 그 크신 은혜로 인하여 하나님 앞에 감사할 수 있는 성도가 되시기를 바랍니다.

세 번째, 바울의 특별한 감사 제목이 있습니다.
본문 후반부를 보겠습니다.
"내 하나님께 감사함은 너희 믿음이 온 세상에 전파됨이로다."
로마교회 성도들의 믿음이 온 세상에 전파되는 이것 때문에 바울은 하나님 앞에 감사하는 것입니다.

이와 비슷한 말씀이 데살로니가전서에 나옵니다. 사도 바울이 2차 전도여행 때에 유럽으로 건너가 빌립보에서 복음을 전하고, 그 다음으로 간 곳이 데살로니가입니다. 데살로니가는 그 지역의 중심입니다. 지금도 '데살로니키'라고 마게도냐 지역의 중심도시로 자리잡고 있습니다. 유명한 관광도시입니다. 유럽에 가면 한 번 그곳에도 들려볼 수 있기를 바랍니다. 저도 못 가봤는데 올림픽 경기를 할 때 우리 대표 팀이 그곳에서 경기하는 걸 TV로 보았습니다. 그 도시를 화면을 통해 구경을 했습니다. 마게도냐 지역의 교통의 요지이며, 중심 도시입니다. 따라서 지역 중심지인 데살로니가에 사도 바울에 의해 복음이 전해지고 교회가 서게 되니 어떻게 되겠습니까? 큰 도시니까 그 지역 주변에 사는 사람들이 많이 오가지 않았겠습니까? 그로 인해 데살로니가 교회의 믿음이 널리 전파되었다고 사도 바울이 기뻐하고 있는 것입니다. "너희 믿음의 소문이 각처에 퍼졌으므로 우리는 아무 말할 것이 없노라." 너무 기쁘고 감사하다는 말이지요.

그런데 로마는 어떻습니까? 로마는 데살로니가와 비교가 안 되는 도시입니다. 로마는 로마 제국 전체의 수도 아닙니까? 온 세계의 수도라고 해도 과언이 아니지요. 세계 제1의 도시였습니다. 그런 말이 있죠. "모든 길은 로마로!" 세계의 수도니까 모든 길은 로마로 갑니다. 영국에는 조금 다른 말이 있습니다. "모든 길은 런던으로!" 저 북쪽에 있는 스코틀랜드에 있는, 런던 반대 방향으로 난 길도 결국은 돌아서 런던으로 간다는 말입니다.

2000년 전에는 모든 길이 로마로 향했습니다. 로마가 세계의 심장부라는 것입니다. 이 로마에 복음이 전해져서 교회가 섰으니 얼마나 효과적으로, 그리고 급속도로 온 세상에 퍼져나갔겠습니까? 복음이 퍼져나가고 있다는 것은 무엇을 말합니까? 어둠의 나라, 마귀의 나라가 무너지고 빛의 나라, 하나님의 왕국이 확장되고 건설되고 있다는 것입니다.

사도 바울은 특별히 이방인의 사도라고 했습니다. 이방인의 사도인 사도 바울이 이 로마의 믿는 자들을 통하여 온 이방인들 가운데 복음이 전파된다는 것을 생각할 때에 얼마나 큰 감동이 되겠습니까? 얼마나 기뻤겠습니까? 그래서 하나님 앞에 감사하지 않을 수 없었습니다.

이 점에서 하나님의 교회를 보는 우리의 눈도, 우리의 시각도 달라져야 됩니다. 우리 한국 교회는 문제가 참 많습니다. 저는 늘 그 것을 가슴 아프게 생각합니다. '우리 교회' 우상에 빠져서 '우리 교회 우리 교회' 하는 것입니다. 교회는 기업이 아닌데, 교회는 회사가 아닌데, 교회는 직장이 아닌데, 교회들은 조금만 잘 되면 땅 사고, 건물을 크게 짓고, 또 여유가 있으면 수양관을 짓고, 주차장을 사고, 묘지까지 사는 것입니다. 그러나 그런 게 중요한 것이 아닙니다.

우리 주변에 감당 못할 너무 큰 빚을 지고 교회당을 크게 지어 많이 힘들어 하는 교회들이 더러 있습니다. 그런 교회들은 10년, 20년 내내 이자 갚고 빚을 갚아야 됩니다. 주님의 교회가 해야 될 일이 무엇입니까? 복음 전하고, 교회 개척하고, 선교사를 보내는 일을 해야 합니다. 우리 한국 교회도 때가 되면 내려갈 것이고, 지금도 벌써 내려가고 있지 않습니까? 하나님께서 일할 기회를 주신 이때에 열심히 복음을 전해야 되는데, 엉뚱한 짓을 하고 있으니 우리 하나님이 보시면 뭐라고 말씀하실까요? 그런데 그런 교회가 많다는 말입니다.

교회의 본분이 무엇입니까? 복음 전하는 일입니다. 잃은 영혼을 구원하는 것입니다. 교회는 무엇보다도 복음 전파에 관심을 가지고 기도하고 노력해야 되는 것입니다. 그래서 우리 하나님께서 교회에 믿는 자를 더하여 주실 때에, 우상을 섬기다가 이제 돌이켜 주님께로 돌아오는 회심자들을 주님께서 보내주실 때에, 그래서 새 가족들이 우리 교회에 등록할 때에, 우리 교회가 교회를 개척해서 복음이 널리 전파될 때에 기뻐하고 감사해야 되는 것입니다.

다시 말해서, 우리가 정말 기뻐하고 감사할 것은, 우리 교회를 통해서든지 다른 교회를 통해서든지 하나님의 복음이 이 지역과 세상에 널리 전파될 때에, 그래서 하나님의 나라가 확장될 때에 진심으로 기뻐하고 감사해야 된다는 것입니다.

빌립보서 1장에 보면 감옥에 있는 사도 바울이 이런 고백을 합니다.

"어떤 자들은 나를 시기해서 복음을 전한다."

순수한 마음으로 전도를 하는 것이 아니라 질투하는 마음을 가지고, 바울을 질투해서 복음을 전한다는 것입니다. 사도 바울이 워낙 복음을 잘 전하니까 그걸 못 봐 주겠다는 것입니다. 그래서 그것을 질투해서 열심히 전하는 그런 사람들이 실제로 있었다는 것입니다. 그런데 사도 바울은 이렇게 말씀합니다.

"무슨 방도로 하든지 전파되는 것은 그리스도니 이로써 나는 기뻐하고 또한 기뻐하리라."

얼마나 멋있습니까? 그 사람들이 나를 질투해서 복음 전하든 말든, 여하튼 전해지는 것은 예수 그리스도시니 나는 기뻐하고 감사하겠다는 말씀입니다.

우리의 눈도 이 바울의 눈처럼 좀 더 폭이 넓어졌으면 좋겠습니다. 우리 교회만 잘 되고 성장하는 일에 관심을 가지고 거기에만 감사하려고 할 것이 아니라, 우리의 믿음이, 우리가 가지고 있는 생명의 복음이 널리 전파되고 하나님의 나라가 확장되어 갈 때에 함께 기뻐하고 진심으로 감사할 수 있는 여러분 모두가 되시기를 바랍니다.

오늘 바울의 감사에 대하여 3가지를 생각했습니다.

첫째, 바울은 먼저 감사의 삶을 살았다고 했습니다.

오늘 이 자리에 있는 우리 사랑하는 모든 성도들도 바울처럼 '감사 먼저'의 삶을 살아가시기 바랍니다.

둘째, 바울은 로마교회 모든 사람들로 인하여 감사했습니다.

우리 역시 모든 성도들로 인하여 감사할 수 있기를 바랍니다. 다른 성도들, 가족들, 나 자신의 삶에 비록 문제가 있고 아픔이 있어도 하나님의 크신 은혜, 하나님의 큰 사랑, 구원의 은혜와 사랑을 받았기 때문에, 이것으로 인하여 하나님 앞에 감사할 수 있는 성도들이 다 되시기를 바랍니다.

셋째, 로마교회로 인한 바울의 특별한 감사 제목은 로마교회 성도들의 믿음이 온 세상에 전파되는 것입니다.

우리 역시 나와 나의 가족과 관련된 무엇 때문에만 감사할 것이 아니라, 믿음의 진보, 복음의 진보, 하나님 나라의 확장으로 인하여 하나님 앞에 진심으로 감사할 수 있는 성도들이 다 되시기를 바랍니다.

7

로마서 1:9-13

바울의 기도

"내가 그의 아들의 복음 안에서 내 심령으로 섬기는 하나님이 나의 증인이 되시거니와 항상 내 기도에 쉬지 않고 너희를 말하며 어떻게 하든지 이제 하나님의 뜻 안에서 너희에게로 나아갈 좋은 길 얻기를 구하노라 내가 너희 보기를 간절히 원하는 것은 어떤 신령한 은사를 너희에게 나누어 주어 너희를 견고하게 하려 함이니 이는 곧 내가 너희 가운데서 너희와 나의 믿음으로 말미암아 피차 안위함을 얻으려 함이라 형제들아 내가 여러 번 너희에게 가고자 한 것을 너희가 모르기를 원하지 아니하노니 이는 너희 중에서도 다른 이방인 중에서와 같이 열매를 맺게 하려 함이로되 지금까지 길이 막혔도다"

오늘은 택시 타는 주일입니다. 여기 예배드리는 성도들 가운데 기사님들도 몇 분 계신 것 같습니다. 우리 하나님께서 오늘 특별히 우리 성도들과 또 참석하신 기사 여러분께 은혜 베풀어 주시기를 원합니다.

지난 한 주간도 감사 먼저의 삶을 살아가셨습니까?

"아버지, 감사합니다. 지금도 저와 함께 하옵소서. 이 시간 저를 다스려 주옵소서."

그렇게 감사하고 기도하면서 살아가시라고 말씀 드렸는데, 앞으로도 그렇게 순간순간 감사하고 기도하시는 여러분들이 되시기를 바랍니다.

많은 사람이 죽을 때에는 어머니를 찾는다고 합니다. 그런데 목숨이 위태로울 때는 누구를 찾느냐 하면 하나님을 많이 찾습니다. 그래서 그런 말이 있습니다.

"참호에는 무신론자가 없다."

참호는 전쟁 때 땅을 파 숨어 있는 곳입니다. 전쟁이 나서 목숨이 위태로운 그런 때에는 불신자도, 하나님을 믿지 않는 자도 하나님의 이름을 부르고 하나님을 찾고 기도한다는 것입니다. 그런데 우리 하나님께서는 너무 자비로우신 하나님이십니다. 그래서 때로는 불신자의 기도도 들어주십니다.

그렇다면 하나님을 믿고 기도의 능력을 믿는 자가 기도하면 우리 하나님께서 어떻게 하실까요? 하나님께서 반드시 들어주시는 것입니다. "구하라 주실 것이요 찾으라 찾을 것이요 문을 두드리라 열릴 것이요"라고 우리 예수님께서 약속하셨습니다. 염려가 있는 분이 있습니까? 우리 하나님이 말씀하셨습니다.

"아무것도 염려하지 말고 오직 모든 일에 기도와 간구로 너희 구할 것을 감사함으로 하나님께 아뢰라"고 말씀했습니다. 염려를 없애 주시고 평안을 주시겠다는 것입니다. 여러분 중에 이런저런 일로 마음에 불평이 있는 사람이 있습니까? 지난 시간에 불평은 마귀가 들어오는 문이라고 했습니다. 내가 불평하면 그 불평의 문을 통하여 마귀가 나의 삶에 들어오는 것입니다. 그렇기 때문에 불평의 문을 열지 마시고 닫아 버리시기 바랍니다. 불평의 문을 열어두면 마귀가 들어옵니다. 불평의 문을 닫고 불평거리가 마음속에 생각나면 그것 가지고 하나님께 기도하시기 바랍니다.

우리는 마라의 쓴 물 사건을 잘 알고 있습니다. 이스라엘 백성이 출애굽해서 사흘 길을 갔을 때에 물이 없었습니다. 물이 다 떨어졌습니다. 마라라는 곳에 가니까 물이 있는데, 그 물이 쓴 물, 즉 바닷물이었습니다. 못 마십니다. 이에 그들은 하나님을 원망하고 불평하였습니다. 그때 모세는 무엇을 했습니까? 하나님께 기도했습니다. 아무리 많은 사람들이 원망하고 불평해도 해결이 됩니까? 안 됩니다. 모세는 한 사람이지만 기도하니까 해결이 되는 것입니다. 쓴 물이 단물로 바뀌어서 모두가 마실 수 있었습니다.

이 사건은 우리에게 큰 교훈을 줍니다. 앞으로 사십년 광야 생활 동안에, 한평생 걸어가는 이 인생의 광야 길에서 어려운 일, 불편한 일이 닥치면 그때에 불평하지 말고 기도하라는 것입니다. 하나님 앞에 엎드려 기도하면 하나님께서 문제를 해결해 주시겠다는 것을 보여주는 것입니다.

때로는 하나님께서 우리가 기도해도 응답해 주시지 않는 것 같습니다. 그러나 우리 하나님께선 반드시 들으십니다. 단지 하나님의 때에, 하나님의 방법으로 하나님께서 응답해 주십니다. 오늘 말씀을 읽어 보면, 사도 바울은 저 로마에 가기를 아주 많이 원했습니다. 그런데도 하나님께서는 그를 로마에 보내주시지 않았습니다. 기도에 응답해 주시지 않았습니다. 그래서 그는 답답하여 편지를 하나 썼습니다. 그 편지 이름이 바로 우리가 보고 있는 로마서입니다. 로마서는 기독교 복음의 진수를 담고 있는, 서신서 중에서 가장 복되고 귀하고 아름다운 하나님의 말씀입니다. 우리 하나님께서 얼마나 아름답게 복을 주십니까?

하나님께서는 응답을 안 해 주시는 것 같아도 더 귀한 복을 주셨습니다. 그리고 3차 전도여행이 끝난 후에, 로마 군병의 호위를 받으면서 로마로 갈 수 있도록 하나님께서 도와주셨습니다. 하나님께서 그 기도에 응답해 주셨습니다. 로마서라고 하는 더 귀한 선물도 덤으로 주시고, 로마에도 공짜로 뱃삯도 안들이고 갈 수 있도록 만들어 주시더라는 것입니다.

여러분, 살아 계신 하나님을 믿고, 기도의 응답을 믿고, 기도하는 성도가 꼭 되시기를 바랍니다.

오늘 본문은 바울의 기도에 대해서 말씀하고 있습니다.
본문에 나오는 바울의 기도는 두 가지로 되어 있습니다.

첫 번째 기도가 9절에 나옵니다.
"항상 내 기도에 쉬지 않고 너희를 말하며."
무엇을 위해, 누구를 위해 기도합니까? '너희', 즉 로마교회 성도들을 위하여 쉬지 않고 기도한다고 했습니다. 저는 이 말씀을 보면 저의 할아버지와 아버님이 생각납니다. 저의 할아버지는 노년에 중풍에 걸리셔서 교회에 가실 수 없었습니다. 그러면 교회당이 있는 곳을 보고서 청마루에 앉으셔서 교회를 위해서도 기도하시지만 자손들을 위하여 이름을 불러 가면서 다 기도를 하셨습니다. 그 속에는 저의 이름도 있었습니다.

저의 아버지는 그 아버지를 닮아 새벽기도를 다녀오시면 우리 자녀들을 다 깨워서 큰 방에서 하나님 앞에 가정예배를 드리는데, 찬송가를 부르고, 성경 한 장을 돌아가면서 쭉 다 읽고, 아버지가 설교를 하고, 그리고 좀 긴 기도를 하셨습니다. 긴 기도를 하고 주기도문을 하고 마치는데, 이 긴 기도를 할 때 우리 자녀들의 이름을 하나하나 불러가면서 기도를 하셨습니다. 그 아버지를 닮아 저도 제 자손들을 위하여 날마다 쉬지 않고 이름을 불러가면서 기도합니다. 손주는 하나밖에 없지만, 그래도 그 이름을 불러가면서 기도합니다.

저는 할아버지와 아버지께서 살아 계실 때 그렇게 자손들을 위하여 기도하신 그 기도가 절대로 헛되지 않고, 오늘날 그 기도를 통하여 하나님께서 우리 자손들에게 은혜와 복을 주시고 계신다는 것을 확신합니다. 그리고 제가 저의 자손들을 위하여 기도하는 것도 절대로 헛되지 않을 것을 저는 믿습니다.

부모가 사랑하는 자녀를 위해 할 수 있는 최고의 일이 무엇이겠습니까? 부족함 없이 다 사주고 채워주는 것이겠습니까? 고액 과외를 시켜주고 좋은 음식, 좋은 옷, 명품으로 사 입히는 것이겠습니까? 아닙니다. 자녀로 하여금 신앙생활을 잘하게 하고, 그 자녀를 위하여 쉬지 않고 이름을 불러가며 하나님 앞에 기도하는 것입니다. "하나님, 제 자녀 ○○를 기억하사 복을 주시옵소서!" 이렇게 기도하는 것이야말로 자기의 자녀를 위한 가장 귀하고 아름다운 일입니다.

제 할아버지와 아버지는 제가 손자라서, 아들이라서 저의 이름을 불러가며 기도했습니다. 그런데 바울은 어떻습니까? 바울은 로마교회를 위해서 기도했는데, 그는 로마에 간 적도 없고, 로마교회를 세우지도 않았고, 로마교회 성도들의 얼굴을 본 적도 없습니다. 그런데도 그들을 위하여 쉬지 않고 기도한다는 것입니다. 이것은 '하나님, 저 빌립보교회를 기억하옵소서, 로마교회를 기억하옵소서'라고 하는 지나가는 정도의 기도가 아니라는 것입니다.

이 로마서의 마지막 장인 16장을 보면, 사도 바울이 편지를 마무리하면서 로마교회에 있는 성도들에게 문안을 보냅니다. 거기 보면 약 30여 명의 로마교회 성도들의 이름이 기록되어 있습니다. 어떻게 사도 바울이 그들의 이름을 외워서 자연스럽게 편지 끝에 문안을 보낼 수 있겠습니까? 그것은 무엇을 증거합니까? 사도 바울이 날마다 로마교회 성도들의 이름을 불러가면서 하나님 앞에 기도했다는 증거가 되는 것입니다.

여기서 우리는 바울이 얼마나 하나님의 나라와 하나님의 교회를 사랑하고 귀하게 여기고 관심을 가졌는지 볼 수 있습니다. 오늘날은 무관심의 시대입니다. 사람들은 자기밖에 모릅니다. 자기와 자기 가족밖에 모르는 사람들이 참 많이 있습니다. 남의 일에는 그냥 무관심합니다. 우리 성도들도 기도할 때에 자기와 자기 가족만 위해 기도할 때가 많지요. 그 이상을 나가지 못하는 성도들이 많이 있습니다.

그러나 사도 바울을 보십시오. 그는 하나님의 나라와 교회를 얼마나 사랑했던지 보지도 못한 로마교회와 그 성도들을 위해서 날마다 쉬지 않고 기도를 하고 있는 것입니다. 그러므로 여러분도 자신과 가족들을 위한 기도를 쉬지 마시기 바랍니다. 그리고 거기에 멈추지 마시고, 교회를 위해서, 목사를 위해서, 장로님들을 위해서, 성도들을 위해서 기도하시기 바랍니다. 나아가 여러분과 연관 있는 교회들, 모교회, 여러분이 거쳐 온 교회들이 있지요? 그런 교회들과 선교사님들, 그리고 다른 교회와 다른 나라를 위해서도 마음에 품고 중보기도 하시기 바랍니다. 어쩌다가 생각나니까 한 번 하는 기도가 아니라, 바울처럼 항상 쉬지 않고 중보기도 하시는 것, 그것이 하나님의 뜻입니다.

바울의 두 번째 기도는 무엇입니까?

10절을 보십시오.

　"어떻게 하든지 이제 하나님의 뜻 안에서 너희에게로 나아갈

　좋은 길 얻기를 구하노라."

너희에게 간다는 말은 로마교회로 가는 것을 말합니다. 사도 바울은 자신의 사명을 잘 알고 있었습니다. 자신이 땅 끝까지 복음을 전해야 되는 이방인의 사도라는 사실을 늘 잊지 않고 명심하고 있습니다. 그렇기 때문에 그는 세계의 수도라고 할 수 있는 로마에 가기를 원하는 것입니다. 사도행전 19장 21절에 보면 "나는 로마도 보아야 하리라"고 하였습니다. 그 꿈이 그 마음에 있었습니다. 그 소원이 얼마나 강했는지 아십니까? 10절 맨 앞에 어떤 말이 있습니까? "어떻게 하든지"입니다. 나는 어떻게 하든지 로마에 가려고 한

다고 했습니다. 11절 앞부분을 보십시오. 내가 너희 보기를 '간절히' 원한다고 했습니다. 13절 맨 앞을 보면 바울이 로마교회에 '여러 번' 가고자 했다고 말씀합니다. 바울은 로마에 가고 싶은 마음이 뜨거웠습니다. 오늘날도 많은 사람들이 로마에 가기를 원합니다. 왜 로마에 가기를 원합니까? 관광을 위해서입니다. 왜 그런지 아십니까? 전 로마에 두 번 가보았는데요, 가보고 나서 알았습니다. 로마는 세계에서 관광 수익이 최고로 높은 도시입니다. 관광객이 제일 많이 모이는 도시예요. 로마 제국 때의 엄청난 유적들이 아직도 많이 남아 있습니다. 볼거리들이 많이 있습니다. 온종일 돌아다녀도 다 구경을 못합니다.

사도 바울은 왜 로마에 가려고 했습니까? '그래, 사람으로 태어나서 세계의 수도라고 할 수 있는 로마 구경 한 번 못해 봐서야 되겠는가? 나는 죽기 전에 꼭 로마에 한 번 가보아야겠다.' 그런 마음입니까? 아닙니다. 오늘 본문에 그가 로마로 가고자 하는 목적이 세 가지 나옵니다.

첫째 목적은, 11절 말씀 "어떤 신령한 은사를 너희에게 나누어 주고 싶다"라고 했습니다.

그래서 "너희를 견고하게 하려 함이라"고 합니다. 여기에 은사라는 말이 나옵니다. 은사는 선물이라는 말입니다. 그런데 단수로 되어 있습니다. 하나를 가리킵니다. 그러니 어떤 특별한 은사, 구체적인 은사가 아니라 일반적인 은사를 의미하는 것입니다. 다시 말해 바울이 로마교회에서 어떤 특별한 은사 집회를 열어서 성도들에게 안수를 하고 병을 고치고 방언을 하게 하려고 로마에 가는 것이 아니라는 것입니다. 뭔가 그들의 믿음을 견고하게 하는 영적 선물을 나누어 주기 위하여, 다시 말하면 하나님의 말씀을 통하여, 복음의 말씀을 통하여 그들 중 믿음이 연약한 자의 믿음을 더욱더 자라게 하고, 성도들로 하여금 앞으로 다가올 시험과 고난 가운데서 그 믿음을 든든히 지킬 수 있도록 그들의 믿음을 견고하게 만들어 주기 위해서라는 것입니다.

두 번째 목적이 있습니다.

12절을 보십시오.

"이는 곧 내가 너희 가운데서 너희와 나의 믿음으로 말미암아 피차 안위함을 얻으려 함이라."

이 '안위한다'는 말은 쉽게 말하면 서로 격려한다는 말입니다. 서로 격려 받고 서로 위로 받기 위해서라는 것입니다. 여기서 우리는 사도 바울의 겸손함과 연약함을 동시에 볼 수 있습니다. 사도 바울은 기독교 최고의 선생이자 기독교 최고의 신앙인 아니겠습니까? 사도 바울을 능가하는 신학자가 어디 있으며, 신앙인이 어디 있습니까? 그럼에도 불구하고 '나는 너희에게 지시하는 자, 나는 너희에게 주는 자, 너희는 나에게서 가르침을 받는 자' 이런 공식을 갖고 있지 않았습니다. 즉 사도 바울은 로마교회 성도들을 향하여 권위적인 자세, 교만한 자세를 취하지 않았다는 것입니다. 자신과 로마교회 성도들이 서로 격려 받고자 했습니다.

특별히 교역자들, 우리 중직자들, 지도자들, 그리고 교사들, 구역장 여러분들은 기억하시기 바랍니다. 언제나 남에게 베풀기만 하고, 설교만 하고, 가르칠 수만 있는 그런 완전한 신앙인은 이 세상에 아무도 없다는 것입니다. 그리스도인은 모일 때 서로 주고받는 것입니다. 아무리 훌륭한 신앙인, 훌륭한 목사라 하더라도 일방적으로 줄 수 있고, 일방적으로 가르칠 수만 있고, 일방적으로 설교만 할 수 있는 그런 목사, 그런 지도자는 이 세상에 없습니다. 그런 사람은 없습니다. 왜 그렇습니까? 인간은 누구나 연약하기 때문입니다. 누구나 부족한 점이 있기 때문입니다. 완전한 사람은 아무도 없기 때문입니다.

성경과 기독교 역사를 보면 이름을 남긴 위대한 하나님의 사람들이 때로 얼마나 연약한 모습을 보이는지 알 수 없습니다.

엘리야 선지자는 선지자 중에서 가장 위대한 선지자라 할 수 있습니다. 그가 기도하자 3년 6개월 동안 비가 안 왔습니다. 얼마나 엄청납니까? 그의 기도로 3년 반 동안 하늘이 닫히고 가뭄이 온 세상에 있었습니다. 그런데 다시 기도하자 비가 내렸습니다. 갈멜산 위에 제단을 쌓고 그 위에 제물을 올려놓고 하나님 앞에 "여호와여 불을 내려 주시옵소서. 그래서 저들로 하여금 여호와께서 참 신이시며 내가 여호와의 종인 것을 보여주시옵소서"라고 기도할 때 하늘에서 불이 내려서 제물을 다 태우고, 제단을 다 태우고, 그 옆의 도랑에 흐르는 물까지 다 살라 버렸습니다. 얼마나 위대한 역사입니까? 그 일로 인하여 바알과 아세라를 섬기는 선지자들을 다 죽여 버리지 않았습니까?

그러자 왕후 이세벨이 화가 나서 "엘리야 선지자 이놈, 내 눈에 띄기만 해봐라. 잡아 죽여버릴 테다" 하고 벼르고 있었습니다. 엘리야가 그 말을 듣고서 어떻게 했습니까? 겁이 나서 저 광야로 줄행

랑을 쳤습니다. 얼마나 급히 도망을 쳤던지 너무 피곤했습니다. 그래서 로뎀나무 아래 숨어 쉬면서 "아이고 하나님, 이제 제 목숨 그냥 가져가십시오!"라고 외쳤습니다. 얼마나 연약한 모습입니까? 갈멜산의 모습과는 완전히 반대 아닙니까? 두렵고 겁이 나서 죽겠다는 것입니다. 그래서 하나님께 이제 그만 자기 생명을 취하여 가시라고 기도하고 있습니다.

종교개혁자 마틴 루터는 강한 믿음의 사람입니다.

그렇지만 항상 그런 것이 아니었습니다. 때로는 불면의 밤을 보내면서 두려움과 우울증에 빠져서 허덕였습니다. 숨어 있을 때 '혹시 교황청에서 사람을 보내어 날 죽이지 않을까?'라는 생각에 잠을 못 자고 두려움과 우울증에 걸려 불쌍한 모습으로 있었습니다. 그때 그의 아내 캐서린이 뭐라고 했는지 아십니까?

"왜 그러세요? 당신이 믿는 하나님께서 죽으셨습니까?"

이렇게 고함을 빽 지르면 정신이 들어서 "그렇지, 하나님이 살아 계시지, 하나님이 날 보호하시지" 하며 다시 용기를 얻곤 했습니다.

우리가 가지고 있는 신학을 칼빈주의라고 합니다. 종교 개혁자 칼빈은 위대한 인물입니다. 기독교 역사에서 바울을 빼고 그와 같은 위대한 신학자가 없습니다. 그처럼 훌륭한 목회자가 없습니다. 그는 프랑스 사람이지만 스위스 제네바에 가서 목회를 하였습니다. 그 제네바 도시를 완전히 성시화했습니다. 성시화운동이 바로 이 칼빈의 제네바 성시화에 의해서 나온 것입니다. 그러면 우리가 생각할 때에 칼빈은 위대한 신학자이자 위대한 목회자니까 아무 어려움도 없이 제네바에서 목회를 잘했을 거라고 생각하기 쉽습니다.

그러나 아닙니다. 제네바에서 목회한 지 3년 만에 쫓겨났습니다. 도망쳐서 위에 있는 스트라스버그라는 곳에 가서 쉬었습니다. 제네바에 있던 파렐이 편지를 보내서 다시 제네바로 와달라고 부탁하였습니다. 그때에 편지를 받고서 칼빈이 응답하기를 "하루에 천 번도 넘게 죽음의 고통을 겪는 그 십자가를 지느니, 차라리 백 번 죽는 게 낫겠습니다" 하고 답장을 썼습니다. 제네바에서의 목회가 그렇게 힘들다는 것입니다. 하루에 천 번이나 넘는 죽음의 고통을 맛보면서 목회를 했다는 것입니다.

지난번에 제가 '목사도 아픕니다'라는 칼럼을 쓴 적이 있습니다. 그때에 제가 뭐 때문에 그렇게 썼는지 아시죠? 쇠파이프에 부딪쳐 몸에 혹이 생겨 그런 글을 썼습니다. 목사는 철인이 아닙니다. 목사도 질병이 걸리고, 목사도 교통사고가 나지 않습니까? 목사도 쇠파이프에 부딪치니까 별을 보고 아프고 혹도 나고 혼도 나는 것입니다. 때로는 외롭기도 합니다. 약하고 낙심할 때가 있습니다. 위로와 격려가 필요한 연약한 인간입니다. 오늘 사도 바울조차도 그렇지 않습니까? 연약한 인간이거든요. 위로가 필요한 인간입니다. 그래서 편지에 '피차 격려 받고자 한다'고 기록한 것입니다. 그러므로 여러분 자신은 남을 가르칠 수 있는 사람, 항상 남을 지도할 수 있는 사람이라고 생각하지 마시기를 바랍니다. 그 누구도 강하고 완전하다고 생각하지 마시기 바랍니다. 다 서로의 도움과 격려가 필요한 존재임을 인정하는 겸손한 신앙인이 되시기를 바랍니다. 주의 종들과 다른 성도들을 위하고 배려하는 성도가 되시기를 바랍니다.

로마에 가려는 세 번째 목적이 13절 후반부에 기록되어 있습니다.

"다른 이방인 중에서와 같이 열매를 맺게 하려 함이로되."

한마디로 열매 맺기 위해서입니다.

열매를 맺는다는 것은 사도 바울이 사역을 통해서 기대되는 위대한 결과를 의미하는 것입니다. 예를 들면 회심, 견고한 신앙, 확신, 성령 충만 등입니다. 사도 바울의 사역을 통해서 기대되는 열매인 것입니다. 여기서 중요한 것은, 바울은 로마의 방문을 통해서 열매를 맺는다는 의식을 아주 분명히 가지고 있었다는 것입니다. 저와 성도 여러분도 그래야 됩니다.

우리가 살아서 호흡하고 말하고 움직이는 모든 활동, 모든 봉사를 통해서 열매를 맺겠다는 분명한 의식을 가져야 한다는 것입니다. 나의 교사 생활을 통해 꼭 열매를 맺겠다, 나의 찬양대 봉사를 통해서 꼭 열매를 맺겠다, 나의 구역장 봉사를 통해서 꼭 열매를 맺겠다는 의식을 가져야 됩니다. 그냥 습관적으로 아무 목적도 없이 봉사하면 안 된다는 것입니다. 과일 나무는 언제 열매를 맺을 수 있습니까? 나무가 살아 있는 동안이 열매를 맺을 수 있는 기회입니다. 우리 인간도 그렇습니다.

'우리가 살아 움직이는 동안이 열매를 맺을 수 있는 기회입니다.'

'아이고 하나님, 전 80이 넘었는데 왜 빨리 안 데려가십니까?'라고 할 수도 있지만, 하나님께서는 생사화복의 주관자가 아니시겠습니까? 하나님께서 생명을 그대로 유지하게 두시는 데에는 하나님의 뜻이 있지 않겠습니까? 그러니까 하나님께서 살려주시는 동안에는 열매를 맺을 수 있는 기회입니다. 은퇴를 해도, 늙어 가도 하나님께서 기뻐하시는 열매를 맺을 수 있다는 것입니다.

저는 저의 열매를 생각해 보았습니다. 어쩌다가 새가족의 간증 가운데 '어찌어찌해서 이렇게 교회에 나와 예배를 드리게 되었는데, 이광수 목사의 설교가 심령에 박혀서 너무 큰 감동을 받고 눈물을 쏟고 이제부터 내가 예수를 믿고 교회 다녀야 되겠다'라고 결심했다는 간증 많이 듣지요. 그것이 바로 설교의 열매입니다. 저의 목회의 열매인 것입니다.

여러분도 열매를 맺어야 되는 것입니다. 주께서 여러분에게 단한 번 주신 생애입니다. 하나님께서 여러분께 주신 새 학기, 하나님께서 주신 기회입니다. 하나님께서 여러분에게 하루하루 주시는 시간들을 헛되이 살지 마시고, 열매 맺는 삶을 살아가시기 바랍니다.

오늘 우리는 바울의 기도를 생각했습니다.

지난 시간에 제가 복음송 하나를 짧게 부르면서 시작했는데 혹시 기억하십니까?

"내가 할 수 있는 것은 오직 감사와 기도 두 손을 높이 들고 주께 감사하네."

감사와 기도뿐! 그렇습니다. 하나님 앞에서 우리 인생이 세상에서 할 수 있는 가장 중요한 것은 하나님께 감사하는 것이고 하나님께 기도하는 것임을 믿으시고, 날마다 감사하고 기도하면서 살아가시기 바랍니다.

8절에서 먼저 하나님 앞에 감사한 바울은 오늘 본문에 두 가지를 위해 기도한다고 했습니다.

첫째는, 로마교회 성도들을 위해서 항상 쉬지 않고 기도한다고
했습니다.

우리 사랑하는 모든 성도들도 자신과 가족을 위하여, 또 그것을
넘어서 다른 교회와 다른 성도, 선교사님들을 마음에 품고 쉬지
않고 기도할 수 있기를 바랍니다. 우리가 믿음으로 기도하면 하나
님께서 역사하시고 이루어 주실 것을 믿으시기 바랍니다.

둘째는, 로마에 가기 위해서 기도했습니다.

무엇 때문에, 무슨 목적으로 가기를 원했습니까? 신령한 은사를
나누어 주기 위해서, 서로 안위 받기 위해서, 또 열매를 맺기 위해
서라고 했습니다. 세 가지 다 너무나도 아름답고 선한 목적인 것입
니다. 우리의 모든 소원도 우리의 기도도 바울처럼 선한 목적, 즉
하나님과, 하나님의 교회와, 하나님의 나라와 성도들을 위한 것이
될 수 있기를 바랍니다. 그래서 우리의 기도를 통해서 하나님의 선
하신 뜻이 이 땅에서, 우리 교회에서, 여러분의 삶에서 이루어지기
를 바랍니다.

8

로마서 1:14-15

다 내가 빚진 자라

"헬라인이나 야만인이나 지혜 있는 자나 어리석은 자에게 다 내가 빚진 자라 그러므로 나는 할 수 있는 대로 로마에 있는 너희에게도 복음 전하기를 원하노라"

본문에서 사도 바울은 "I'm a debtor"(나는 빚진 자입니다)라고 고백했습니다.

나는 빚진 자라는 고백이 부끄러운 고백입니까 자랑스러운 고백입니까? 부끄러운 고백이지요. 누구나 감추고 싶고 하기 싫어하는 고백입니다.

저는 저의 젊을 날을 돌아보면 퍽 가난하고 어려운 삶을 살았습니다. 제가 고등학교 들어가는 해에 저의 아버님이 사업에 실패하셔서 빚을 많이 지게 되었습니다. 그래서 저는 신학교시절에 거의 고학하다시피 하여 제가 학비를 마련하고 생활비를 마련해서 생활했습니다. 그렇게 생활하다 보니, 당시 제가 다니던 제1영도교회 성도들에게 많은 사랑의 빚을 졌습니다. 식사도, 그리고 옷도 때로는 용돈까지도 빚을 졌습니다. 그분들이 그렇게 베풀어 주셨습니다.

나중에 목사가 되고 마흔 살이 넘어서 영국 유학을 가게 되었는데, 저희 양가는 가난한 집안이 되어서 사실은 돈 한 푼 보태줄 형편이 되지 못했습니다. 근데 제가 부목사로 있었던 부산동교회에서 3년 반 동안 모든 학비와 생활비를 지원해 주었습니다. 제가 평생 갚을 수 없는 큰 사랑의 빚을 그때 졌습니다. 그리고 또 영국에 갔을 때에도 아주 친절하신 두 분이 자기 집에 화요일에, 또 다른 요일에 저를 매주 초청해 주셔서 제 영어 실력을 향상 시켜 주셨습니다. 그것도 큰 빚입니다.

우리 본 교회에서도 지난 12년간 사랑의 빚을 많이 졌습니다. 특별히 2년 전 병으로 안식년을 가질 때에 기도의 빚, 물질의 빚을 졌습니다. 저는 나름대로 빚을 갚으려고 노력하며 살았습니다. 그러나 목사의 삶이라는 것은 평생 갚아도 다 못 갚을 사랑의 빚만 지고 산다는 생각이 듭니다.

한경직 목사님이 젊어서 미국 유학을 가시려고 하는데 여비(뱃삯)가 없어서 은사이신 남강 이승훈 선생님을 찾아갔습니다. 방법이 없을까 해서 남강 이승훈 선생님께 말씀을 드렸더니 편지를 두 장 써주시는 겁니다. 이분에게 안 되면 저분에게 가보라는 겁니다. 한 장은 윤치호 선생님께 가는 편지, 또 다른 한 장은 다른 분에게 드리는 편지였습니다. 그래서 편지를 들고 서울에 있는 윤치호 선생님 집에 도착을 했는데, 집이 으리으리하고 집 밖에 집을 지키는 사람이 있을 정도로 부잣집이었습니다.

윤치호 선생님을 만나서 남강 선생님의 편지를 내밀었습니다. 그랬더니 "언제 출국하려는가?" 하고 물으셨습니다. "예! 돌아오는 9월에 학교에 입학하기를 원합니다" 하니까 선생님이 아무 말씀도 않으시고 백 원을 내놓으셨습니다. 지금은 100원이 돈이 아닙니다. 그렇지만 그 당시에는 100원이 엄청나게 큰돈이었습니다. 그래서 너무 감사해서 "앞으로 이 빚을 꼭 갚겠습니다" 하니까 "그럴 필요 없네. 나한테 갚지 말고 앞으로 다른 사람에게 갚게"라고 하셨습니다. 그 말이 한경직 목사님의 마음속에 새겨졌습니다. 그래서 한경직 청년이 유학을 하고, 목사가 되고, 목회를 할 때에, 여러분이 아시다시피 한경직 목사님은 목회 외에도 교육과 복지사업을 많이 했습니다. 그런 사업을 할 때에 목사님은 윤치호 선생님의 말씀을 생각하면서 내가 받은 은혜를 다른 사람에게 갚는다는 생각으로 일을 하셨다는 것입니다.

저도 그렇게 생각합니다. 내가 빚진 사람, 내가 빚진 교회에 가서 그 빚을 다 갚을 수가 없지요. 그렇지만 제가 좋은 목사가 되고 좋은 목회자가 된다면 그것이 바로 빚 갚는 것이 아닐까 그렇게 생각합니다. 그렇게 함으로써 그 교회와 그분들의 사랑의 빚을 조금이라고 갚아가야 되겠다는 생각을 가집니다.

사실 우리가 생각을 해보면 사람들은 누구나 다 빚진 자입니다. 물질적인 빚은 없어도 다 사랑의 빚을 서로 지고서 이 땅에서 살아가는 것입니다. 부부는 서로 엄청나게 빚진 자입니다. 남편은 가정을 위해, 부인을 위해 밖에서 수고하며 돈을 벌고, 아내는 집에서 해도 해도 끝이 없고 아무 표가 나지 않는 집안일들을 하고 아이들을 양육하는 것입니다. 부모와 자녀의 관계도 그렇습니다. 부모에게는 두말 할 것이 없습니다. 그런데 부모가 자녀에게 무슨 빚을 지겠습니까? 부모가 이 세상을 살아가면서 자녀만큼 부모에게 기쁨과 위로를 주는 존재가 없습니다. 힘들 때에 세상을 살아나갈 이유, 삶에 힘을 주는 존재가 자녀만큼 더 큰 것이 없는 것입니다. 그런 점에서 부모도 자녀에게 빚을 졌다고 말할 수 있는 것입니다.

알고 보면 모든 인간관계가 다 그렇습니다. 장사를 하고, 가게를 하고, 병원을 하고, 학원을 하시는 분들도 생각해 보면 학원으로 병원으로 가게로 찾아오시는 손님이 없으면 돈을 벌 수가 없지요. 그분들 때문에 먹고 사는 것입니다. 그분들에게 빚진 것입니다. 성도와 목사의 관계도 마찬가지라고 생각합니다. 죄송하지만 성도 여러분들은 제게 빚을 많이 졌습니다. 왜 그렇습니까? 저의 설교를 통해서 하나님의 영적인 말씀을 먹고 살기 때문입니다.

또 어려움이 있을 때마다 목사가 그 사람을 기억하고 중보기도를 합니다. 그러니까 여러분들은 제게 빚진 사람들인데, 그런 빚이 교회가 드리는 한 달 사례비로 다 갚아질 수 있는 빚이라고는 생각하지 않습니다. 반면에 저도 여러분에게 엄청나게 빚을 지고 사는 사람입니다. 오늘 제가 여기서 여러분에게 설교할 수 있는 것은 무엇 때문입니까? 여러분들이 여기에 앉아 계시기 때문입니다. 여기까지 목회하는 것도 여러분들의 기도와 여러분들의 협력이 있었기 때문입니다. 우리 성도들 관계도 그렇습니다. 서로 위해서 기도하고 위로하고 격려하고 도와주면서 오늘날까지 다 살아왔습니다. 그것도 서로 빚진 관계인 것입니다.

이 세상에 남의 도움, 은혜 없이 살아가는 독불장군 같은 사람은 아무도 없습니다. "나는 저 사람에게만은 빚진 것이 없어" 해도 따지고 보면 다 빚진 자인 것입니다. 이 빚진 자의 심정이야말로 기독신자의 심정이라는 것입니다.

2주전 오후예배 때 월드비전에서 우리 교회에 와서 순회예배를 드리지 않았습니까? 그래서 여러 성도들이 지구상에 있는 지구촌에 있는 가난한 어린아이들을, 어렵고 힘든 아이들을 도와주기로 약속하기도 하였습니다. 저는 참 감사했습니다. 왜냐하면 그날, 우리가 빚진 자인 것을 다시 한 번 깨닫는 시간이 되었고, 또 그 빚을 조금이라도 갚을 수 있는 시간이었기 때문에 감사했다는 것입니다.

6.25 때를 생각해 보십시오. 우리나라 군대만 가지고 버틸 수 있었습니까? 아닙니다. 미군과 유엔군이 와서 목숨을 걸고 이 땅을 지켜 주고 싸워 주었기 때문에 지금의 자유대한민국이 존재하는 것입니다. 그래서 저와 여러분이 하나님을 믿으면서 이렇게 자유롭게 살고 있는 것입니다.

그때에 많은 고아들이 생겼는데, 먹을 것이 없어 죽어가는 아동들을 위해 '월드비전'을 설립한 밥 피어스 목사가, 미국 오레곤 주의 한 마을회관에서 집회를 열었습니다. 6.25 사변 때문에 생긴 한국의 고아들의 실상을 알리는 기록 영화를 보여주고 회중들에게 도와줄 것을 설교하였습니다. 그때 그 마을에 살고 있던 미국인 홀트 부부가 마음에 큰 감동을 받아 한국의 전쟁고아들을 돌보기 시작하여 '홀트아동복지회'가 탄생한 것입니다. 이들이 고아들을 보살펴 주었기 때문에, 그들이 자라나서 대한민국의 역군들이 된 것입니다.

전후에 잿더미가 된 나라, 전쟁 후에 우리나라가 세계에서 가장 못 사는 나라였습니다. 그런데 이 나라가 많은 다른 나라들의 무상 원조를 통하여 오늘날 경제대국이 되었습니다. 이것이 우리 힘으로 만 되었다고 생각하면 큰 착각입니다. 우리나라는 빚을 많이 졌습니다. 이제 잘 살게 된 우리나라가 가난한 지구촌의 나라들을 돌보는 것은 마땅한 일이지요. 빚을 갚는 것이 바로 복 받는 길입니다.

세계적인 자산가로 유명한 워렌 버핏이란 사람이 있습니다. 그는 자선사업으로도 유명합니다. 웬만한 부자들은 자선사업을 다 합니다. 그런데 워렌 버핏이 하는 것은 그냥 생색내기 정도가 아니었습니다. 엄청난 액수를 자선사업에 기부했습니다. 그래서 누가 물었습니다. 왜 그리 많은 돈을 자선사업에 사용합니까? 그러자 "제가 돈을 많이 가진 것은 모두다 여러분의 것입니다. 저는 빚진 자로서 빚을 갚고자 하는 것입니다"라고 했습니다. 세상 사람들에게 자랑하고 보이고 싶은 심정으로 '나는 이렇게 착합니다, 선합니다'라는 마음을 가지고서 자선사업을 하는 것이 아니라, 빚 갚는 심정으로 자선사업을 했다는 것입니다.

"나는 빚진 자입니다."

여러분들은 이 말에 동의하십니까? 예, 정말입니다. 우리가 우리의 가족 또 외국 사람들을 생각해 보면, 우리는 여러모로 빚진 자인 것을 부인할 수가 없습니다. 여러분은 이 빚진 자의 심정으로 모든 사람을 대하고 세상을 살아가시기 바랍니다.

오늘 본문에 사도 바울은 내가 빚진 자라고 했습니다. 누구에게 빚진 자라고 했습니까? 헬라인이나 야만인이나 지혜 있는 자나 어리석은 자에게 내가 다 빚진 자라고 했습니다. 첫 번째 나오는 것이 헬라인이나 야만인이나 했습니다. 이것은 무슨 뜻입니까? 헬라인을 영어성경에 보면 '그리크'라고 되어 있습니다. '그리크'는 그리스의 형용사입니다. 헬라인을 문자대로 하면 그리스 사람을 말합니다. 지금도 그리스가 있지요. 그러나 여기서 말하고 있는 헬라인은 꼭 그리스 사람만 말하는 것이 아닙니다. 헬라어를 사용하고 헬라 교육을 받고 헬라 문화권에서 살아가는 사람들, 그 사람들을 전부 가리켜서 헬라인이라고 했습니다.

또 야만인은 바바리안이라고 하는데, 이 야만인은 우리가 생각할 때에 문명과 전혀 접촉이 없는 사람들, 저 아프리카 미지의 깊은 내륙에 살면서 옷도 잘 걸치지 아니하고 막 몸을 흔들면서 "우가우가" 하는 사람들로 생각하기 쉽습니다. 그러나 여기에 야만인은 그런 사람이 아닙니다. 이 헬라문화, 헬라문명권 밖에서 사는 사람들을 모두다 야만인이라고 하는 것입니다. 그러므로 헬라인이나 야만인이나 하는 것은 이방인 전부를 가리키는 말이라는 것입니다.

그리고 지혜 있는 자와 어리석은 자가 나오는데요. 여러분도 아시다시피 헬라세계는 철학으로 유명했습니다.

예수님이 오시기 4~500년 전부터 그리스 헬라에 누가 살았는지 아십니까? 유명한 철학자 소크라테스, 플라톤, 아리스토텔레스, 그 외에 소피스트 등 많은 철학자들이 있었습니다. 여러분, 철학이 무엇인지 아십니까? 철학이라 해서 어려운 것이 아닙니다. 철학은 영어로 '필로소피'라고 하는데, '필로'라는 것은 '필레오', 사랑한다는 말이고 끝에 있는 '소피아'는 지혜라는 말입니다. 지혜를 사랑하는 학문, 한글로 그대로 옮기면 '애지학'이라는 말입니다.

좀 더 구체적으로 말하면, '이 세상의 근원은 무엇일까?' '본질은 무엇일까?' '인간은 어떠한 존재일까?' '인간이 어떻게 살아야 참된 삶을 살 수 있을까?' '어떻게 해야 행복한 삶을 살 수 있을까?' 이런 것을 깊이 생각하고 연구하는 학문이 철학입니다. 그래서 철학을 공부하거나 이 철학을 조금이라도 접한 사람을 가리켜서 지혜 있는 자요, 이 철학과 전혀 담을 쌓고 살아가는 사람을 어리석은 자라고 합니다. 그래서 이 말 역시 모든 이방인을 지칭하는 말이라는 것입니다.

바울은 자신이 모든 이방인에게 빚졌다고 말합니다.

그런데 사실은 이방인들이 바울에게 돈 빌려 준 것 아무것도 없습니다. 바울이 이방인들에게 무엇을 받아서 쓴 것도 아무것도 없습니다. 바울은 사랑의 빚도 이방인들에게 져본 적이 없습니다. 그런데 왜 그들 모두에게 빚졌다고 합니까? 물질적으로도 사랑으로도 아무것도 빚진 것이 없는데 왜 자기가 빚졌다고 합니까?

우리는 다메섹 도상에서의 바울의 회심을 잘 알고 있습니다. 본래 바울은 기독교를 심히 핍박하는 자가 아니었습니까? 핍박의 선봉장이었습니다. 선봉장이었는데 유대 땅에서 기독교인들을 잡아죽이고 체포해서 감옥에 넣는 것, 그것만으로 성이 차지 않아서 외국에 있는 다메섹, 지금의 시리아의 수도 다마스쿠스까지 가서 기독교인들을 다 잡아 체포해서 오려고 했던 사람입니다. 그런데 어떤 일이 일어났습니까? 빛이 하늘에서 비치면서 부활하신 하나님이 나타나셔서 "사울아 사울아!"라고 부르신 것입니다. 그때 사울이 "누구십니까? 주여 누구십니까?"라고 묻자 "나는 네가 핍박하는 예수다"라고 하십니다. 예수님이 나타나셔서 그로 하여금 그의 잘못을 깨닫게 해주시고 그를 구원해 주셨습니다. 핍박하는 자요, 박해하는 자요, 폭행자인 그를 불쌍히 여기셔서 그를 은혜로 구원해 주셨습니다. 그뿐만이 아닙니다. 가장 귀한 직분이라고 할 수 있는 사도 직분을 그에게 주셨습니다. 이방인의 사도 직분을 주셔서 예수 이름을 온 세상에 전파하는 책임을 주님께서 허락해 주셨습니다.

그때부터 사도 바울은 모든 이방인에 대해 빚진 자의 심정을 가졌습니다. 모든 이방인들에게 복음을 전해 주어야 한다는 책임감, 의무감을 가졌던 것입니다. 그래서 고린도전서 9장 16절에 뭐라고 말하는지 봅시다.

> "내가 복음을 전할지라도 자랑할 것이 없음은 내가 부득불 할 일임이라 만일 복음을 전하지 아니하면 내게 화가 있을 것이로다." 아멘!

이 말씀이 바울의 빚진 자의 심정을 잘 말해 줍니다. 내가 복음을 전하지 않으면 내게 화가 있을 것이다. 그 때문에 다메섹 도상에서 예수님을 만난 그날부터 로마 근교에서 참수형을 당해 순교하는 그날까지, 사도 바울은 그 빚 갚는 일, 즉 복음 전하는 일에 최선을 다하였습니다. 목숨을 아끼지 아니하고 복음을 전하였습니다. 1차, 2차, 3차 전도여행, 이 정도면 정말 누가 보아도 충분한데, '나는 이제 좀 쉬어야겠다' 하지 않고 주님이 부르시는 그날까지 끝까지 복음을 전하기 원했습니다. 그리고 나중에 로마 감옥에 갇혔습니다. 그런데 그는 그곳에서도 복음을 전했습니다.

감옥에서도 방문해 오는 자들과 간수들에게 복음을 전했습니다. 그렇게 할 수 없을 때에는 편지를 써서 전했습니다. 신약성경의 13권이 바로 사도 바울의 편지 아닙니까! 어떻게 하든지 복음 전하기를 힘썼습니다. 바울은 로마에 가기를 원했습니다. 그것이 그의 기도였습니다. 그런데 그가 그렇게 로마에 가고자 했던 이유가 무엇입니까? 로마서 1장 15절을 읽어 봅시다.

"그러므로 나는 할 수 있는 대로 로마에 있는 너희에게도 복음
전하기를 원하노라."

바울은 복음을 전하러, 복음의 빚을 갚으려고 그들에게 가고 싶다고 말하고 있습니다.

이런 바울의 모습 앞에서 우리도 우리 자신을 살펴보아야 됩니다. 우리는 바울 사도와 얼마나 다릅니까? 우리가 알아야 할 것은 이 세상의 모든 사람은 하나님 앞에 죄인이라는 사실입니다. 모든 사람은 하나님 앞에 심판 받고 멸망할 죄인이라는 것입니다. 바울만 그런 것이 아니라 우리도 마찬가지입니다. 물론 우리는 바울처럼 교회를 핍박하고 예수 믿는 사람을 옥에 가두지는 않았습니다.

그렇지만 우리도 역시 죄로 인하여 멸망 받아 영원히 지옥에 떨어져야 될 자라는 측면에서는 바울과 똑같은 자입니다. 그런데 죄로 인해서 우리가 마땅히 받을 형벌을 주 예수님께서 대신 받으심으로 여기 있는 저와 여러분이 구원을 받게 되었습니다. 그것은 빚

인 것입니다. 엄청난 빚입니다. 그렇다면 우리는 그 빚을 어떻게 갚을 수 있겠습니까? 갚을 수가 없습니다.

찬송가 중에 "늘 울어도 눈물로는 못 갚을 줄 알아"라는 찬양 가사가 있습니다. 좀 전에 부른 찬송 중에 "늘 울어도 그 큰 은혜 다 갚을 수 없네"와 같습니다. 우리는 이 세상에서 주님께서 우리를 대신하여 십자가에 대신 죽어 주신 은혜를 다 갚을 수가 없습니다.

우리는 주님으로부터 받은 무한한 은혜에 빚진 자요, 한없는 사랑에 빚진 자들입니다. 그런데 우리는 사도 바울처럼 이방인의 사도직은 받지 않았습니다. 완전히 구별된 특별한 전도자, 전적인 전도자로 부름 받지는 않았습니다. 그러나 우리 역시 우리가 믿고 구원 받은 복음을 전하라고 하는 명령을 주님께 받았습니다. 마태복음 마지막 절의 대명령, 우리 주님께서 부활하신 뒤 승천하시기 전에 제자들에게 무엇이라고 말씀하셨습니까? "너희는 가서!"라고 하였습니다. '가라'는 말이 무슨 말입니까. 그것은 바로 복음을 전하라는 말입니다. 너희는 모든 족속과 민족으로 제자를 삼으라는 말입니다.

그리고 마태복음 16장 15절에 보면 "너희는 온 천하에 다니면서 만민에게 복음을 전파하라"고 하였습니다. 예수님의 제자들이 2000년을 사는 것도 아니고 100년을 사는 것도 아니고 몇십 년밖에 못 살 건데, 온 천하에 다니면서 복음을 전할 수 있습니까? 못합니다. 그 말씀은 열두 제자들에게만 주신 말씀이 아니라, 모든 시대에 예수님을 믿어서 구원받은 모든 사람들, 예수님의 모든 제자들에게 주시는 주님의 부탁이요, 명령이라는 것입니다.

이점에서 우리 모든 그리스도인은 복음을 전할 책임을 가진 자들입니다. 다시 말하면 바울처럼 복음에 빚진 자인 것입니다.

이뿐만이 아닙니다. 우리는 이 복음을 하나님께 직접 받지 않았습니다. 구한말에 미국, 캐나다, 영국, 호주 등지에서 이 땅에 목숨을 걸고 많은 선교사님들이 찾아왔습니다. 그때는 우리나라가 지금 이런 나라가 아니었습니다. 그때는 여러분이 아시다시피 쇄국정책으로 은둔의 나라였습니다. 고요한 아침의 나라, 그리고 세상에서 가장 미개한 나라, 전염병이 돌아도 잡지 못하고 약이 없어서 굿을 하여 고치려고 했던 나라가 바로 이 나라였습니다. 그래서 이 땅은 목숨을 걸고 오지 않으면 올 수 없는 곳이었습니다.

그런데 복음에 빚진 많은 선교사님들이 이 땅에 목숨을 걸고 찾아와서 복음을 전해 주었습니다. 어떤 분들은 아버지가 선교사인데, 이 땅에 태어나서 대를 이어 이 나라의 선교사가 되었습니다. 언더우드 선교사님 같은 분은 4대를 이 땅에 살면서 우리 민족을 위해서 복음을 전하는 수고를 다하셨습니다.

여러분, 그들이 복음을 다 전하고 고국으로 돌아가신 줄 아십니까? 이 땅에서 부부가 다 죽어서 양화진에 있는 외국인 묘지에 묻힌 분들도 더러 있습니다. 그들은 생명을 바쳐서 복음을 전해 주었습니다. 그래서 우리 할아버지가, 우리의 증조부가 예수를 믿게 된 것입니다. 그들의 헌신으로 여기 있는 우리들도 예수 믿고 구원받게 된 것입니다. 이점에서 우리는 빚진 자입니까, 아닙니까? 모두가 빚진 자입니다. 그분들에게 외국 선교사님들에게 많은 빚을 진 자들입니다. 우리가 받았으니 이제는 전해 주어야 할 책임이 있습니다. 복음의 바통을 받았으니 가만히 있지 말고 옆사람에게 뒷사람에게 전해 주어야 된다는 것입니다.

언젠가 일본에서 사랑의 천재라 불리는 니시무라 히사조오에 대해 말씀 드린 적이 있습니다. 잊지 못할 일본의 기독교인입니다. 그는 한때 중·고등학교 선생이었습니다. 그런 그가 선생직을 그만두고 빵 집을 운영했습니다. 그런데 그것이 잘 되었습니다. 그래서 분점을 여러 개 내었습니다. 나중에는 빵 공장까지 세우게 되었습니다. 큰 부자가 되었습니다. 그런데 당시 일본의 상황은 패전 후여서 아주 어려웠습니다. 과부들도 많았습니다. 고아들도 많았습니다. 그런데 이분이 그런 사람들을 찾아서 도와주는 겁니다. 병원을 찾아서 위로하고, 그 환자들 중에는 병원비를 다 낼 수 없는 가난한 사람들이 있었는데, 병원비를 내지 못한 나머지는 자기가 다 채워주고, 더 나아가서 조선에서 징용을 당해 일본에서 아주 가난하게 살고 있는 우리 조선 사람들까지도 보살펴주었다는 것입니다.

그가 죽어서 장례식을 하는데, 장례식에 참석한 사람들이 800여 명이었습니다. 그들은 거의가 니시무라 히사조오 선생님에게 은혜를 입은 사람들이었습니다. 이 사람들은 눈물을 흘리는 정도가 아니라 모두가 소리 내어 엉엉 울었다는 것입니다. 사랑의 빛을 졌는데, 그 귀한 분이 돌아가셨기 때문입니다. 니시무라 히사조오가 늘 하던 말이 있습니다.

"내가 알게 된 사람은 모두 나의 책임이다".

참 귀한 말입니다. 물직적으로든 영적으로든 내가 알게 된 사람은 모두 나의 책임입니다. 내가 알게 된 사람이 너무 가난하면 나의 책임이니까 내가 도와야 하고, 내가 알게 된 사람이 예수 안 믿어 멸망 길로 가게 된다면 나를 알게 한 분이 하나님이니까 그의 영혼에 대해서 내게 책임이 있다는 것입니다. 나는 그분들에게 빚진 자라는 것입니다. 그는 바울처럼 빚진 자의 심정을 가지고 살았습니다. 그래서 가난한 자들을 돌보고 복음을 전하였던 것입니다.

오늘 바울은 내가 빚진 자라고 했습니다.

이 바울의 고백을 잊지 맙시다.

"나는 빚진 자라!"

우리 모두가 빚진 자입니다. 빚진 자의 심정을 가지고 모든 사람을 사랑하고 섬기면서 살아가시기 바랍니다. 특별히 우리 성도들은 바울과 같이 복음에 빚진 자입니다. 빚진 자의 심정을 가지고 죽어가는 모든 사람을 사랑하며, 복음 전하면서 살아가시는 저와 여러분이 다 될 수 있기를 바랍니다.

9

로마서 1:15

신자에게도 복음이 필요한가

"그러므로 나는 할 수 있는 대로 로마에 있는 너희에게도 복음 전하기를 원하노라"

바울은 로마에 있는 성도들에게 복음 전하기를 원한다고 했습니다. 이런 소원이 저와 여러분 속에도 있게 되기를 원합니다. 바울이 "로마에 있는 너희에게도 복음 전하기를 원하노라" 했는데, 이 복음을 다시 한 번 생각해 보겠습니다.

복음이란 무엇입니까? 하나님의 아들에 대한 기쁜 소식이 복음입니다. 좀 더 구체적으로 말하면 '하나님의 아들이 육신을 입고 사람이 되셨다. 그리고 사람이 되신 하나님의 아들이 우리 죄인들을 대신해서 십자가에 죽으셨다. 죽으신 하나님의 아들이 다시 살아나셔서 우리의 주가 되셨다. 이 주 예수 그리스도를 믿는 자가 구원을 받는다. 영생을 얻는다' 이것이 복음인 것입니다. 제가 설교를 준비하는 가운데 한 복음송이 떠올랐습니다.

"나를 사랑하는 주님 나를 위해 죽으시고
부활 승천하시어서 나의 주가 되셨네."

가사 하나 하나를 생각해 보십시오. '나를 사랑하는 주님, 나를 위해 죽으시고 부활 승천하시어서 나의 주가 되셨네.' 이것이 복음입니다. 여러분 모두가 이 생명의 복음을 믿어서 구원받으시기를 바랍니다.

그러면 이 복음은 누구에게 전해져야 되겠습니까?

당연히 불신자에게 전해져야 하는 것입니다. 그런데 오늘 본문은 그렇지 않습니다. 사도 바울이 무엇이라고 했습니까? "로마에 있는 너희에게도 복음 전하기를 원하노라"고 말씀하고 있습니다. 로마에 있는 너희가 누구이겠습니까? 로마교회 성도들을 말합니다. 이미 예수를 믿어 구원 받은 신자들을 말합니다.

이상한 말씀입니다. 여기서 알 수 있는 것은 복음이 불신자에게 절대 필요한 것은 틀림없지만, 이 복음이 이미 예수를 믿어서 구원받은 신자에게도 계속해서 필요한 것이라는 말씀입니다. 복음을 듣고 구원받은 신자에게는 복음이 필요 없는 것이 아니라는 것입니다. 복음은 우리 신자에게도 계속해서 전해져야 되고, 계속해서 복음을 들어야 된다는 말씀입니다. 왜 그랬겠습니까?

오늘 세 가지 이유를 생각해봅니다.

첫째로, 복음은 성경의 주제이기 때문입니다. 중심 주제입니다.

성경은 어떤 책입니까? 1600년에 걸쳐 기록된 이 성경은 도대체 어떤 책입니까? 성경 안에는 역사가 있습니다. 의술도 있습니다. 지리도 있습니다. 그러나 그런 것이 중심 주제가 아닙니다. 성경은 무엇에 대한 책입니까? 구원에 대한 책입니다. 하나님의 구원을 우리에게 보여주는 책입니다. 얼핏 보면 구약성경의 경우 복음과 전혀 무관하게 보입니다. 구약성경을 읽고 예수 그리스도를 믿어서 구원받는다는 것을 쉽게 느낄 수 있습니까? 참으로 어렵습니다.

그러나 창세기 3장 15절에 여자의 후손이 뱀의 머리를 상하게 하겠고, 또 뱀은 여자의 후손의 발꿈치를 상하게 하겠다고 했습니다. 뱀의 머리를 상하게 한다는 것은 결정타를 날린다는 것이고 발꿈치를 상하게 한다는 것은 아프지만 결정타는 못되는 것입니다. 그것은 예수 그리스도의 어떤 죽음, 고난을 말한다고 볼 수 있습니다.

그 말씀은 하나님의 복음입니다. 인간이 범죄하고 나서 자기가 벗은 것을 보았습니다. 부끄러워했습니다. 그래서 어떻게 했습니까? 나무 잎사귀를 가지고 치마를 만들어 앞을 가리었습니다. 나무 잎사귀는 얼마 지나지 않아 말라버립니다. 바삭바삭 부서져서 사라져 버립니다. 영원한 것이 되지 못합니다. 세상에 있는 어떤 것도 죄로 인한 인간의 수치를 가릴 수 없다는 말입니다. 영원히 가릴 수가 없습니다.

그래서 하나님께서 어떻게 하십니까? 하나님께서 가죽치마를 만들어 입히셨습니다. 여기서 중요한 것은 가죽치마 자체가 아닙니다. 가죽이 나오려면 짐승을 죽여야 하고 피가 있어야 하는 것입니다. 예수 그리스도의 피로 말미암아 죄인들의 수치가 영원히 덮여질 수 있음을 우리에게 보여주는 하나님의 복음이라는 것입니다. 믿음의 조상 아브라함이 사랑하는 독자 이삭을 하나님 앞에 바치려 했습니다. 그것은 하나님께서 사랑하는 독생자를 우리 죄를 위해서 내어 놓으시고자 하는 것을 미리 보여주는 사건입니다.

출애굽 때에 유월절 어린양을 잡아서 그 피를 문에 발랐을 때, 그날 밤에 죽음의 천사가 피를 바른 집은 넘어갔다고 했습니다. 그러나 피를 바르지 않은 집에는 죽음이 찾아오는 것입니다. 무엇을 뜻합니까? 우리의 유월절 어린양이 누구입니까? 예수님이지요. 예수 그리스도의 피를 바른 사람, 예수 그리스도의 피를 믿는 사람에게는 더 이상 영원한 사망이 없는 것입니다. 사망이 넘어가는 것입니다. 그 사람에게는 생명이 주어지는 것입니다. 그리고 죄를 지을 때마다 죄를 속하기 위해서 짐승을 잡아서 피를 뿌리면서 제사를 지냈습니다. 이 모든 것이 다 무엇입니까? 하나님의 아들의 죽음으로 인해서 우리 죄인들이 구원받을 것을 보여주는 하나의 복음입니다.

여리고 성에서 유일하게 구원받은 한 가정이 있었습니다. 라합의 가정입니다. 라합은 소문을 듣고 이스라엘의 하나님 여호와께서 상천하지에 참 신인 것을 깨달았고 믿었습니다. 이것은 자기의 동족을 배신하는 차원이 아닙니다. 참 신이 누구인지를 알았기 때문에 이스라엘의 정탐꾼을 숨겨 주었습니다. 당신들이 여기에 들어올 때에 우리 가족을 구원해 달라고 정탐꾼에게 부탁했습니다. 정탐꾼은 창가에 빨간 줄을 숨겨 내려놓으라고 했습니다. 이것이 신호가 되어 우리가 당신의 가족을 구원할 것이라고 했습니다.

라합은 그 말을 믿고 빨간 줄을 내려 두었습니다. 그 붉은 줄을 레드 코튼(red cotton)이라고 합니다. 레드 코튼이 성벽에 내려지는데 그 줄 때문에 구원을 받게 됩니다. 이 붉은 줄이 온 성경을 관통하고 있습니다. 즉 예수 그리스도의 피로 말미암는 구원이 구약성경을 강물처럼 흘러가고 있다는 것입니다. 이 구원의 메시지가 바로 성경의 핵심 주제라는 것입니다.

요한복음 5장 39절에 보면 예수님께서 "이 성경이 곧 내게 대하여 증언하는 것"이라고 했습니다. 여기에서 예수님이 말하는 성경은 구약성경을 말합니까, 신약성경을 말합니까? 구약을 말합니다. 그때는 신약이라는 말도 없었습니다.

누가복음 24장 27절에 보면, 부활하신 예수님께서 실망하여 엠마오로 내려가는 두 제자에게 나타나셨습니다. 그때에 동행하시면서, 성경을 보면 "모세와 모든 선지자의 글로 시작하여 모든 성경에서 쓴바 자기에 관한 것을 자세히 설명하시니라"고 기록하고 있습니다. 이 말씀을 보아도 구약성경은 누구에 대하여 기록하고 있는 것입니까? 예수님의 고난과 부활의 영광에 대해 말씀하는 것이라는 것입니다. 사도 바울은 이 성경의 중심 주제를 주로 설교하였습니다. 자기가 전도하여 세운 교회에서 설교할 때에도 주로 예수 그리스도의 십자가를 전했습니다. 고린도전서 1장 23절에 보면 "우리는 십자가에 못 박힌 예수 그리스도를 전한다"라고 말하였습니다. 고린도전서 2장 2절에도 "내가 너희 중에서 예수 그리스도와 그의 십자가에 못 박히신 것 외에는 아무것도 알지 아니하기로 작정했다"라고 고백했습니다.

제가 영국 유학에서 배운 가장 큰 것이 복음에 대한 깨달음이었습니다. 영국 가기 전에 저는 한 교회에서 마태복음 강해 설교를 했습니다. 처음부터 끝까지, 참 많은 책을 보면서 또 많이 기뻐하면서 강해 설교를 수년 동안 하였는데, 저는 스스로 '참 성경적으로 올바르게 최선을 다해서 설교를 잘했다'라고 생각을 했습니다. 그런데 뒤에 영국 가서 보니까 제가 너무 윤리적인 설교를 했습니다. 십자가가 없는 설교, 복음이 없는 설교를 했더라는 것입니다.

유학 후에 본 교회에서 누가복음 강해설교를 했는데, 그때에는 제가 그 성경에 드러나는 복음을 할 수 있는 대로 많이 드러내기 위해서 무척 애를 썼습니다. 여러분은 그것을 느끼셨습니까? 우리 목사님은 참 복음에 대해서 많이 말씀을 하시는구나 하는 것을 느끼셨는지 모르겠습니다.

교회는 구원의 방주입니다.

진리의 기둥과 터인 것입니다. 그러므로 하나님의 교회에서는 진리의 말씀을 들을 수 있어야 합니다. 특별히 복음의 진리, 구원의 진리를 들을 수 있어야 참된 교회라고 할 수 있습니다. 한 새 가족이 어느 교회에 나갔습니다. 그런데 한 달이 지나도 설교를 통하여 복음에 관하여 듣지 못한다면, 그 교회는 가장 중요한 사명을 감당하지 못하고 있는 것입니다. 그렇지 않습니까?

다시 말해서 전도 집회 때나 복음을 전하고 복음을 들을 수 있는 것이 아니라, 자주 복음을 전하고 들을 수 있는 교회가 참된 하나님의 교회인 것입니다. 복음은 성경의 중심 주제입니다. 기독교의 중심 주제입니다. 그러므로 우리 교회는 자주 복음이 흘러나오는 교회, 그리고 모든 성도가 복음을 자주 듣게 되는 복된 교회가 될 수 있기를 바랍니다.

둘째로, 이유는 교회 안에 구원 받은 자만 있는 것이 아니기 때문입니다.

저는 목회 초기에 큰 착각을 했습니다. 이 강대상에서 설교할 때에 내 앞에 있는 모두가 예수 믿는 신자라고 생각하고, 그것을 전제로 언제나 설교했다는 것입니다. 그것은 하나의 착각이었습니다. 이 통계가 얼마나 정확한지는 모르겠지만, 오늘날 한국교회 중 일반적인 교회는 평균 50%만 구원에 대한 확신을 가지고 있다는 것입니다. 아주 귀한 교회, 훌륭한 교회는 60%가 구원에 대한 믿음을 가지고 교회에 출석하고 예배를 드린다고 합니다.

교회 나온다고 다 구원 받았겠습니까 아닙니다. 세례를 받았다고 해서 다 구원 받았겠습니까? 아닙니다. 목사가 되었다고, 장로가 되었다고, 안수집사가 되었다고, 권사가 되었다고 다 구원 받았겠습니까? 아닙니다.

예수님의 천국 비유 중에 가라지 비유가 있지 않습니까? 낮에 농부가 밭에 곡식을 뿌리고 갔습니다. 그런데 밤에 누가 왔습니다. 마귀가 살며시 와서 가라지 씨를 그 위에 뿌려놓고 갔습니다. 그래서 나중에 싹이 나는데 보니까 곡식만 있는 것이 아니라 가라지도, 독보리도 있더라는 것입니다. 그렇기 때문에 100% 구원 받은 성도만 다니는 교회는 이 지상에는 없는 것입니다. 신학교에 목사가 되기 위해 모여 있는 신학생들 중에 100% 예수 믿는 신학생들만 모인 그런 신학교도 아마 찾아보기 어려울 것입니다. 우리 교우들 중에도 아직 구원의 확신이 없는 분들도 있을 것입니다.

기독교가 믿는 바가 무엇인지 모르고, 십자가에 대해서도 알지 못하고, 예수 그리스도의 공로에 대해서도 무지한 채 교회에 나오니까 마음이 편하고, 기도하면 복 받는다고 하니까 교회에 출석하시는 분들이 계신다는 것입니다. 그것은 마치 절에 나가는 것과 다를 바가 하나도 없습니다. 절에 나가는 것처럼 교회에 나오시는 분들이 계시다는 것입니다.

그래서 집사가 되고 새벽기도를 오래 해도 구원에 대한 믿음이 없어서, 어떤 사소한 문제 때문에 신앙에서 멀어진 분들이 계십니다. 새벽기도를 오래 했는데도 그 기도를 하나님께서 들어주시지 않는다고 신앙생활을 멈추신 분들도 제가 보았습니다. 물론 처음 나온 새 가족들은 복음이 무엇인지 모르고 믿지 못할 것입니다. 우리 성도들 중에는 분명히 친구 때문에, 사업 때문에, 결혼 때문에, 또 다른 이유로 인하여 교회 나오신 분들이 계십니다. 그렇지만 그런 분들도 어쨌든 내가 이렇게 교회 나오게 된 것은 하나님이 나를 구원하시려고 함인 줄을 알고 마음 문을 열고 예수님을 영접하시기를 바랍니다. 특별히 하나님께서 "주 예수를 믿으라 그리하면 너와 네 집이 구원을 얻으리라"고 약속해 주셨습니다. 우리 모든 교우들은 예수님을 영접하고 예수님을 믿어서 모두가 다 구원 받으시기를 바랍니다.

예수님은 한 생명이 천하보다 귀하다고 말씀하였습니다. 교회 안에도 구원 받을 자가 많이 있기 때문에 자주 복음을 전해야 한다는 것입니다. 바라기는 본 교회에 출석하시는 교우 여러분, 그냥 교회를 다니지 마시기 바랍니다. 아무도 그냥 교회를 다니지 마십시오. 그것은 헛되이 교회를 다니는 것입니다. 복음을 알고 믿어야 하는 것입니다. 예수 그리스도 그분이 어떤 분인지를 알고, 예수 그리스도 그분이 나를 위해서 어떤 일을 하셨는지를 알고 믿으셔야 되는 것입니다. 그래서 꼭 구원 받는 자가 되시기를 바랍니다.

셋째는, 성도에게 가장 필요한 말씀은 복음이라는 것입니다.

그렇기 때문에 성도들에게 복음을 계속 전해야 되는 것입니다.

제가 영국에서 다닌 세 번째 교회는 신학교에 딸린 교회였습니다. 그 담임 목사님은 신학교 교수님이었습니다. 데이비스 목사님이십니다. 아주 인자하게 생기신 훌륭한 목사님이었습니다. 그 목사님은 주일날 자신의 거의 모든 설교에서 복음을 드러내셨습니다. 저는 거의 매 주일마다 설교 시간을 통하여 복음을 들을 수 있었습니다.

그 목사님이 복음을 말씀하실 때에는 눈시울이 붉어지셨습니다. 어떤 때에는 손수건을 꺼내서 눈물을 닦으셨습니다. 60이 넘으신 남자분이 무엇이 감동이 되어 눈물이 나오겠습니까? 어려운 일이 잖아요. 그런데 예수 그리스도의 구속에 대하여 말씀하실 때마다 그 마음이 감동되어서 눈물을 흘리시는데, 저는 그 모습을 보고서 '내 마음이 얼마나 강퍅한가?' '내 마음이 얼마나 메말라 있는가?' 하는 것을 생각하면서, 그 목사님의 모습을 보며 눈물을 흘리곤 하였습니다. 신학교 교수님들도 마찬가지였습니다. 한 번은 신학교 채플 시간이었습니다. 채플은 예배 시간입니다. 학장님이 설교를 하셨는데, 그날 아침 본문이 무엇이었느냐 하면 오늘 우리가 교독한 요한복음 3장 16절이었습니다.

> "하나님이 세상을 이처럼 사랑하사 독생자를 주셨으니 이는 그를 믿는자마다 멸망치 않고 영생을 얻게 하려 하심이니라."

그런데 어려서부터 교회를 다닌 저이기에 찬양으로도 "하나님이 세상을 이처럼 사랑하사"를 얼마나 많이 부르고 또 설교를 들었겠습니까? 그래서 마음속으로 '우리 학장님 너무하신다. 우리가 어린 아이들도 아니고 신학생들인데, 절반 이상이 목사님들인데, 우리 목사님들을 앉혀 놓고 요한복음 3장 16절을 설교하시다니 정말 너무하신다'라고 생각했습니다. 그런데 그날 그 설교가 얼마나 은혜롭고 감동적이었는지, 저는 영국에서 들은 영국 목사님들의 설교는 다 잊었는데, 요한복음 3장 16절의 그 설교만은 제 마음속에 깊이 간직되어 있습니다. 잊히지 않는 은혜의 말씀이었습니다.

서울에 사랑의교회가 있지 않습니까? 고 옥한흠 목사님이 섬기시던 교회이지요. 그런데 강북에 있는 어느 큰 교회를 섬기시던 여집사님이 있었습니다. 여집사님은 수십 년 동안 그 교회에서 신앙생활을 하셨습니다. 그리고 10년 이상 주일학교 교사를 하셨습니다. 그래서 자기 담임 목사님에게도 아주 인정을 받는 분이었습니다. 그런데 강남으로 이사를 왔습니다. 이사를 오다 보니 강북에 있는 교회에 다니기가 좀 힘들어졌습니다. 그래서 이제 강남에 있는 사랑의교회에 등록을 하게 되었습니다. 등록을 하는데 사랑의교회에서 무엇을 시키는지 아십니까? 새 가족 반에서 공부하라고 합니다. 목사가 와도 공부하라고 합니다. 그래서 영 기분이 안 좋은 겁니다. 그렇지만 참고 들어가서 앉아서 공부를 합니다.

그런데 예수 그리스도에 대해서 차근히 가르쳐 주는대로 듣고 있으니까, 어느새 자기도 모르는 순간에 눈에서 눈물이 나는 것입니다. 첫 시간이니까 그렇겠지 했는데 두 번째, 세 번째, 네 번째 마지막 다섯 번째 시간까지 예수 그리스도의 복음의 말씀 앞에서 감격하였다는 것입니다. 이분이 수료 시간에 간증을 하는데, 사실 처음에는 굉장히 자존심이 상했답니다. 그런데 복음에 대해서 듣고 있는 사이에 '내가 크게 잘못 생각했구나'를 느끼게 되었다는 것입니다. 십자가 진리를 다 아는 줄 알았는데 그러하지 못했다는 것입니다. 자신이 은혜에서 멀리 떨어진 사람이요, 구원의 감격이 식어진 사람인 것을 발견하게 되었다는 것입니다. 그분은 이 새 가족 반을 통해서 다시금 예수를 만나고 구원의 감격이 새롭게 되어졌다고 간증하고 감사했다는 것입니다.

지금 이 집사님처럼, 교회 다닌 지 오래 되어서 직분도 가지고 있고 중직도 가지고 있고 봉사도 하지만, 구원의 감격은 하나도 없고 뼈다귀만 남아 있는 신앙을 가진 분들은 계시지 않습니까? 우리가 이렇게 신앙생활을 하고 추석 명절을 지내고 나서 하나님 앞에 모여서 예배를 드리는데, 오늘도 주일이기 때문에 쉬고 싶지만 '직분을 맡은 사람이 안 가면 안 되지' 라고 생각해서 하나님 앞에 나와 메마른 예배를 드린다면 하나님이 기쁘게 받으시겠습니까? 구속의 은혜에 감격해서 하나님 앞에 나와 예수 그리스도의 이름을, 그 하나님의 사랑을 찬양하고 노래할 때에 우리 하나님께서 우리의 예배를 통하여 영광 받으실 줄로 믿습니다. 우리가 봉사하는 것도 그렇습니다. 아무리 빛나고, 다른 사람들 보기에 자랑스러운 직분을 가지고 봉사를 한다고 할지라도, 예수 그리스도의 구속의 은혜에 대한 감격이 없이 봉사한다면, 그 봉사를 하나님께서 기쁘게 받으시겠습니까? 그럴 수 없는 것입니다.

우리 하나님께서는, 우리 심령이 언제나 당신의 한이 없으신 그 사랑에 젖어 있기를 바라시며, 그런 모습으로 하나님을 예배하고 섬기고 순종하고 봉사하면서 살아가기를 원하십니다.

사랑하는 성도 여러분!

성도들이 가장 큰 은혜 받고 새로워지는 말씀이 어떤 말씀입니까? 내가 한 번도 들어보지 못한 말씀이겠습니까? 내가 항상 듣던 말씀 아니겠습니까? 오늘 우리 불렀던 찬송 "나 항상 듣던 말씀, 나 항상 듣던 말씀" 그 다음에 무엇이 나옵니까? "주 예수님의 사랑 또 들려주시오." 주 예수님의 사랑의 이야기! 그것이 항상 듣던 말씀, 옛날부터 듣던 말씀, 복음의 말씀인 것입니다. 이 복음의 말씀을 들을 때에 우리의 심령이 감동이 되고 눈물이 나는 것입니다. 저는 그것을 많이 경험했습니다. 우리 신자가 어떻게 살아야 하는가를 말씀하는 윤리적인 설교 꼭 필요하지요. 윤리적인 설교는 아무리 잘해도 감동을 받거나 사람이 변화되거나 하지는 않습니다.

그런데 우리 예수 믿는 성도라도 복음 설교를 들을 때, 즉 놀라우신 하나님의 사랑, 예수 그리스도의 십자가의 은혜를 들을 때에 그 마음이 감동이 되고 변화가 되고 새 사람이 되는 역사가 일어나는 것을 볼 수 있습니다. 이 점에서 이미 믿은 우리 성도에게 가장 필요한 것은 복음의 말씀이라는 것입니다.

로마교회가 복음을 다시 들어야 했던 것처럼 우리들도 다시 복음을 들어야 합니다. 그래서 다시 태어나야 되고, 다시 감격해야 되고, 잃어버린 구원의 감격과 눈물을 다시 회복해야 되는 것입니다.

영적으로 식어 있는 성도, 영적으로 식어 있는 교회가 된 데는 여러 가지 이유가 있겠지만 가장 중요한 이유가 무엇이겠습니까? 예수 그리스도의 복음의 메시지가 없기 때문입니다. 예수 그리스도의 십자가의 피가 말라 버렸기 때문입니다. 복음을, 예수 그리스도를 정말로 필요로 하는 사람은 교회 울타리 안에 있습니다. 십자가 앞에서 다시 한 번 깨어져야 할 사람, 십자가 앞에서 다시 죽고 다시 살아야 될 사람, 그 사람은 누구겠습니까? 오늘 하나님 앞에 예배드리고 있는 저와 여러분입니다.

사랑하는 교우 여러분! 십자가의 복음을 믿고 구원받으시기를 바랍니다. 이미 믿은 자는 자주 복음 앞에 서시기 바랍니다. 자주 하나님의 크신 사랑과, 나 같은 죄인을 대신하여 십자가에 죽어주신 예수 그리스도의 그 은혜를 묵상하시기 바랍니다. 그래서 구원의 기쁨과 감격을 가지고 신앙생활하시고 봉사생활하시는 여러분 모두가 다 되시기를 바랍니다.

10

로마서 1:16

복음의 능력

"내가 복음을 부끄러워하지 아니하노니 이 복음은 모든 믿는 자
에게 구원을 주시는 하나님의 능력이 됨이라 먼저는 유대인에게
요 그리고 헬라인에게로다"

오늘이 로마서 강해 열 번째 시간으로 본문 말씀은 1장 16절입
니다. 1장이 32절까지 있는데 1장 16절까지 왔으니까 꼭 1장 절반
까지 온 것입니다.

오늘 본문 1장 16-17절은 로마서의 핵심주제가 되는 말씀인데,
두 절을 같이 설교하려고 마음을 먹었다가 준비하는 가운데 포기
하고 오늘은 16절만 전하게 되었습니다. 왜 그런가 하면 너무 중요
한 진리들을 간단하게 넘어갈 수가 없었기 때문입니다.

오늘도 성령님의 감동으로 본문의 로마서 말씀을 통해 은혜가
넘치는 시간, 복음의 능력을 경험하는 시간, 복된 시간이 되시기를
바랍니다.

오늘 말씀 첫 부분에서 사도 바울은 "내가 복음을 부끄러워하지 아니한다"라고 말했습니다. 생각해 보면, 기독교와 관련해서 성도들이 좀 부끄러워하는 요소들이 있는 것 같습니다. 제가 어릴 때는 성경, 찬송을 이렇게 옆에다가 딱 끼고서 교회당을 갔습니다. 그때에는 지금처럼 좋은 가방들이 별로 없었다는 이야기입니다. 그래서 성경, 찬송만 딱 들고 가는데 그것을 부끄러워하는 교인들도 더러 있었습니다. 요즘도 남의 눈이 부끄러워서 회사에서나 직장에서 점심 먹을 때에 식사기도를 안 하고 바로 식사하시는 분들이 계시다고 들었습니다. 복음을 전하는 일, 전도하는 일도 그렇습니다. 아마 전도하는 일은 거의 모든 성도들이 다 껄끄럽고 또 뭔가 부끄럽고 해서 잘하지 못하는 경우가 많은 것 같습니다.

그런데 사도 바울은 내가 복음을 부끄러워하지 않는다고 말하였습니다. 사도 바울이 이렇게 말하는 것은, 당시에는 복음이 부끄러움의 대상이 될 수도 있었음을 우리에게 암시해 줍니다. 여러분, 복음이 무엇입니까? 하나님의 아들에 관한 기쁜 소식이라고 했습니다. 또 다르게 말하면 예수 그리스도의 십자가를 전하는 것입니다. 지금에야 십자가가 사랑의 표시이지만 당시에는 그렇지 않았습니다. 당시에 십자가는 로마에서 극악한 죄인들을 사형시키는 가장 잔인하고 무서운 사형도구였습니다. 저주의 형틀이라고 불리는 그 십자가에 못 박혀 죽은 죄수, '나사렛 예수가 만왕의 왕이시다. 그가 모든 죄인을 구원하시는 구원자이시다. 메시아이시다'라고 전하는 것은 결코 자랑스러운 일이 될 수 없었을 것입니다. 고린도전서 1장 22-23절을 보십시오.

"유대인은 표적을 구하고 헬라인을 지혜를 찾으나 우리는 십자
가에 못 박힌 그리스도를 전하니 유대인에게는 거리끼는 것이
요 이방인에게는 미련한 것이로되."

십자가에 못 박힌 예수 그리스도를 전하는 것이 유대인에게는
거리끼는 것이라고 했고, 이방인에게는 미련한 것이라고 했습니다.
'십자가에, 저 사형틀에 죽은 죄수가 어떻게 우리의 구원자이다.' 이
것은 누가 들어도 미련한 것이라는 것입니다. 그러니 객관적으로
보면 복음은 그 당시에 부끄러운 것이었다는 말입니다. 그럼에도
불구하고 사도 바울은 나는 복음을 부끄러워하지 아니한다고 하였
습니다.

부끄러워하지 않는다는 말의 적극적 의미는 무엇입니까?

복음을 자랑한다는 말입니다. 그래서 사도 바울은 갈라디아서 6
장 14절에서 "내게는 우리 주 예수 그리스도의 십자가 외에는 결코 자
랑할 것이 없노라" 하고 말하였습니다.

여러분, 사도 바울이 얼마나 대단한 사람입니까?

얼마나 많은 학문을 익혔습니까? 그 당시에 최고의 학문을 갖춘
사람이었습니다. 인간적으로 자랑거리가 많았습니다. 그럼에도 불
구하고 예수를 만나고 보니 내게 있는 자랑거리는 아무것도 아니더
라는 것입니다. 그래서 나에게는 예수 그리스도의 십자가 외에는
결코 자랑할 것이 없다고 고백하고 있는 것입니다. 그는 복음을 자
랑스럽게 여겼습니다. 말만 그런 것이 아닙니다. 우리들은 부끄러운
것이 있으면 어찌하든 그것을 감추려고 하고 숨기려고 합니다. 그

것을 말하지 않으려고 그렇게 하는 것입니다. 그러나 자랑스러운 일이 있으면 어떻게 해서든지 전하려고 합니다.

제가 고등학교 입학할 때에 3.4:1이었습니다. 그 경쟁을 뚫고 합격했을때 너무 좋아서 전화로 막 알렸습니다. 고려신학대학에 들어가서 1학년에 3.5:1쯤 되는 군목시험을 서울에서 치렀는데, 우리 대학에서 15명이 시험을 쳤는데 저를 비롯해 5명이 합격했습니다. 이것을 어디에 전해야 하나? 부산에 있는 자형에게 전화를 해서 알렸습니다. 자랑스러운 것은 참지 못하는 것입니다. 그것을 감추고 있을 수가 없습니다. 빨리 전하고 싶은 것입니다.

한 번은 감춘다고 혼이 난 적이 있었습니다. 무엇이냐 하면 제가 부산에서 아들을 낳았는데 제 아내가 저기 해운대에 있는 병원에 가서 주일날 아침에 낳았습니다. 저는 부대의 군목이었는데, 제가 아침 일찍 군대 버스를 타고 예수 믿는 군인 가족들과 함께 군대 안에 있는 군교회에 간 겁니다. 그런데 목사가 하도 엄숙하니까 묻지도 못하고 모두가 수군수군합니다. "사모님 어디 갔지?" 전 아무 말도 안 했습니다. 시치미를 뚝 떼고, 예배를 마치고 광고시간에 "우리 집사람이 불참했습니다. 집사람이 오늘 아침에 아들을 낳았습니다" 하니까 성도들이 "와~" 하고 함성을 지르고 박수를 치는 것입니다. 딸 낳고 아들을 낳으니 120점 아닙니까? 그것을 감춘다고 아주 혼이 났습니다. 자랑스러운 일은 참을 수가 없습니다. 여기저기 알려야 합니다. 사도 바울은 어떻게 했습니다. 로마서 1장 15절을 같이 읽어 보겠습니다.

"그러므로 나는 할 수 있는 대로 로마에 있는 너희에게도 복음

전하기를 원하노라."

로마 교인들에게도 복음 전하기를 원한다고 했습니다. 자랑스러
운 일이니까 복음 전하기를 원한다고 한 것입니다. 고린도후서 2장
14절을 보십시오.

"항상 우리를 그리스도 안에서 이기게 하시고 우리로 말미암아
각처에서 그리스도를 아는 냄새를 나타내시는 하나님께 감사
하노라."

여기서 그리스도를 아는 냄새를 나타낸다는 말이 무슨 말입니
까? 사도 바울은 어디로 가든지 어디에 있든지 예수 냄새가 난다
는 것입니다. 다시 말하면, 사도 바울은 언제 어디서든 예수 복음
을 전했다는 것입니다. 사도 바울이 가는 곳은 어디든지 예수 냄새
가 났다는 것입니다.

우리는 복음을 믿어서 구원을 받은 자입니다. 우리도 바울처럼
복음을 부끄러워하지 않기를 바랍니다. 부끄러워하지 않는 정도가
아니라, 바울처럼 복음을 자랑하고 전파하는 성도가 다 되시기를
바랍니다. 우리가 가는 곳마다 예수 냄새가 날 수 있기를 바랍
니다.

다음으로 생각할 것은, 바울이 복음을 부끄러워하지 않은 이유
가 있습니다.

"이 복음은 모든 믿는 자에게 구원을 주시는 하나님의 능력이
됨이라."

이 복음은 모든 믿는 자에게 구원을 주시는 하나님의 능력이 된

다는 것입니다. 한마디로 복음은 하나님의 능력이라고 했습니다. 세상에는 능력이 많습니다. 그런데 모두가 인간의 능력입니다. 그러나 복음은 하나님의 능력입니다. 하나님의 능력보다 더 큰 어떤 능력이 세상에 있습니까? 없습니다. 우리 하나님 능력이 얼마나 크신지 무에서 이 세상을 창조하셨습니다.

"태초에 하나님이 천지를 창조하시니라."

이 말씀을 믿습니까? 아무것도 없는 가운데 하나님께서 전능하신 말씀으로 천지 만물을 창조하셨습니다. 얼마나 크신 능력입니까? 얼마나 위대한 능력입니까?

그 능력이 부끄러워할 능력입니까? 너무나도 자랑스러워할 능력입니다. 세상에는 큰 능력들이 많았습니다. 바울 시대에는 로마제국이 세계를 제패하고 있는 시대였습니다. 그 시대에 가장 큰 능력이 무엇인지 아십니까? 그 시대에 가장 큰 능력은 로마 군대였습니다. 로마 군대의 깃발은 바로 엄청난 능력의 상징이었습니다. 로마 군대가 가는 곳마다 적군이 다 무너졌습니다. 로마 군대는 자기의 백성을 적군에게서 구원시키기에 충분한 능력을 가지고 있었습니다.

노벨을 아시지요?

노벨은 스웨덴 사람으로 화학자입니다. 그는 글리세린이라는 약품으로 규조토라는 흙과 잘 혼합해서 다이너마이트를 만들어 내었습니다. 이 다이너마이트가 얼마나 큰 힘을 가지고 있던지 큰 산을 산산이 부수어 버렸습니다. 그래서 굴착공사, 수로발파, 철도, 도로공사 등 건설 사업에 획기적인 전기를 가져왔습니다.

그런데 나중에 그것이 전쟁에, 사람을 죽이는 무기로 폭탄으로 사용이 되는 것입니다. 그 모습을 보고서 노벨은 너무나도 가슴이 아팠습니다. 그래서 다이너마이트를 통해 벌었던 모든 돈을 상금으로 내놓았습니다. 인류의 평화에 이바지한 사람에게 노벨 평화상을 주라는 것입니다. 그래서 노벨 평화상이 생겼습니다. 처음에는 노벨 평화상만 있었지만, 후에 사람들이 몇 가지 상 이름을 붙여서 다른 상들을 만들었습니다.

그런데 다이너마이트가 무슨 뜻인지 아십니까? 다이너마이트는 '복음은 하나님의 능력이라' 할 때 능력을 헬라어로 '두나미스'라고 하는데, 그 '두나미스'에서 다이너마이트라고 하는 말이 나왔습니다. 다이너마이트가 가지고 있는 뜻이 무엇입니까? '능력'이라는 뜻입니다. 지금까지 볼 수 없던 엄청난 능력이어서 다이너마이트라 이름 지었던 것입니다.

2차 세계대전 때, 태평양 전쟁을 끝낸 원자폭탄이 얼마나 무서운 능력을 가지고 있었습니까? 끝까지 항복하지 않았던 일본도 저 히로시마와 나가사키에 핵폭탄이 떨어지니까 그만 잿더미가 되어서 항복하고 말았습니다. 현대의 과학 기술은 엄청난 속도로 발전하고 있습니다. 이제는 인간 복제도 가능한 단계에 이르렀습니다.

그 시대에는 로마 군대가, 또 우리 시대에는 원자폭탄이나 다이너마이트가 엄청난 능력을 가지고 있었지만 인간 구원의 능력은 없다는 것입니다. 우리 인간을 죄와 사망에서 건져내지는 못한다는 것입니다. 사람을 새 사람으로 변화시키지는 못한다는 것입니다. 우리 사회를 의롭게 만들고 우리 사회를 사랑이 많은 아름다운 사회로 변화시키지는 못한다는 것입니다.

이렇게 과학 문명이 계속 발전하고 있지만 우리 사람들은 어떻습니까? 갈수록 더 악해지고 있습니다. 또 우리 사회는 어떻습니까? 과학기술은 발달하고 있지만 우리 사회는 더욱 더 어두워져 가고 있는 것이 현실입니다. 갈수록 죄악은 넘쳐나는데 사람을, 세상을 새롭게 변화시키는 능력은 이 세상 어디에도 존재하지 않습니다. 그럴 수 있는 유일한 능력은 오직 하나님의 능력뿐입니다.

이 복음이 하나님의 능력이라고 말씀하고 있는 것입니다. 복음은 죄인을 변화시킬 수 있고, 이 사회를 새롭게 변화시킬 수 있는 하나님의 능력입니다.

여러분, 복음이 무엇입니까?

"하나님의 아들이 우리 죄인들을 구원하시기 위해 사람의 몸을 입고 이 세상에 오셨다, 하나님의 아들이 우리 죄인을 대신하여 십자가에 못 박혀 죽으셨다, 그런데 그 하나님의 아들이 사흘 만에 다시 부활하셨다, 이 예수를 믿으면 구원을 얻을 것이다, 영생을 얻을 것이다' 하는 것입니다. 이것이 복음인데, 그런데 이 복음이 별것 아닌 것처럼 보입니다. 예수 그리스도의 십자가가 정말 시시해 보입니다. '그렇다고 해서 인간이 구원을 받을 수 있을까?' 하는 생각이 든다는 것입니다. 그래서 우리 예수 믿는 성도들도 전도를 할 때에 뭔가 논리적으로 말을 잘해야 상대방이 믿을 것 같고, 과학적인 논리가 있어야 그들이 변화될 것 같은 생각을 할 때가 많습니다.

내가 이것을 전해서 저 사람이 예수 믿고 과연 새 사람이 되겠나 의심할 때가 있는 것입니다. 그러나 어리석어 보이고 시시해 보이지만, 단순한 복음을 전하면 하나님께서 역사해 주셔서 그 사람을 하나님이 구원해 주시고, 그 사람이 변화되는 역사가 일어난다는 것입니다. 다이너마이트가 크고 무거운 바위를 산산이 부수는 것처럼, 이 복음은 모든 믿는 자에게 구원을 주시는 하나님의 능력이 되기 때문에, 지금까지 사람을 노예화시켰던 죄와 죽음을 산산이 부숴 버리는 것입니다.

이처럼 복음은, 인간을 사탄과 죄와 죽음에서, 영원한 멸망에서 구원하는 하나님의 위대한 능력, 하나님의 영적인 다이너마이트인 것을 믿으시기 바랍니다.

그런데 한 가지 조건이 있습니다.

오늘 말씀에서 복음은 하나님의 능력이라고 하지 않았습니다. 하나님의 능력 앞에 어떤 말이 붙어 있습니까? "모든 믿는 자에게."

바울은 이 복음이 하나님의 능력이지만 복음으로 인해 구원을 받게 되는 자들은 어디까지나 지금 여기서 복음을 받아들이는 자들, 복음을 믿는 자들이라고 선언합니다.

진공청소기를 새로 샀습니다. 새로 사서 아주 참 좋습니다. 기능도 좋고 힘도 좋습니다. 그렇지만 아무리 새 진공청소기라 할지라도 플러그를 콘센트에 꽂지 아니하면 아무 소용없습니다. 있으나 마나입니다. 사용을 안 하면 도리어 짐만 될 뿐입니다. 플러그를 꽂아야 청소기가 작동하는 것처럼, 죄인을 구원하는 하나님의 능력은 오직 복음을 믿는 자에게만, 이 복음을 믿음으로 받아들이는 자에게만 역사하는 것입니다. 복음을 믿는 자는 마지막 날 하나님의 심판에서 벗어날 뿐만 아니라, 지금 여기서 이미 죄와 심판에서 해방되어 버리는 것입니다. 요한복음 5장 24절을 같이 읽어보겠습니다.

> "내가 진실로 진실로 너희에게 말하노니 내 말을 듣고 또 나 보내신 이를 믿는 자는 영생을 얻었고 심판에 이르지 아니하나니 사망에서 생명으로 옮겼느니라."

믿는 자는 영생을 이미 얻었다고 했습니다. '사망에서 생명으로 옮길 것이다'가 아니라 "사망에서 생명으로 옮겼느니라"고 과거형으로 나오고 있습니다. 이것을 잘 알아야 됩니다. 우리가 나중에 하나님 앞에 섰을 때에 구원을 받는 것이 아니라, 십자가에 못 박히신 예수 그리스도를 믿을 때에, 복음을 믿는 그 순간에 바로 사망에서 생명으로 옮겨진다는 것입니다. 이것을 확신하시기 바랍니다. 그렇기 때문에 우리는 이미 사망에서 생명으로 옮겨진 사람들, 지옥에서 천국으로 옮겨진 사람들이라는 것을 확신하시기 바랍니다.

복음은 얼마나 능력이 큰지 결코 실패하지 않습니다. 믿기만 하면 누구든지 구원할 수 있습니다. 복음의 능력이 약해서 놓쳐버리는 사람은 아무도 없다는 것입니다. 오늘 본문은 그냥 믿는 자에게 구원을 주시는 하나님의 능력이 된다고 하지 않았습니다. 믿는 자 앞에 무슨 말이 있습니까?

'모든'이라는 말이 있습니다.

'모든'이라는 말이 얼마나 은혜로운 말입니까? '모든 믿는 자에게 구원을 주신다.' 무슨 말입니까? 아주 악한 죄인일지라도, 흉악범일지라도, 살인자라 할지라도, 너무나도 부족하고 연약한 사람일지라도 '믿는 모든 자'에게 구원을 주신다는 하나님의 말씀인 것입니다.

예수님 시대에 죄인이라고 불린 사람들이 있었습니다. 절대로 천
국에 갈 수 없다는 사람들이 있었습니다. 저 사람들은 아브라함의
자손이 아니라는 사람들이 있었습니다. 어떤 사람들입니까? 세리
들, 창녀들이 그런 사람들이었습니다. 그러나 예수님께서는 자기에
게 나오는 창녀들, 또 자기를 만나기를 원했던 세리들을 다 만나 주
시고 불러주셨습니다. 때로는 찾아가셨습니다. 그들에게 구원의 은
혜를 베풀어 주셨습니다.

우리는 삭개오를 잘 알고 있습니다. 여리고의 세리장 삭개오, 남
의 것을 많이 떼어 먹고 그래서 모든 사람이 지옥 갈 사람이라고
아예 상종도 하지 않았던 사람입니다. 그런 삭개오가 예수님이 오
신다는 소식을 듣고 뽕나무에 올라가 있었는데, 예수님께서 지나가
시다가 위를 쳐다보시고 그의 이름을 부르시는 겁니다.

"삭개오야 어서 내려오라. 내가 오늘 너의 집에 유하여야 되
겠다."

그때 삭개오가 자기 집에만 모셨습니까? 자기 마음에 모셨습니
다. 예수님을 믿게 되어 회개하게 되었습니다. 부정한 방법으로 남
을 속여서 번 모든 돈들을 가난한 자들에게 돌려주겠다고 예수님
앞에서 약속하였습니다. 그러자 예수님께서 뭐라고 하셨습니까?

"오늘 구원이 이 집에 이르렀다. 이 사람도 아브라함의 자손이
로다."

아브라함의 자손이라는 것은 하나님의 택하신 백성, 하나님께
구원받는 백성이라는 말입니다. 예수님의 십자가 옆에 달린 살인강

도도 예수님께서 마지막 순간에 구원해 주셨습니다.

박효진 장로님이 우리 교회에 오셔서 수년 전에 간증하셨지요. 그분의 책 ≪하나님이 바꾸지 못할 사람은 없다≫는 아주 극악한 사형수들, 자기 스스로도 절대로 구원 받을 수 없다고 생각한 그 사람들에게 복음을 전하니까 눈물로 회개하고 다른 사람도 전도하는 그런 사람이 되었답니다. 살인마 고재봉 아시죠?

1963년에 강원도 인재에 군인들이 많이 사는데, 그곳에 살고 있는 이모 중령 집에 도끼를 가지고 들어가 그 가족과 일하는 사람들 5명을 도끼로 찍어 죽이고 도망쳤습니다. 그는 곧 붙잡혀 투옥되었습니다. 감옥에서도 거칠고 험악하고 항상 먹이를 노리는 맹수 같았다고 합니다. 어느 날 간수가 그에게 편지와 함께 책 한 권을 내밀었습니다. 그래서 보니까 대한성서공회 권사 안국선 이름으로 성경이 전달된 겁니다. 이 사람이 성경을 순순히 받겠습니까? 욕을 하며, 저주를 하며 성경을 감옥 벽에 내동댕이쳤습니다.

그런데 감옥이 얼마나 심심합니까? 어느 날 자기가 던진 성경을 펼쳐보는데 어떤 말씀이 눈에 들어오느냐 하면, 고린도전서 13장 4절 말씀 "사랑은 오래 참고 사랑은 온유하며 시기하지 않으며 자랑하지 않으며 교만하지 아니하며"라는 그 말씀을 읽는 가운데 성령께서 그 마음에 역사하셔서 그 사람이 예수 믿고 새사람이 되었다는 것입니다. 오늘 우리가 불렀던 "인애하신 구세주여"라는 찬송이 고재봉이 매일 눈물로 부른 찬송이라는 것입니다.

"인애하신 구세주여 내 말 들으사 죄인 오라 하실 때에 날 부르소서."

날마다 이 찬송을 부르면서 눈물을 흘렸다는 것입니다.

여러분, 복음이 얼마나 능력이 있습니까?

복음은 모든 믿는 자에게 구원을 주시는 하나님의 능력임을 믿으시기 바랍니다. 복음 앞에 희망 없는 인생, 끝난 인생은 아무도 없는 것입니다. 이 세상은 '저 사람은 끝났어, 저 사람은 절대 안 돼' 하지만 복음 앞에서는 그런 사람도 희망이 있는 것입니다.

마지막으로 생각할 것은, 이 복음이 모든 믿는 자에게 구원을 주시는 하나님의 능력이 됨을 믿는 자는, 바울처럼 복음을 부끄러워하지 말아야 합니다. 바울처럼 자랑하고 전해야 합니다.

한 초등학교 학생이 있었는데, 예수를 잘 믿었습니다. 그러나 그의 부모는 교회를 안 나오고 예수도 믿지 않습니다. 이 아이는 비록 어렸지만 예수님을 믿고 구원의 감격이 있는 아이였습니다. 그의 마음속에는 항상 '나만 예수 믿고 구원 받을 것이 아니라 우리 아빠도, 엄마도 예수 믿고 구원 받아야 돼' 하는 생각으로 가득 차 있었습니다. 그리하여 늘 아버지께 "아빠, 예수 믿자" "예수 믿자" "교회 가서 예수 믿자" 하고 졸랐습니다.

그러던 어느 날 불행하게도 교통사고가 나서 그 아이가 죽고 말았습니다. 부모의 슬픔은 무엇으로도 달랠 수가 없었습니다. 아버지는 죽은 아들의 방에 들어가 그 유품을 하나하나 다 뒤적거리며 눈물을 흘렸습니다. 그런 가운데 아들이 쓴 일기장을 발견하게 되었습니다. 그 일기장에서 놀라운 사실을 발견했습니다. 죽기 3일 전에 쓴 일기에 기도문이 있었는데 그 내용이 이랬습니다.

"하나님, 우리 아빠 꼭 예수 믿게 해주셔요. 우리 아빠가 예수 믿기 위해 내가 죽어야 한다면 죽기를 원합니다. 내가 죽고 아빠를 예수 믿게 해주세요."

이 글을 읽으면서 아빠는 큰 충격과 함께 감동을 받았습니다. '예수 믿는 게 이토록 중요한가? 생명과 맞바꿀 정도로 그렇게 중요한가?' 하는 것을 생각하게 되었습니다. 그러다가 마침내 그는 하나님 앞에 회개하고 예수님을 구주로 영접하였습니다. 아들의 생명과 자기의 구원을 바꾼 셈이 된 것입니다. 이 아빠가 후에 어떤 사람이 되었느냐 하면 대학생선교회라고 하는 CCC 국제본부 부총재가 되었습니다. 그는 어린 아들의 전도로 구원을 받았고 복음 전도의 큰 일꾼이 된 것입니다.

이제 말씀을 맺으면서 성도 여러분에게 두 가지 권면의 말씀을 드립니다.

첫째로, 복음은 모든 믿는 자에게 구원을 주시는 하나님의 능력입니다.

여러분 중에 혹시 교회에 나오면서도 예수님을 믿지 못하고 그냥 다니고 계시는 분은 안 계십니까? 오늘 이 시간 이 복음을 믿으시길 바랍니다. 십자가에 못 박히신 하나님의 아들 예수님을 구주로 믿으시기 바랍니다. 믿으면 하나님의 능력이, 복음이 여러분을 죄와 사망에서 능히 구원해 주실 것입니다.

둘째로, 이 복음을 부끄러워하지 말고 자랑하고 전파해야 합니다.

바울처럼 복음이 하나님의 능력임을 믿는다면 이 복음을 여러분의 가족, 친지에게 전하지 않고는 견딜 수 없는 마음을 가져야 되는 것입니다. 그래서 사도 바울은 다메섹 도상에서 예수 믿고 바로 전도하기 시작했습니다.

좀 전에 고재봉 이야기를 했지요. 고재봉이 사형수였는데 감옥에서 예수 믿고 사형 받기까지 무엇을 했는지 아십니까? 그날부터 복음을 전했습니다. 큰 죄수들을 만날 때마다 "너 그렇게 살아서는 안 된다. 이제 얼마 안 남았는데, 너 어디에 가려고 그러느냐" 하면서 눈물로 복음을 전했습니다. 그때 감옥에 2,000명이 있었는데 1,800명이 예수를 믿게 되었답니다. 얼마나 놀라운 기적입니까? 비록 5명을 죽였지만 감옥에서 1,800명을 영원히 살려 놓았으니 얼마나 위대한 일을 한 것입니까?

여러분, 우리는 예수 믿고 구원받았다고 하면서, 한평생을 예수 믿고 바깥에서 자유롭게 살면서도 한 생명도 구원하지 못하고, 한 생명도 하나님 앞에서 살려 놓지 못하고, 지옥 가는 생명 한 사람도 하나님께로 이끌지 못하고 이 땅을 떠날 수도 있는 것입니다. 얼마나 가슴 아픈 일입니까?

여러분, 하나님의 구원의 능력인 이 복음을 열심히 전파하시기 바랍니다. 결실의 계절 가을 아닙니까? 열심히 전도해서 복음 전도의 열매를 많이 맺어서 우리 하나님께 영광 돌리는 저와 여러분이 다 되시기를 바랍니다.

11

로마서 1:17

하나님의 의

"복음에는 하나님의 의가 나타나서 믿음으로 믿음에 이르게 하나니 기록된 바 오직 의인은 믿음으로 말미암아 살리라 함과 같으니라"

올 여름은 절대로 지나가지 않을 것같이 무더웠습니다. 그러나 하나님의 정하신 법칙을 따라서 또 때가 되니 이렇게 가을이 오고 10월이 왔습니다. 여러분, 10월 31일이 무슨 날인지 기억하십니까? 10월 31일은 기독교 역사에서 아주 중요한 종교개혁이 일어난 날입니다. 왜 그날을 종교개혁 기념일로 정했느냐 하면, 그날 마틴 루터가 95개 조의 항의문을 비텐버그 성곽교회 문에 붙여놓았는데, 그 불이 온 유럽에 퍼지면서 종교개혁이 일어나게 되었습니다. 기독교 전체가 다 성경으로 돌아갔다면 구교, 신교가 없었을 것입니다. 그냥 기독교였을 것입니다. 그러나 일부는 이렇게 신교가 되었고, 일부는 그대로 남아 구교가 되었습니다. 우리는 그 종교개혁자들의 후손입니다. 신교에 속한 신자가 된 것입니다.

마틴 루터는 본래 로마 가톨릭 신부이며 신학자였습니다. 그렇지만 오랫동안 하나님에 대한 두려움과 또 양심의 가책과 고통을 받아왔습니다. 그러다가 오늘 본문 로마서 1장 17절의 "복음에는 하나님의 의가 나타나 있다. 의인은 믿음으로 살 것이다"라는 이 말씀을 발견하고 믿음으로 인해서 죄책감과 양심의 고통과 두려움에서 해방되게 되었습니다. 자유와 평화와 기쁨을 얻게 되었습니다. 오늘 이 시간에도, 복음에 나타난 하나님의 의를 깨닫고 믿음으로 일어났던 하나님의 믿음의 역사가 여러분에게도 일어나기를 바랍니다.

여러분, 지난주일 말씀을 기억하십니까? 바울은 무엇을 부끄러워하지 않는다고 했습니까? 복음을 부끄러워하지 않는다고 했습니다. 그 이유가 무엇입니까? 복음에 무엇이 있기 때문입니까? 하나님의 능력이 있기 때문입니다. 좀 더 구체적으로 말하면 복음은 모든 믿는 자에게 구원을 주시는 하나님의 능력이 되기 때문이라고 말씀했습니다. 여러분은 복음이 하나님의 능력이심을 믿습니까? 확신하시기를 바랍니다. 이 복음을 믿을 때에, 하나님께서 나의 죄와 사망과 심판의 권세를 깨뜨리시고 그 가운데 매였던 나를 풀어 주시는 것입니다.

복음은 하나님의 능력입니다. 그런데 어떻게 해서 복음이 하나님의 능력인가? 그것을 오늘 본문이 우리에게 말씀해 주고 있습니다. 오늘 본문 첫 줄을 보시기 바랍니다. 그 이유가 한마디로 무엇 때문입니까? 복음에는 하나님의 의가 나타나기 때문입니다.

첫째로, 생각할 것은 하나님의 의가 무엇이냐는 것입니다.

하나님의 의라는 말은 로마서에서 핵심적으로 중요한 말씀입니다. 오늘 본문에도 하나님의 의가 나타났지만, 오늘 교독한 말씀 중에도 하나님의 의라는 말이 두 번 나타나고 있습니다. 여러분, 의가 무엇입니까? 우리가 성경을 이해할 때에 언제나 그 의미를 잘 이해해야 합니다. 한자로 '의'는 '옳을 의(義)'입니다. 바름, 옳음을 의미하는 것입니다. 그 마음과 생각, 그의 삶과 행동이 하나님 앞에서 바르고 옳을 때에 우리는 그것을 무엇이라 합니까? 의롭다고 말하는 겁니다. 우리가 하나님 앞에서 구원을 받으려면 의로운 자, 바른 자가 되어야 합니다. 죄인이 어떻게 천국에 갈 수가 있겠습니까? 불의한 자가 어떻게 하나님 앞에 설 수가 있겠습니까? 그런데 우리 인간은 어떻습니까? 오늘 교독문에는 "모든 사람이 죄를 범하였으므로 하나님의 영광에 이르지 못한다"고 했습니다. 하나님 앞에 설 수가 없다고 했습니다. 로마서 3장 10절에는 "의인은 없나니 하나도 없다"라고 했습니다. 때론 의로워 보이는 사람이 있습니다. 그러나 너무나도 높으신 하나님이 보시기에는 너무 부족하고 하나님 기준에는 턱없이 모자라는 것입니다. 다 같이 욥기 25장 4절을 보십시오.

"그런즉 하나님 앞에서 사람이 어찌 의롭다 하며 여자에게서 난 자가 어찌 깨끗하다 하랴."

이사야 64장 6절에는 "우리의 의는 다 더러운 옷 같으며"라고 했습니다, 우리 죄인의 의라는 것은, '참 저 사람은 의로워 보여, 선하게 보여'라고 해도 하나님 보시기엔 더러운 옷과 같다는 것입니다. 요컨대 우리 인간은 죄로 인하여 더러워졌으므로 인간의 의, 자신의 의를 가지고서는 어느 누구도 하나님의 영광에, 저 천국에 이를 수가 없다는 말씀입니다. 아무도 자기 의로는 하나님께 구원 받을 수가 없다는 것입니다.

그에 비해서 우리 하나님은 어떠한 분입니까? 신명기 32장 4절을 보십시오

"그는 반석이시니 그가 하신 일이 완전하고 그의 모든 길이 정의롭고 진실하고 거짓이 없으신 하나님이시니 공의로우시고 바르시도다."

마지막에 '바르시도다, 의로우시도다'라고 말씀합니다. 시편 11편 7절에 "여호와는 의로우사 의로운 일을 좋아하시나니"라고 했습니다. 시편 7편 9절 "의로우신 하나님이 사람의 마음과 양심을 감찰하시나이다"라고 했습니다. 이 말씀을 통하여 우리가 알 수 있는 것이 무엇입니까? 우리 하나님은 의로우신 하나님이시라는 것입니다. 의는 하나님의 성품 중에 하나입니다. 우리 하나님은 언제나 선하시고 완전히 의로우신 하나님이심을 믿으시기 바랍니다. 우리 하나님은 의로우신 하나님이기 때문에 의로운 자를 사랑하시고, 의로운 자에게 상주시고, 대신에 불의한 자에게 진노하시고 죄인을 심판하시는 하나님이십니다. 그러나 우리 인간은 인간의 의로는 하나님께 이를 수가 없습니다.

그러면 우리가 하나님의 영광에 이르고 저 천국에 이르기 위해서 우리에게 필요한 것은 무엇입니까? 더러워진 인간의 의가 아니라 하나님의 의가 우리에게 필요한 것입니다. 오늘 말씀에 보니 이 하나님의 의가 복음에 나타났다고 했습니다. 또다시 묻습니다.

여러분, 복음을 다른 말로 바꾸면 한마디로 무엇이라고 했습니

까? 예수 그리스도라고도 할 수 있고, 예수님의 십자가라고도 할 수 있는 것입니다. 그래서 하나님의 의가 복음에 나타났다는 말은 다르게 바꾸면, 하나님의 의가 예수 그리스도의 십자가 사건에 나타났다고 말할 수 있는 것입니다.

그러면 도대체 예수님의 십자가에서 하나님의 의가 어떻게 나타났습니까? 이 부분은 상당히 어려운 문제입니다. 여러분, 마음을 활짝 열고 집중해서 들으시기 바랍니다. 십자가에서 나타나는 하나님의 의는 양면적인 성격을 가지고 있습니다. 자기 백성을 구원하시는 행위로도 나타나고, 또 죄인을 심판하시는 행위로도 나타난다는 것입니다. 서로 대조적으로 나타납니다.

첫 번째는, 자기 백성을 구원하시는 면에서 하나님의 의가 나타나고, 또 다른 면은 죄인을 심판하시는 면으로 나타난다고 했습니다. 먼저 첫 번째 면을 생각해 보도록 하겠습니다.

구약을 보면, 의라는 말은 관계적인 용어입니다. 상대방에 대하여 내가 배신하지 아니하고 끝까지 바른 관계를 유지하기 위해서 신실함을 지키는 것, 그것을 의라고 했습니다. 하나님께서는 이스라엘 백성을 택하시고 애굽 땅에서 구원해 내셨습니다. 시내 산에 이르렀을 때에 하나님께서는 지도자 모세를 통하여 이스라엘 백성과 언약을 맺으셨습니다. 뭐라고 맺으셨습니까? "나는 너희 하나님이 되고 너희는 내 백성이 되리라"고 하셨습니다. 언약을 맺으면 양쪽에는 서로 책임이 있게 됩니다.

하나님은 이스라엘에 대하여 이스라엘 백성의 신으로서 이 백성을 구원하고 이 백성의 원수를 징벌할 책임을 가지게 되는 것입니다. 그렇게 할 때에 우리 하나님은 의로운 하나님이 되십니다. 그런데 구약에 보면 이스라엘이 수없이 하나님을 거스르고 저버렸습니다. 자신들의 신인 하나님을 버리고 우상을 섬겼습니다. 의롭지 못했습니다. 그러나 우리 하나님은 자기 백성의 불성실하고 불의한 모습을 보면서도, 그들을 향한 구원의 언약을 파기하지 않으셨습니다. 끝까지 참으시고 끝까지 지키셨습니다. 그리고 마침내 약속하신 하나님의 아들을 보내어 십자가에 희생시키시면서까지 그 백성을 돌아보시고 용서하시고 사랑하시고 구원해 주셨던 것입니다. 그래서 우리 하나님은 의로우신 하나님이신 것입니다. 이 점에서 하나님의 의라는 것은 하나님의 언약적 신실함, 언약에 대한 그 성실하심을 말한다고 할 수 있습니다. 그래서 성경은 하나님의 의가 '복음에서 나타났다. 십자가에서 나타났'고 말씀하는 것입니다.

십자가에서 나타난 하나님의 의의 두 번째 면이 있습니다. 그것은 죄인을 심판하시는 모습에서 나타납니다.

우리 하나님은 공의로우시기 때문에 불의를 미워하십니다. 죄인을 그냥 두지 않으십니다. 구약의 소선지서를 읽어 보십시오. 하나님께서 하신 말씀 중에 죄인은 그냥 가게 하지 않는다고 했습니다. 하나님께서는 죄인을 절대로 그냥 보내시지 않는다고 하였습니다. 그러면 어떻게 하신다는 말입니까? 죄에 대하여 심판하신다고 하셨습니다. 죄에 대하여 분명히 갚으시고 진노하시고 벌주시고 그다음에 보낸다는 말씀입니다.

여러분 구약성경, 신약성경 여러 곳에서 우리 하나님을 뭐라고 말씀하고 계신 줄 압니까? 우리 하나님은 공의로우신 심판장, 의로우신 재판장이라고 말씀하고 계십니다. 우리 인간은 죄인이기 때문에 하나님께서 우리를 심판하셔야 합니다. 이에 하나님께서는 우리를 사랑해서 구원하기를 원하시기 때문에 죄 없으신 자기 아들을 보내어 죄인인 우리 인간을 대신하게 하셨습니다.

성경은 죄의 삯은 분명히 사망이라고 말씀하셨습니다. 그렇기 때문에 하나님께서는 그 사랑하는 아들을 십자가에 달리게 하시고 십자가에서 죽게 만드셨던 것입니다. 그 십자가에서 그 아들에게 진노하셨습니다. 그래서 주님께서 십자가에 달릴 그때에 열두 시부터 세 시까지 어땠습니까? 하늘이 캄캄하게 되었습니다. 그것은 무엇을 뜻합니까? 하나님의 진노하심을 말하는 것입니다.

하나님께서는 죄인을 버리셨습니다. 그래서 예수님께서 뭐라고 부르짖었습니까? "엘리 엘리 라마 사박다니!" "나의 하나님, 나의 하나님 어찌하여 나를 버리셨나이까"라고 했습니다. 죄인은 하나님 앞에서 버림을 당하는 것입니다. 그 순간에 예수님은 모든 인류의 죄를 대신 짊어지신 죄인이셨기 때문에 하나님이 진노하시고 버리시고 그를 심판하셨던 것입니다.

하나님의 의가 십자가에서 죄인을 심판하는 모습으로 나타났던 것입니다. 십자가에서 하나님의 의는 양면적으로 나타났습니다. 자기의 택하신 백성을 변함없이 사랑하시고 구원하시는 행위, 즉 언약적 신실함으로 나타났습니다. 동시에 죄인들의 죄를 대신 지신 자를 심판하심으로써 나타났다는 것입니다.

둘째는, 십자가에 나타난 하나님의 의를 어떻게 우리 것으로 취할 수 있느냐는 것입니다.

우리가 하나님의 의를 받지 못하면 우리는 하나님 앞에 설 수 없습니다. 하나님의 영광에 이를 수 없습니다. 천국에 들어갈 수 없습니다. 어떻게 하나님의 의를 입을 수 있겠습니까? 본문에 복음에는 하나님의 의가 나타나서 다음에 어떤 말이 나오는지 성경을 보시기 바랍니다. "믿음으로 믿음에 이르게 하나니!"라고 했습니다. 어려운 말씀이나 처음부터 끝까지 믿음으로 된다는 것입니다. 믿음을 강조하는 말씀입니다. 다르게 말하면 '오직 믿음으로'를 강조하는 말입니다.

'오직 믿음으로' 우리는 하나님의 의를 취할 수 있다는 말입니다. 복음에, 예수 그리스도의 십자가에 나타난 하나님의 의는 믿음으로만 취할 수 있다는 말씀입니다. 우리가 성경과 역사를 보면, 믿음이 아닌 인간의 노력과 인간의 수고와 인간의 행위, 인간의 율법적 행위로 하나님께 의롭다 인정을 받으려고 했던 그런 사람들, 그런 사상은 많았습니다.

예수님 당시에 서기관, 바리새인들이 그런 사람들이었습니다. 그들은 율법학자들입니다. 그들은 어떻게 해서든지 이 성경에 기록된 율법의 말씀을 하나도 남김없이 100% 순종함으로써 하나님 앞에 의롭다 함을 인정받으려고 노력했습니다. 그러나 로마서 3장 20절을 보십시오.

"그러므로 율법의 행위로 그의 앞에 의롭다 하심을 얻을 육체가 없나니 율법으로는 죄를 깨달음이니라."

무슨 말입니까? 아무리 사람이 하나님의 말씀을 지키려고 해도 완벽하게 지킬 인생이 없다는 것입니다. 겉으로는 간음하지 않고 살인하지 않을 수 있습니다. 그러나 마음속으로는 그것이 되지 않습니다. 예수님께서 "여인을 보고 음욕을 품는 자마다 이미 간음하였느니라"고 말씀하셨는데, 하나님이 보시기에 하나님이 인정할 만큼 율법을 바르게 지키는 인생이 이 세상에 있다는 말입니까? 아무도 없다는 것입니다. 그러므로 율법의 행위로는 100% 지켰다고 할 수 있는 사람이 없고, 따라서 하나님의 의를 받을 수가 없다는 것입니다.

중세교회에서는 자기의 죄를 용서받기 위해서 죄 지은 만큼 고행을 했습니다. 여러분 '미션(Mission)'이라는 영화를 보셨나요? 아주 유명한 영화였습니다. 그 영화에 보면 엄청나게 많은 죄를 지은 사람이 회심을 했습니다. 그때는 기독교가 로마 가톨릭이었습니다. 그가 회심하고 예수 안에 들어왔습니다. 그러면 되었는데, 그 당시 기독교 사상은 고행을 해야 되는 겁니다. 죄를 중하게 지었으면 중하게 고행을 해야 되는 것입니다. 그래서 자기가 밥해 먹던 솥단지, 세숫대야 등등 자기의 과거 삶을 상징하는 모든 물건들을 다 그물에 집어넣고 그것을 등에 걸머지고 끙끙대면서 걸어가는 겁니다. 걸어가는데 앞에 폭포가 있는 것입니다. 완전히 90도로 되어 있는 폭포인데, 이것을 끌고서 기어서 올라가는 것입니다. 떨어지면 또 기어서 올라가는 것입니다. 그것이 성경적입니까?

앞에서 말한 루터도 마찬가지입니다. 로마에 가면 바티칸에 성 베드로 성당이 있지 않습니까? 성 베드로 성당의 계단을 무릎으로 하나씩 기어서 올라가기도 하였습니다. 그럼에도 말에 평안이 없었습니다. 그런데 로마서를 연구하는 중에 하나님의 의는 인간이 이루는 것이 아니라 믿음으로 받기만 하면 된다는 것을 깨닫고, 그 순간 마음이 밝아지고 가벼워지면서 밝은 삶, 기쁨의 삶을 살게 되었던 것입니다. 그는 말하기를 "이 로마서 1장 17절은 내게 하늘나라로 이르는 통로가 되었다"라고 하였습니다.

여러분 감리교의 창시자가 누굽니까? 요한 웨슬리입니다. 그는 처음에는 예수님을 바르게 믿지 못했습니다. 옥스포드 대학에 다니면서 하나님을 향한 열심으로 그곳에서 홀리 클럽을 조직했습니다. 조직해서 열심히 신앙생활을 하였습니다. 성경을 연구하고, 자기반성도 하고, 공적·개인적인 신앙 훈련도 하고, 자선사업도 하고, 감옥을 찾아가 감옥 전도도 했습니다. 이렇게 해서 어쨌든 종교적인 열심과 많은 선행을 통해서 구원의 확신을 얻고자 했습니다. 그런데 노력하면 할수록 확신보다는 극심한 좌절과 실망감을 느끼게 되었습니다. 그러다가 누군가 루터의 로마서 주석 서문을 읽는 것을 듣고서 '이상하게 마음이 뜨거워졌다'고 했습니다. "내가 구원받기 위해서 오직 그리스도만을 믿어야 함을 깨달았습니다. 그 순간 하나님이 나의 죄들을 제거해 주시고 나를 죄와 사망의 법에서 구원해 주셨다는 확신을 갖게 되었습니다."

그래서 위대한 요한 웨슬리가 있게 된 것입니다.

우리가 예수 그리스도의 십자가를 믿을 때에, 즉 복음에 나타난 하나님의 의를 믿을 때에 하나님은 우리의 죄를 용서해 주시고 우리에게 하나님의 의를, 예수 그리스도의 의를 전달해 주시는 것입니다. 우리의 죄는 우리가 예수님을 믿을 때 예수님께로 옮겨가게 되고, 하나님의 의는 우리에게로 오게 되는 것입니다. 그것을 보시고 우리 하나님께서는 무엇이라고 말씀하십니까? 의롭다고 칭하여 주십니다.

'너는 의롭다' 이것을 우리가 이신칭의(以信稱義)라고 합니다. 믿음으로 의롭다고 칭해진다는 것입니다. '이신칭의!' 이것이 기독교 신앙입니다. 우리가 하나님께 의롭다고 칭함 받을 때에, 우리가 의롭게 될 때에 우리와 하나님의 어긋난 관계가 바르게 되는 것입니다. 정상화되는 것입니다. 그때 우리는 하나님 앞에 나아갈 수 있고, 하나님 앞에 설 수 있고, 하나님의 영광에 이를 수가 있습니다. 즉 천국에 이를 수 있는 사람이 되는 것입니다. 그러므로 예수 그리스도의 십자가에 나타난 하나님의 의를 믿음으로 의롭게 되는 모든 성도가 되시기를 바랍니다.

마지막으로 생각할 것은, 오늘 본문 끝에 있는 오직 의인은 믿음으로 말미암아 살리라는 말씀입니다.

이 말씀은 앞에 있는 말씀, 사람은 믿음으로 의롭게 된다는 그 말씀에 따라 나오는 말씀입니다. 그래서 앞의 말씀을 보충해 주고 강조해 주는 말씀입니다. 본래 이 말씀은 하박국 2장 4절에 있는 말씀입니다. 하박국 선지자는 하나님의 선지자로서 상당히 의롭게 말씀대로 살려고 노력하는 사람이었습니다. 그런데 그 시대가 너무 타락했습니다. 하나님의 백성인 이스라엘이 하나님의 말씀에 불순종하고 악하게 살아가는 그 모습을 보고서 하나님 앞에 탄원했습니다.

"하나님! 이 하나님의 땅에 죄를 짓고 살아가는 인간들이 있는데 왜 그냥 두십니까? 심판하지 않으십니까?"

그러나 하나님께서 "때가 되면 내가 그들을 심판할 것이다"라고 하십니다. 심판하신다는 것이 무슨 뜻입니까? 그들을 벌주고 죽일 것이라는 말입니다. 그러나 "의인은 믿음으로 말미암아 살리라"고 하시면서 믿음으로 의로워진 사람들은 죽을 것이 아니라 살리라고 하나님께서 말씀하셨습니다. 여러분, 온 세상 사람들이 죄로 인하여 다 마지막 날 하나님의 심판을 받고 영원한 사망으로 떨어진다 할지라도, 믿음으로 인하여 십자가에 드러난 의를 믿음으로 하나님 앞에 의롭다 함을 받은 사람들은 영원히 살 것임을 믿으시기 바랍니다.

그런데 이 말씀은 여기에서 그 의미가 멈추지 않습니다. 믿음으로 의롭게 된 의인은 믿음으로 살리라는 의미도 가지고 있습니다. 나무와 열매는 분리될 수 없지 않습니까? 그렇듯이 믿음으로 의인된 자는 그때부터 믿음으로 산다는 것입니다. 새로운 신분을 가진 새로운 삶을 산다는 것입니다. 믿음은 처음 구원 받을 때만 필요한 것이 아닙니다. 구원받은 후에도 계속해서 필요한 것입니다.

'믿음으로 의롭게 된 자들은 또한 믿음으로 삽니다.'

여러분은 믿음으로 의인이 되었습니까? 그렇다면 이제는 믿음으로 사시기를 바랍니다. 인간의 생각과 판단, 욕심을 따라 사는 것이 아니라 이 세상의 판단이나 유행과 가치관을 따라 사는 것이 아니라 하나님의 말씀인 믿음으로 살아가시는 성도가 되시기 바랍니다.

오늘 말씀을 통해 왜 복음이 하나님의 구원의 능력이 되는 줄을 살펴보았습니다. 복음에는 하나님의 의가 나타나 있기 때문이라고 했습니다. 이 하나님의 의를 우리가 믿을 때에 하나님 앞에 의로운 사람이 되고, 우리는 천국 백성이 된다고 하였습니다.

그렇다면 우리들의 모습을 한 번 생각해 봅시다. 나는 하나님 앞에 어떤 사람입니까? 하나님 앞에 내 모습, 내 생각과 삶을 내어놓고 생각할 때에 하나님 앞에 의로우신 분이 있습니까?

예레미야서에 보면, 샘이 그 물을 솟쳐냄같이 우리 인간의 마음에서도 죄가 끊임없이 솟아난다고 했습니다. 우리가 하나님 앞에서 죄악 된 생각 하나 없이 깨끗하게 의롭게 살아가는 날은 없는 것입니다. 그렇기 때문에 우리는 나의 모습을 가지고서는 나의 의를 가지고서는 하나님 앞에 나아갈 수 없습니다. 저 천국에 들어갈 수 없는 부족하고 죄악 된 모습인 것입니다. 하나님께서는 그것을 아십니다. 나의 의로서는 천국에 이를 수 없음을 아시기 때문에 자기 아들을 보내셔서 우리가 받을 진노를 대신 받게 하시고, 그를 믿는 자마다 하나님께서 의롭다고 하여 주신 것입니다.

우리가 우리의 능력으로 할 수 있다면 하나님께서 왜 믿음의 방법을 주셨을까요? 우리는 우리의 능력으로는 절대로 하나님께 인정받을 수가 없기 때문에 아들을 보내셨고, 아들의 십자가를 믿는 자는 의롭다 하여 주시고, 의롭다 함을 받을 때에 하나님께서는 천국 백성으로 삼아주시는 것입니다.

여러분, 십자가에 나타난 하나님의 의를 믿고 의롭다 함을 받고 구원 받으시기 바랍니다. 나아가 믿음으로 살아가는 의인이 되시기를 바랍니다.

12

로마서 1:18

하나님의 진노

"하나님의 진노가 불의로 진리를 막는 사람들의 모든 경건하지
않음과 불의에 대하여 하늘로부터 나타나나니"

사도 바울은 왜 복음을 부끄러워하지 않는다고 했습니까? 복음
은 하나님의 능력이기 때문입니다. 무슨 능력입니까? 모든 믿는 자
에게 구원을 주시는 하나님의 능력이라고 했습니다. 여러분은 그렇
게 믿으십니까? 그런데 복음이 어떻게 하나님의 능력이 될까요? 복
음에는 하나님의 의가 나타나 있기 때문이라고 했습니다. 이 하나
님의 의는 우리가 오직 믿음으로만 받을 수 있다고 말씀드렸습니
다. 로마서 1장 17절까지가 로마서의 서론이라 할 수 있습니다.

오늘 본문 로마서 1장 18절에서부터 3장 20절까지는 하나님의
진노 아래 있는 인생에 대하여 말씀해 주고 있습니다. 어떤 환자가
있다고 합시다. 이 사람이 자신의 병의 심각성을 깨닫지 못하면 병
원의 필요성, 의사의 필요성을 느끼지 못합니다. 자신이 얼마나 심

각한지 깨달을 때 비로소 의사의 필요성을 깨닫고 절감하게 되는 것입니다.

마찬가지로 우리 인생은 하나님 앞에서 얼마나 큰 죄인인가, 얼마나 위험한 상태에 있는가를 깨달을 때에 예수 그리스도의 복음의 필요성, 구원의 필요성을 절감하게 되고 예수 그리스도께로 나아오게 되는 것입니다. 그래서 사도 바울은 인간은 하나님의 진노 아래 있는 죄인임을 3장 20절까지 계속 말씀해 주고 있는 것입니다.

첫째로 생각할 것은 '하나님의 진노'입니다.

여러분 이 말씀이 여러분에게 익숙합니까? 그렇지 않을 겁니다. 어색한 말씀이지요? 왜냐하면 우리는 항상 무엇에 대하여 들어왔습니까? 하나님의 사랑, 하나님의 긍휼, 하나님의 은혜, 하나님의 오래 참으심 등을 수없이 들어왔습니다. 그런데 사랑의 하나님께서 진노하신다니 무엇인가 어울리지 않는 것 같습니다. 보통 진노는 인간적으로 생각할 때에 분노를 참지 못하는 것, 울화통을 터뜨리는 것, 울컥 화를 내는 것입니다. 그것이 사람 보기에 남자다워 보이고, 뭔가 용기 있어 보이고, 또 의분이 있어 보이고, 줏대가 있어 보일지 몰라도 성경적으로 볼 때에 그것은 선하지 않은 모습입니다. 미성숙한 신앙인의 모습인 것입니다. 그래서 야고보 선생은 사람의 성내는 것이 하나님의 의를 이루지 못한다고 분명히 말씀했습니다. 하나님께서 우리 각자에게 주신 성격은 분명히 다릅니다. 비록 내가 급한 성격을 가졌다 할지라도, 주님 안에서 그 분노를 컨트롤할 수 있어서 부드럽고 온유한 성품을 소유한 사람이 되시기를 바랍니다.

그러나 하나님의 진노는 죄악 된 인간의 진노와는 다릅니다. 하나님의 진노는 죄에 대한 하나님의 진노, 혐오를 말해 주는 것입니다. 하나님은 공의로우시기 때문에 불의를 미워하고 불의에 대하여 진노하신다는 것입니다. 요컨대 하나님의 진노는 하나님의 의로우심의 당연한 표출이요 결과라고 할 수 있습니다.

하나님의 진노는 대단히 중요합니다. 성경 전체를 흐르고 있는 사상 중 하나입니다. 오늘 우리가 교독한 말씀 중에서도 무려 세 번이나 하나님의 진노를 언급하고 있습니다. 저는 어릴 때에 아버지의 진노를 산 적이 몇 번 있었습니다. 그때는 언제나 회초리로 장딴지를 맞았습니다. 좀 약할 때에는 세 번, 중간일 때는 다섯 번, 심할 때는 열 번까지 회초리로 맞았습니다. 그래서 저는 어릴 때에 가장 무서운 것이 아버지의 진노를 사는 것이었습니다. 제 아버지는 철저한 크리스천이었기 때문에 모든 것을 바르고 의롭게 하며 잘못된 것이 있으면 그것을 지적하고 그것에 대하여 징계를 하셨습니다. 그렇다면 사람이 만왕의 왕이신 하나님의 진노 아래 있는 것, 이것이 얼마나 무서운 일이겠습니까? 우리 인간이 하나님의 진노 아래 있는 것보다 더 무서운 일이 있겠습니까? 그것은 하나님의 심판을 의미합니다. 영원한 형벌을 의미합니다. 지옥에 던져짐을 의미합니다. 시편 7편 11절을 보십시오.

> "하나님은 의로우신 재판장이심이여 매일 분노하시는 하나님이
> 시로다."

우리 하나님께서 매일 분노하신다면 뭔가 이상하지 않습니까?

우리 인간에게는 분노하지 말라고 하시면서 하나님은 매일 분노하십니다. 어쩌다 분노하시는 것도 아니고 매일 분노하신다고 합니다. 왜 매일 분노하시겠습니까? 방금 읽은 말씀을 보니 하나님은 의로우신 분이기 때문입니다.

신문이나 방송을 통하여 있을 수 없는 일이 일어났을 때 우리는 어떻게 합니까? 분노합니다. 하물며 죄인인 우리도 분노하는데 수많은 악한 일들, 죄악된 일들이 이 세상에서 일어나는 것을 보실 때에 하나님께서 얼마나 분노하시겠습니까? 그래서 우리 하나님께서는 매일 분노하십니다. 매일 죄악 된 일들이 셀 수 없이 일어나기 때문입니다. 12절도 함께 읽어 봅니다.

"사람이 회개하지 아니하면 그가 그의 칼을 가심이여 그의 활을 이미 당기어 예비하셨다."

저는 이 말씀을 처음 대했을 때에 정말 소름이 끼쳤습니다. 사람이 회개하지 않으면 하나님께서 칼을 가신다는 것입니다. 그리고 활을 당겨서 예비해 놓으셨다는 것입니다. 활통에 활을 메고 있는 것도 아니고, 화살을 활통에 꽂아 둔 것도 아니고, 활을 이미 당긴 상태에 계시다는 겁니다. 손가락을 놓기만 하면 불화살이 날아가서 죄인에게 박혀서 죄인을 죽이신다는 말씀입니다.

모든 사람은 죄인입니다. 그러기에 모든 인류 위에 하나님의 진노가 머물러 있습니다. 우리 성도들이 예수를 믿고 신자라고 할지라도, 죄 가운데 살면 그 위에 하나님의 진노가 머물러 있습니다. 그 진노가 심판으로 쏟아지기 전에 우리는 빨리 죄악을 회개하고 하나님의 진노에서 벗어나야 하는 것입니다. 죄를 오래 가지고 있으면 결국은 하나님의 진노의 불이 쏟아지게 되어 있는 것입니다. 하나님의 진노의 대상이 되지 않는 저와 여러분이 될 수 있기를 바랍니다.

다음으로 진노의 대상이 무엇이냐는 것입니다.

오늘 말씀에 보니 '하나님의 진노가 '불의로 진리를 막는 사람들의 모든 경건하지 않음과 불의에 대하여 하늘로부터 나타난다'고 했습니다. 한마디로 하나님의 진노가 무엇에 나타나느냐 하면 불경건과 불의에 대해서 나타난다고 했습니다. 다시 말하면 하나님의 진노는 죄에 대하여 나타납니다. 하나님은 죄에 대하여 진노하십니다. 그런데 이 죄를 오늘 본문에서는 좀 더 구체적으로 두 가지로 말해 주고 있습니다. 하나는 '불경건'이고, 또 다른 하나는 '불의'입니다. 곧 '불경건과 불의'입니다. 불경건이 앞에 나오는데 헬라어로 '아스베이아'라는 말입니다. 이 말은 유스베이아에서 나오는데 '유'는 '잘'이라는 말입니다. '하나님을 잘 예배하다'는 뜻입니다. 하나님을 잘 섬기는 것, 잘 예배하는 것이 경건입니다. 그런데 '유'자를 빼버리고 거기에 '아'자를 붙여 '아스베이아' 하면 반대말이 되어 불경건이 됩니다. 하나님을 잘 예배하지 않음, 잘 섬기지 않음, 경건하지 않음 그런 뜻이 됩니다. 곧 하나님에 대한 범죄가 바로 불경건입니다. 또 '불의'가 나오는데, '아디키아'라는 이 말 역시 '의'라고 하는 헬라어 앞에 '아'자를 붙여서 반대말이 되었습니다. 사악함, 무법함, 법 없는 것을 의미합니다. 이것은 사람에 대한 죄라고 할 수 있습니다.

십계명은 두 돌판으로 되어 있습니다. 첫 번째 돌 판은 1에서 4계명까지 기록되어 있습니다. 첫째 계명은, "나 외에는 다른 신을 너에게 두지 말라"고 했습니다. 둘째 계명은, "어떤 우상도 만들지 말고 절하지 말고 섬기지 말라"고 했습니다. 셋째 계명은, "여호와의 이름을 망령되이 일컫지 말라"고 했습니다. 네 번째 계명은 "안식을 기억하여 거룩히 지키라"고 했습니다. 그런데 여기에 실패하는 것이 곧 무엇이란 말입니까? 한마디로 '불경건'이라는 것입니다. 다섯 번째 계명에서 열 번째 계명까지는 이웃에 대한 계명인데, 이것을 지키는 일에 실패하면 그것이 불의가 되는 것입니다.

조금 다르게 말하면, 마가복음 12장에 보면 한 서기관이 예수께 와서 "선생님, 무엇이 율법의 첫째 되는 계명입니까?" 하고 물었습니다. 그때 예수님께서는 "네 마음을 다하고 목숨을 다하고 힘을 다하여 네 하나님을 사랑하라"고 말씀하셨습니다. 그렇게 하지 못하는 것이 불경건입니다. 그리고 이어서 말씀하시기를 "그와 같이 네 이웃을 네 몸과 같이 사랑하라"고 말씀하셨습니다. 그렇게 하지 못하는 것이 불의인 것입니다. 이제 여러분은 불경건과 불의를 분별할 수 있을 것입니다. 알고 보면 인간의 모든 죄는 불경건과 불의라는 두 말 아래 다 들어가는 것입니다. 그런데 이 두 말은 완전히 분리되는 말이 아닙니다. 두 말은 항상 같이 갑니다. 그리고 순서가 있습니다. 마치 열차가 언제나 맨 앞에 기관차가 가고 그 다음에 객차가 따라가듯이 말입니다. 그와 같이 언제나 불경건이 앞에 나오고 불의가 그 뒤를 따라서 나옵니다. 왜 그렇습니까? 그것은 사람은 불경건하면 불의하게 되기 때문입니다. 불의는 불경건의 결과이기 때문입니다. 시편 14편 1절을 읽어 보도록 하겠습니다.

"어리석은 자는 그의 마음에 이르기를 하나님이 없다 하는도다
그들은 부패하고 그 행실이 가증하니 선을 행하는 자가 없

도다."

어리석은 자는 하나님이 없다 하며 하나님을 안 섬깁니다. 그것이 불경건입니다. 그들은 부패하고 행실이 가증해서 선을 행하지 않는다고 했습니다. 그것이 불의입니다. 하나님을 섬기지 않는 자는 타락해서 여러 가지 죄를 짓게 된다는 것입니다. 잠언 8장 13절 앞부분 만 읽어 봅시다.

"여호와를 경외하는 것은 악을 미워하는 것이라."

쉽게 말하면, 우리가 여호와를 경외하게 되면 자연히 악을 미워하게 됩니다. 악을 미워하니까 죄를 짓지 않는다는 것입니다. 기억하십시오. 하나님을 진실로 바르게 섬기는 자는 악을 미워합니다. 죄를 짓지 않습니다. 죄를 멀리하게 되는 것입니다. 만일 어떤 성도가 주일에 신앙생활은 열심히 하는데, 엿새 동안은 삶이 그러하지 못하고 이웃을 괴롭히고 이웃에게 악을 행한다면 그 사람은 절대로 좋은 신앙인이 아닙니다. 그 사람은 경건한 신앙인이 아닙니다. 하나님을 두려워하는 자는 죄를 멀리하고 죄를 짓지 않습니다.

욥기 1장 1절에 보면, 욥에 대해 말하기를 "하나님을 경외하며 악에서 떠난 자라"고 했습니다. 하나님을 경외하니까 자연히 악에서 떠나게 되는 것입니다. 시대나 사회도 마찬가지입니다. 이스라엘 역사를 보면, 이스라엘 백성이 하나님을 떠나서 헛된 우상을 섬기게 되면서 무지하게 되고, 도덕성이 흐려져서 공의를 행하지 않고 온갖 불의를 행하였습니다. 그 때문에 사회가 타락합니다. 이때 하나님이 어떻게 하십니까? 진노하시고 심판하십니다. 심판하셔서 앗수르를 부르시고, 블레셋을 부르시고, 또 바벨론을 불러서 그들을 심판하시는 것입니다.

그러므로 바르게 살기를 원하시면 하나님을 잘 섬기시기 바랍니다. 정말로 하나님을 진실하게 섬기면 우리는 하나님 앞에서 바르게 살게 되는 것입니다. 내 자녀가 바른 사람이 되어서 이 세상을 바르게 살기를 원하십니까? 하나님을 경외하는 경건한 자가 되도록 힘쓰시길 바랍니다. 지난 주간에 조사한 설문지 결과를 보니, 우리나라 고교생 절반이 "10억이 생기면 죄짓고 1년 정도 감옥에 가도 좋다"는 보고가 나왔습니다. 50%가 그렇답니다. 정말로 충격적인 보고입니다. 무서운 일입니다. 물질 만능주의에 빠졌기 때문에 그렇습니다.

보리밥을 먹고 초가삼간에 산다고 할지라도, 월세방에 산다고 할지라도 내가 참 신앙을 가진 자라면 하나님 앞에서 죄짓지 않고 살겠노라 하는 것이 참 신앙인의 모습 아니겠습니까? 그런데 10억만 준다면 20억만 생긴다면 죄짓고 감옥에서 1년 동안은 견디겠다고 합니다. 이것이 얼마나 악한 생각입니까? 얼마나 잘못된 가치관입니까? 하나님의 진노는 모든 불경건하고 불의한 자들, 죄인에게 나타나는 것입니다. 그러므로 여러분은 하나님을 잘 섬기는 경건한 자, 하나님 말씀대로 바르게 살아가는 의로운 자가 되시기를 바랍니다.

마지막으로, 하나님의 진노가 어디로부터 나타나느냐 하는 것입니다.

18절 끝에 보면 하나님의 진노가 어떻게 나타난다고 했습니까? 하늘로부터 나타난다고 했습니다. 이 말이 무슨 말입니까? 하나님께로부터 나타난다는 것입니다. 사람들은 사고가 나고 질병이 생기고 큰 우환이 생기고 전쟁이 터지면 그것의 원인을 깊이 생각하지 않습니다. 단순히 재수가 없어서 또는 운명이라고 생각합니다. 그렇지만 성경은 무엇이라고 말씀합니까? 하나님의 진노가 나타났다고 말씀하는 것입니다. 그것은 하나님의 심판입니다. 물론 우리가 욥기에서 보듯이 나쁜 상황, 나쁜 일을 다 하나님의 진노하고 할 수는 없습니다. 인간사가 그 이유를 알 수 없는 것들이 많이 있습니다. 그렇지만 많은 경우 하나님의 진노라는 것을 알아야 합니다.

그리고 "나타나나니"라고 했는데, 이 말씀도 잘 기억해야 합니다. 하나님의 진노가 나타났다고 했습니까? 나타날 것이라고 했습니까? 하나님의 진노가 지금 나타난다는 것입니다. 성경 본문이 현재 수동태 진행형으로 되어 있습니다. 그러니까 이 말씀을 다시 말하면 하나님의 진노는 과거에도 늘 나타났고, 지금 현재에도 나타나고 있고, 앞으로 미래에도 나타날 것임을 우리에게 보여준다는 것입니다.

창세기 3장에 보면 인간의 타락이 나옵니다. 인류의 시조 아담과 하와가 하나님께서 금하신 과일을 따먹었습니다. 하나님께서는 그 일에 대하여 인간에게 저주를 내리셨습니다.

"너는 흙이니 흙으로 돌아갈지니라."

거기에서 죽음, 사망이 나오지 않았습니까? 예수 안 믿는 사람들은 죽음이 인간에게 본래부터 주어진 운명이라고 생각합니다. 그러나 죽음은 하나님께서 우리 인간에게 내리신 하나의 저주, 하나님의 진노의 심판인 것입니다. 사람만 벌을 받은 것이 아닙니다. 땅까지도 저주를 받아서 땅에서 가시와 엉겅퀴가 솟아났다고 했습니다.

이것은 죄에 대한 하나님의 진노였습니다.

노아시대를 생각해 보십시오. 노아시대 때 온 세상에 죄악이 관영하자 하나님께서는 홍수로 세상을 쓸어 버리셨습니다. 아브라함 시대에 소돔과 고모라 성에 죄악이 가득해지자 하나님께서는 유황불을 내리셔서 그 성을 흔적도 없이 멸망시키셨습니다. 각 개인에게도 하나님께서는 그의 행위대로 진노하시고 갚아 주십니다. 사울 왕이 교만해져서 하나님께 불순종하자, 하나님은 진노하셔서 그의 왕의 자리를 빼앗아 다윗에게 주었습니다. 그리고 그의 마지막이 어땠습니까? 길보아 산 위에서 블레셋과 전쟁을 하는데 마지막에 자신도 죽고 자기의 사랑하는 세 아들도 죽고 마는 것입니다. 하나님의 진노의 심판입니다.

하나님의 사람 다윗 왕도 보십시오. 실수해서 유부녀와 간음을 저지르고, 그것을 숨기기 위해 전쟁터에 있는 그 남편을 불러오고, 나중엔 전쟁터에서 죽게 만들었습니다. 간음죄뿐 아니라 살인교사까지 한 것입니다. 사람들은 다 몰랐습니다. 몇 사람만 알고 완전 비밀에 부쳤습니다. 그러나 우리 하나님은 다 보고 계셨습니다. 하나님께서 나단 선지자를 보내어 무엇이라고 말씀하셨습니까? "칼이 너희 집에서 떠나지 않으리라", "피 흘리는 일이 너희 집에서 떠나지 않으리라"고 심판하셨던 것입니다.

하나님의 진노는 계속되고 있습니다. 오늘 새벽기도회 본문이 로마서 13장 말씀이었는데, 그 말씀에 보니 하나님의 진노가 국가 통치자를 통해서도 나타나는 것을 보았습니다. 악을 행하는 자에게 국법으로 다스린다는 것입니다. 감옥에 보내기도 하고, 사형을 시키기도 하고, 징계를 주기도 하고, 벌금을 부과하기도 합니다. 그것이 하나님의 진노로 나타나는 것입니다. 지금도 하나님은 각 사람에 대해서 진노하고 계십니다. 어떤 이에게는 우리 하나님이 오래 참고 계십니다. 어떤 이에게는 하나님께서 심판하고 계십니다. 혹시 여러분은 죄악으로 인해서 하나님의 진노 아래 있지는 않습니까? 혹시 하나님 앞에 하나님의 진노를 쌓아가고 있지는 않습니까? 하나님은 오래 참고 계시는데, 그것을 모르고 오래 참으심을 멸시하고 무시하고 있지는 않습니까? 디모데전서 5장 24절을 읽어보겠습니다.

"어떤 사람들의 죄는 밝히 드러나 먼저 심판에 나아가고 어떤 사람들의 죄는 그 뒤를 따르나니."

이 말씀을 절반으로 나누어 보면, 어떤 사람의 죄는 발각되어 하나님의 심판을 받았습니다. 그런데 어떤 사람들의 죄는 발각되지 않은 것입니다. 그러면 그 죄는 면죄됩니까? 사라져 버립니까? 아니요. 오늘 말씀에 보니 "어떤 사람들의 죄는 그 뒤를 따르나니"라고 했는데, 이 뜻은 지금까지는 아직 심판이 주어지지 않았지만 장차 언젠가는 하나님이 심판을 하신다는 것입니다. 그리고 로마서 2장 5절을 보십시오.

"다만 네 고집과 회개하지 아니한 마음을 따라 진노의 날 곧 하나님의 의로우신 심판이 나타나는 그날에 임할 진노를 네게 쌓는도다."

진노의 날이 있습니다. 딱 정해진 한 날이 있다는 겁니다. 곧 하나님의 의로우신 심판이 나타나는 날이라고 했습니다. 이 날은 최후 심판의 날입니다. 마지막 심판의 날입니다. 이때에는 그동안 심판 받지 않았던 모든 사람들, 모든 죄에 대하여 우리 하나님께서 남김없이 완전하게 심판하시는 그런 날인 것입니다.

내 죄가 이 순간만 넘어가면 OK입니까? 세상 사람은 아무도 모르니 괜찮습니까? 아닙니다. 하나님께서 다 알고 계십니다. 때가 되면 다 심판하십니다. 최종적으로 하나님께서 주님 오시는 그날에 모든 죄를 완전하게 심판하시는 것입니다. 오늘 우리는 이렇게 신앙고백을 하였습니다.

"하나님의 아들 예수님께서 하늘에 오르시어 하나님 우편에 앉아 계시다가 거기로부터 살아 있는 자와 죽은 자를 심판하러 오시리라."

무엇을 하러 오신다고 하셨습니까? 심판하러 오신다고 말씀하고 있습니다. 여러분은 이 말씀을 믿으십니까? 그날에 완전한 심판이 있게 되는 것입니다. 누가 이 하나님의 진노에서 벗어날 수 있겠습니까?

요한복음 3장 26절을 보십시오.

"아들을 믿는 자에게는 영생이 있고 아들에게 순종하지 아니하는 자는 영생을 보지 못하고 도리어 하나님의 진노가 그 위에 머물러 있느니라."

그러나 하나님의 아들을 믿는 자는 그 진노를 벗어납니다. 아들을 믿는 자에게는 진노가 없습니다. 도리어 영생이 있다고 하였습니다.

"주 십자가를 지심으로 죄인을 구속하셨으니 그 피를 보고 믿는 자는 주님의 진노 면하겠네."

죄인에게는 하나님의 진노가 있습니다. 하나님을 모르고 섬기지 않는 불경건한 자, 여러 가지 죄를 지으면서 불의한 자, 이런 자에게 하나님의 진노의 심판이 나타납니다. 그 진노는 과거에도 나타났고, 현재에도 나타나고 있고, 미래에도 나타날 것이요, 마지막 진노의 날에도 나타나게 될 것입니다. 그러면 어떻게 해야 하나님의 진노에서 벗어날 수 있습니까? 하나님의 아들을 믿어야 합니다. 하나님의 아들 예수님이 우리를 대신해서 십자가에서 하나님의 진노를 다 받으셨습니다. 하나님의 심판을 다 받으셨습니다. 그렇기 때문에 이제 예수를 믿는 자에게는 하나님의 진노가 없는 것입니다. 하나님께서 도리어 영생을 주시는 것입니다.

여러분 모두 예수를 믿고 구주로 영접하셔서 영생을 얻으시기 바랍니다. 그리고 하나님의 진노 아래 있는 나의 가족, 나의 부모님, 나의 자녀, 나의 이웃, 친지들에게 이 복음을 전해서 하나님의 무서운 진노에서 벗어나 영생을 얻게 하시는 여러분들이 다 되시기를 바랍니다.

13

로마서 1:19-23

진노의 이유

"이는 하나님을 알 만한 것이 그들 속에 보임이라 하나님께서 이를 그들에게 보이셨느니라 창세로부터 그의 보이지 아니하는 것들 곧 그의 영원하신 능력과 신성이 그가 만드신 만물에 분명히 보여 알려졌나니 그러므로 그들이 핑계하지 못할지니라 하나님을 알되 하나님을 영화롭게도 아니하며 감사하지도 아니하고 오히려 그 생각이 허망하여지며 미련한 마음이 어두워졌나니 스스로 지혜 있다 하나 어리석게 되어 썩어지지 아니하는 하나님의 영광을 썩어질 사람과 새와 짐승과 기어다니는 동물 모양의 우상으로 바꾸었느니라"

몇 주 전에 한 학교에서 인류는 한 혈통이라는 보고가 있었습니다. 그동안 진화론자들은 호모 에렉투스, 네안데르탈인, 크로마뇽인 등으로 분류하며 인류는 여러 혈통에서 난 것으로 주장했습니다. 그런데 이번에 그들이 말한 여러 인종이 같은 곳에서 발굴이 되었습니다. 그리하여 발굴한 그분들이 인류는 한 혈통이라고 발표를 한 것입니다. 이것은 성경과 일치하는 것입니다. 창세기에 보면,

우리 하나님께서 천지를 창조하시고 마지막에 아담과 하와를 지으셨습니다. 이들이 인류의 조상입니다.

모든 인류는 이 두 사람으로 인하여 시작이 되었습니다. 사도행전 17장에 보면, 사도 바울이 2차 전도여행을 갔을 때에 그리스의 수도 아테네로 갔습니다. 그곳에서 그는 하나님이 인류의 모든 족속을 한 혈통으로 만드셨다고 선포했습니다. 제가 얼마 전에 하나님의 진노에 대해서 설교한 적이 있습니다. 모든 인류, 즉 아담의 모든 자손은 하나님의 진노 아래 있다고 했습니다. 하나님의 진노가 과거에도 나타났고, 현재에도 나타나고 있고, 미래에도 나타날 것이고, 마지막 날에 최후의 심판으로 완전하게 나타날 것이라고 말씀드렸습니다. 오늘 본문은 왜 하나님의 진노가 인류에게 나타나게 되었는지, 그 진노의 이유에 대해서 우리에게 말씀해 줍니다.

먼저 19절과 20절에서 사람들은 하나님을 알 수 있다고 말씀합니다. 어떻게 사람들이 하나님을 알 수 있을까요?

첫째는, 인간은 본성상 하나님을 알 수 있다는 것입니다.

19절 첫 줄에 보시기 바랍니다. "이는 하나님을 알 만한 것이 그들 속에 보임이라"라고 기록됐습니다.

인간이 다른 피조물과 특별히 다르게 지어진 것이 무엇입니까? 우리 인간은 하나님께서 자신의 형상대로 지으셨다고 했습니다. 우리 인간은 영원하신 하나님의 형상대로 지음을 받았기 때문에, 우리 인간 속에는 다른 동물에게 없는 특별한 것이 있습니다. 하나님을 사모하는 마음, 영원을 사모하는 마음, 영원하신 하나님을 사모하는 마음이 우리 인간에게 있다는 말씀입니다.

칼빈은 이것을 '종교의 씨'라고 했습니다. 종교의 씨가 모든 사람의 마음속에 있다는 것입니다. 그 하나님의 계심을 아는 의식이 인간의 골수에까지 깊이 박혀서 그것을 지워버리는 것은 불가능하다고 했습니다.

《플루타크 영웅전》을 쓴 플루타크라는 역사가가 있습니다. 그는 말하기를 "성벽, 문화, 왕, 체육관, 극장이 없는 도시는 있어도 신전이 없는 도시, 신이 없는 도시는 없다"라고 말했습니다. 그렇습니다. 온 세계의 어느 부족에 가도, 아무리 미개한 부족에게 가도, 그들은 무엇인가를 섬기고 있는 것입니다. 그것은 인간 속에 하나님의 의식, 하나님을 아는 지식이 그 속에 본능적으로 존재한다는 것을 우리에게 보여줍니다.

둘째는, 하나님이 지으신 천지 만물을 통해서 하나님의 계심을 알 수 있다는 것입니다.

20절에 "창세로부터 그의 보이지 아니하는 것들 곧 그의 영원하신 능력과 신성이 그가 만드신 만물에 분명히 보여 알려졌나니"라고 했습니다.

요즘 퀼트를 하는 여성분들이 많아지고 있습니다. 제 아내도 틈틈이 합니다. 지갑도 만들고, 백도 만들고, 옷도 만들고, 전에는 이불도 한 채 만들었습니다. 그런데 맨 처음 시작할 때는 제가 봐도 영 별로였습니다. 초짜 냄새가 많이 났습니다. 그런데 지금은 제가 보기에 상당한 수준입니다. 그래서 "어떻게 이렇게 당신이 만들 수 있나!" 하고 감탄하면, 퀼트샵에 있는 선생님의 것과 비교하면 턱도 없다는 것입니다. 그분은 너무 잘 만든다고 합니다. 그 작품에는 그 사람의 솜씨와 능력이 나타나는 것입니다. 초짜가 만드는 것은 뭔가 어리숙하고 바느질이 깨끗하지 못합니다.

그런데 고수가 만든 것은 너무 예쁘게 아름답게 바느질이 되어 있는 것입니다. 그것처럼 우리 하나님이 지으신 만물에는 하나님의 솜씨가 나타나는 것입니다. 하나님의 영원한 능력과 신성이 그 속에 있어서 그것이 나타난다는 것입니다. 시편 19편 1절을 보십시오.

"하늘이 하나님의 영광을 선포하고 궁창이 그의 손으로 하신 일을 나타내는도다."

하나님께서 지으신 하늘이 하나님의 영광을 드러내고 궁창도 역시 마찬가지입니다. 오늘 우리가 부른 찬송가 79장 1절의 "주 하나님 지으신 모든 세계 내 마음속에 그리어 볼 때 하늘의 별 울려 퍼지는 뇌성 주님의 권능 우주에 찼네" 이 가사의 내용이 무슨 말입니까? 하늘의 별과 울려 퍼지는 뇌성이 주님의 권능을 보여준다는 것입니다. 그리고 2절에 보니 "숲속이나 험한 산골짝에서 지저귀는 저 새 소리들과 고요하게 흐르는 시냇물은 주님의 솜씨 노래하도다" 하며 자연만물이 주님의 솜씨를 보여준다는 것입니다.

≪창조는 과학적 사실이다≫라는 책이 있습니다. 그 책에 보면, "태양으로부터 지구의 거리는 살기에 가장 적합한 온도로 떨어져 있다. 하나님이 그렇게 떼어 놓으셨다. 만약 지구의 평균 온도가 2, 3도만 오른다면 남극, 북극에 있는 얼음이 녹아서 런던과 뉴욕은 바닷속 60미터 깊이에 잠기게 될 것이다. 지구의 크기가 10% 작아지거나 10% 커지면 이 지구에서 존재할 수 있는 생물체는 아무것

도 없을 것이다"라고 했습니다.

"매년 가을마다 미국의 어린 황금 물떼새들이 알래스카에서부터 하와이까지 어미 새의 인도도 없이 한 번도 가본 적이 없는 길을 날아간다. 그것은 45,000km나 되는데 얼음과 구름과 폭풍을 뚫고 어린 새들이 거기까지 날아가서 정확하게 도착을 한다."

이뿐이겠습니까? 이 우주와 자연 만물에는 신비한 것이 너무나도 많습니다. 그런 것들이 어떻게 우연히 되겠습니까? 절대로 그럴 수 없습니다. 그래서 이 모든 자연 만물은 하나님의 살아 계심과 하나님이 지으셨음을 보여준다는 것입니다. 장엄한 피조물을 관찰할 때에 하나님의 위대하심과 높으심과 크심을 깨닫게 됩니다. 그런가 하면 아주 작은 피조물들을 관찰할 때에 우리 하나님의 세밀한 질서와 신비를 보게 되는 것입니다. 그래서 우주 삼라만상은 하나님을 가르쳐 주는 교과서라고 할 수 있는 것입니다. 요약하면 하나님이 지으신 만물에는 하나님의 영원하신 능력과 신성이 나타난다는 말씀입니다. 우리 인간은 하나님을 모른다고, 하나님이 없다고 핑계할 수가 없다는 것입니다.

그런데 인간은 어떻게 합니까? 18절 말씀처럼 불의로 진리를 막아 버립니다. 고의로 하나님의 살아 계심을 부인해 버립니다. 그런 생각을 떨쳐 버리려고 그런 생각을 자기 자신에게서 지워 버리려고 '아니야, 없어'라고 말하면서 노력을 합니다. 그리고 자신이 자기의 주인이 되어서 자기의 의지대로 자기 욕심대로 살려고 노력하고 범죄 하면서 살아가는 것입니다.

21절에서 23절에 보면 하나님을 부인하는 우리 인간이 어떤 죄를 짓는지 보여줍니다.

첫째는, 21절에 하나님을 알되 하나님을 영화롭게 아니한다고 했습니다.

둘째는, 하나님께 감사하지도 않는다고 하였습니다.

인간이 창조주 하나님, 생사화복을 주장하시는 하나님을 알면 자신의 존재와 삶 자체가 하나님의 은혜요 선물임을 알게 됩니다. 그러면 하나님께 영광을 돌리고 하나님께 자연적으로 감사하게 되는 것입니다. 다시 말하면 하나님께 지음 받은 인간이 하나님이 지으신 아름다운 세상에 살면서 날마다 공기와 물과 자연과 오곡백과와 같은 이 모든 은혜를 누리면서 살아갑니다. 그런데 하나님께 감사하지도 않고, 하나님을 영화롭게 하지도 않고 높이지도 않는다면, 그것이 배은망덕이고 범죄라는 것입니다.

여러분의 삶의 제일 되는 목적이 무엇입니까? 여러분이 이 세상을 한평생 살아가시는 데 있어 삶의 첫 번째 목적, 제일 되는 목적이 무엇입니까? 하나님을 영화롭게 하는 것입니까? 혹시나 자신을 영화롭게 하고 재미와 즐거움을 위해 살아가고 있지는 않습니까? 자기중심의 삶을 살지 말고 하나님 중심의 삶을 살아가시기를 바랍니다. 먹든지 마시든지 무엇을 하든지 다 하나님의 영광을 위해서 하시기를 바랍니다. 내 삶의 모든 것이 하나님의 은혜인 것을 알고 하나님 앞에 감사하며 살아가시기 바랍니다.

이 달 말에 우리 교회에서 결혼식이 한 커플 있습니다. 그 자매의 부모님은 다른 교회에 다닙니다. 그런데 결혼식이 있어서 저와 만나게 되었습니다. 식당에서 저희 부부와 만나서 식사를 같이 했는데, 그 부모님이 그 딸이 믿음으로 잘 자란 것이 다 하나님의 은혜라고 얼마나 진심으로 고백을 하는지요. 그냥 지나가는 말로 '하나님의 은혜입니다'라고 하는 것이 아니라 정말 마음에서 우러나오는 고백을 하였습니다. 그리고 또 목사님이 말씀으로 잘 길러 주셨다고 얼마나 저에게도 감사를 하는지 제가 그렇게 송구스러운 일이 근래에 없었습니다.

사람이 은혜를 알면 어떻게 합니까? 은혜를 알면 감사해야 합니다. 그러나 은혜를 모르고, 은혜를 느끼지 못하면 감사하지 않습니다. 마음이 냉랭해집니다. 그렇지요? 그래서 제가 느끼는 것이 이 세상을 살아가면서 하나님께서 내게 베풀어 주신 은혜를 깨닫는 것이, 사람이 내게 베풀어 준 은혜를 깨닫는 것이 얼마나 중요한 일인가를 알게 되었습니다. 하나님께서 여러분의 마음을 여시고, 여러분의 마음을 감동하여, 날마다 여러분의 삶에서 하나님의 은혜를 발견할 수 있기를 바랍니다. 그래서 하나님을 향하여 여러분의 마음이 열리고 하나님을 향하여 끊임없이 감사하면서 살아가시는 우리 성도님들이 다 되시기를 바랍니다.

셋째는, 오히려 그 생각이 허망하여진다고 했습니다.

허망해진다는 것은 어리석어지고 헛되고 허무해진다는 것입니다.

넷째는, 21절에 보니 미련한 마음이 어두워졌다고 말씀합니다.

하루의 날만 어두워지는 것이 아니라 마음도 어두워집니다. 가로등이 없는 시골, 달이 없는 날 밤에 밖에 나가면 어디가 어디인지 캄캄해서 잘 알 수가 없습니다. 그러면 길을 잃기가 쉽습니다. 방향을 잃기 쉽습니다. 시골 사람들이 논둑을 걸어가다가 밑으로 툭 떨어져 낙상사고가 나서 다리나 팔을 부러뜨려 병원에 입원하는 일들이 있는데, 낮에는 그런 일이 잘 일어나지 않습니다. 왜 그렇습니까? 날이 밝으니까요. 그러나 밤엔 어두워서 잘 안 보이니까 사고가 쉽게 나는 것입니다. 범죄한 우리 인생이 그렇다는 것입니다. 하나님을 거부하는 인생의 마음이 그렇다는 것입니다. 마음이 어두워져서 삶의 방향과 목적을 상실하고 헤매게 되는 것입니다. 자기 딴에는 방향을 잡아서 바르게 산다고 걸어가는데, 실은 정말로 걸어가야 될 인생의 참된 길을 걷지 못하고 삶을 헤매며 나락으로 떨어지는 인생이 되었다는 것입니다.

다섯째는, 22절 말씀인 스스로 지혜 있다 하나 어리석게 되었습니다. 어떤 사람은 IQ가 높아서, 또는 공부를 많이 해서 내가 누구보다도 지혜롭다고 생각합니다. 그런데 하나님께서는 무엇이라고 말씀하십니까? "스스로 지혜 있다 하나 어리석게 되어." 영어성경에는 "They became fools", 즉 그들은 바보가 되었다고 합니다.

여섯째는, 23절 말씀으로 "썩어지지 아니하는 하나님의 영광을 썩어질 사람과 새와 짐승과 기어다니는 동물 모양의 우상으로 바꾸었느니라"입니다.

한마디로 참 하나님이 아닌 우상을 숭배한다는 것입니다. 창조자 하나님을 섬겨야 될 것인데, 하나님을 섬기지 않고 하나님이 지어놓은 피조물들, 하나님이 지으신 것들을 신으로 경배하고 높인다는 것입니다. 고래로 태양을 숭배한 민족들이 많았습니다. 이집트, 성경에는 애굽이라고 나오는데, 그들이 섬긴 제일 큰 신이 '라'고 하는 태양신이었습니다.

아브라함이 하나님의 부르심을 받기 전에 살았던 고향이 어디입니까? 갈대아 우르라는 곳입니다. 갈대아 우르는 그 장소가 최초 문명의 발상지였던 메소포타미아였습니다. 세계에서 가장 앞서가던 도시였는데, 현재는 그곳이 다 모래에 묻히고 사라졌습니다.

그런데 아브라함이 하나님의 부르심을 받기 전에 무엇을 섬겼을 까요? 여호수아 24장에 보면 여호수아가 마지막 연설을 하는데, 그 가 말하기를 강 저편에서 다른 신들을 섬겼다고 했습니다.

20세기 초에 네오나르도 울리 경이라는 분이 발굴단을 데리고 갈대아 우르라고 예측이 되는 곳에 가서 모래를 파고 발굴을 하기 시작했는데, 발굴하는 데 성공을 했습니다. 그곳이 그 시대에 최고 로 앞서가는 최첨단 문화도시라는 것을 알게 되었습니다. 그런데 그중에 더 놀라운 일은 큰 신전이 발굴되었는데, 그 신전이 난나르 라고 하는 달 신을 섬기는 신전이었습니다. 아브라함이 이 달을 신 으로 섬기는 일을 했다는 것입니다. 그런데 우리 하나님께서 그를 불러내어 여호와 하나님이 참 신임을 알게 하여 주셨다는 것입 니다.

사람은 사람을 신으로 숭배하기도 합니다. 성경에 나오는 바벨론 의 황제들은 자기들을 신의 아들로 숭배하게 했습니다. 로마 황제 들은 상당수가 "Caesar is lord", 즉 '시저는 주님이시다'라고 해서 황 제 숭배를 종용했습니다.

그런데 다른 종교를 믿는 사람들은 자기 종교도 믿고 황제 숭배 도 아무 문제가 될 게 없었습니다. 그러나 기독교는 큰 문제가 되었 습니다. 기독교는 유일신 사상을 가지고 있기 때문입니다. 여호와 외에는 다른 신은 없다는 것입니다. 다른 종교는 다 황제숭배를 하는데 우리 기독교는 하지 않았습니다. "예수님이 그리스도 주이시다" 하면서 절대로 용납을 하지 않았습니다. 이에 수많은 기독교인들이 원형 경기장에서 목숨을 잃었습니다. 순교를 한 이유가 바로 황제 숭배를 하지 않았기 때문입니다.

북한의 김씨 3대가 어떻게 하고 있습니까? 자기 자신들을 신격화합니다. 자기들의 권위를 높이기 위해서입니다. 천주교에서는 마리아에게 찬송합니다. 아베 마리아라는 것이 무슨 뜻입니까? 마리아를 찬양한다는 말입니다. 마리아를 찬양하고 마리아에게 기도합니다. "성모여 우리 기도를 들어주소서" 하며 기도합니다. 그것은 잘못하고 있는 것입니다. 인간은 결코 숭배의 대상이 아닙니다.

그런가 하면 사람보다 훨씬 못한 새와 짐승과 동물을 섬기기도 합니다. 옛날 이집트에는 신들이 많았습니다. 그중에 하나가 하포르라 하는 암소 여신이 있었습니다. 제가 성지 순례를 두 번 갔었는데, 한 번은 이집트에 가서 국립고고학 박물관에 들어갔는데 미이라가 있었습니다. 교과서에 나오는 것들을 많이 구경했습니다. 마지막에 나오려고 하는데 그 옆에 소 형상이 있는데, 소가 한 마리 서 있는 것입니다. 시내 산에 있었던 금송아지 생각이 났습니다. 이스라엘 백성이 출애굽해서 시내 산 아래서 언약을 맺고 모세가 시내 산에 올라갔는데, 지도자 모세가 오랫동안 내려오지 않자 불안한 마음에 금을 모아서 금송아지를 만들었습니다. 왜 하필이면 금송아지를 만들었을까? 애굽 사람들이 그 송아지를 만들어 섬기는 것을 보았던 것입니다. 자기들이 본대로 아는 대로 하는 겁니다. 이 사건을 기록한 시편 106편 19-20절을 보십시오.

"그들이 호렙에서 송아지를 만들고 부어 만든 우상을 경배하여
자기의 영광을 풀먹는 소의 형상으로 바꾸었도다."

송아지 하면 뭐가 생각납니까? 펄쩍펄쩍 뛰는 모습이 생각나지
않습니까? 여기저기에 똥을 누기도 하고, 엄마 젖을 머리로 쥐어박
으며 젖을 빨기도 하고, 되새김질을 하기도 하는 모습을 생각하게
됩니다. 그런 송아지 형상을 만들어 놓으면 하나님의 영광이 크게
올라갑니까? 완전히 하나님의 영광을 격하시키는 것입니다.

사람이 이 세상에 있는 피조물의 어떤 모습을 만들어 놓을지라
도, 하나님의 크신 영광을 비슷하게 만들어 주는 것은 없습니다.
하나님의 영광을 다 격하시키는 것입니다. 그래서 하나님께서 우상
을 만들지 말라고 하시는 것입니다.

고대인들은 주로 형상을 가진 우상을 많이 섬겼습니다. 그런데
똑똑한 우리 현대인들은 모습이 없는 우상들을 많이 섬깁니다. 오
늘날의 우상은 무엇입니까? 내가 하나님보다 더 사랑하는 것이 우
상입니다. 나에게 없으면 안 되는 것, 그런 것 없이 못 살겠다고 하
는 것, 그것이 내 안에 있으면 그것이 우상입니다. 하나님보다 내가
더 깊이 빠지는 것이 있다면 그것이 바로 우상인 것입니다. 내가
이 시대의 문화에 중독되어 있다면 그것이 우상입니다. 내가 하나
님보다 더 우선순위에 놓고 살아가는 것이 있다면 그것이 우상이
요, 내가 하나님보다 영향을 많이 받는 것이 있다면 그것이 우상입
니다. 그것은 돈일 수도, 명예일 수도, 쾌락일 수도 있고, 인터넷일
수도 있고, 핸드폰일 수도 있습니다. 아이폰일 수도 있습니다.

하나님을 믿고 섬긴다면서 실제로는 이런 우상을 섬기는 신자들

이 있습니다. 그런데 우리 하나님이 가장 미워하시는 죄, 우리 하나님이 가장 금하시고 가장 진노하시는 죄가 무엇입니까? 성경에 보면 우상 숭배의 죄입니다. 자기 안에 우상이 있는 사람은 절대로 하나님을 영화롭게 할 수가 없습니다. 우상이 있는 사람은 우상을 기쁘게 하고 우상을 영화롭게 할지언정 하나님을 위해서는 살아갈 수 없는 것입니다.

여러분이 가진 우상은 없습니까? 이 시간 하나님 앞에 여러분의 금송아지를 박살내시기 바랍니다. 여러분의 우상을 산산조각 내시기를 바랍니다.

우리나라 대학에서 총장 생활을 가장 오래 하신 분이 누군지 아십니까? 이번에 은퇴하시는 한동대학교 김영길 총장입니다. 지금까지 20여 년을 총장을 하셨는데, 우리나라가 자랑하는 과학자이며, 우리 한국교회를 대표하는 크리스천 중의 한 분입니다. 그분은 안동의 깊은 산골에서 뿌리 깊은 유교 가정에서 태어나 자랐습니다. 기독교 신앙은 전혀 없었습니다. 결혼을 하면서 아내와 약조를 하게 되었습니다. 예수 믿기로 약속을 하고서 결혼을 했는데, 아내를 따라서 억지로 교회에 끌려 다녔습니다.

그런데 생각해 보니, 자기가 유명한 과학자이고 가장 똑똑하다는 사람인데, 이렇게 교회에 끌려서 억지로 다녀서야 되겠는가, 기독교에 무엇이 있는지 한번 알아봐야 되겠다 해서 리빙 바이블이라고 하는 좀 쉬운 영어성경을 처음부터 쭉 읽기 시작했습니다. 뭔가 새롭게 느껴지는 것이 있고, 이해가 안 되는 것도 있었습니다. 그래서 교회에 있는 성경공부 반에 들어가 본격적으로 성경을 공부하기 시작했습니다.

그러다가 1975년에 하나님을 만나고 영적으로 거듭나게 되었습니다. 영적으로 거듭나니 온 세상이 새로워진 것 같았습니다. 무엇보다도 부부의 애정이 새롭게 회복되었습니다. 그리고 이분이 가장 좋아하는 것이 무엇이냐 하면 술이었습니다. 애주가였습니다. 그래서 자기 집에 조그마한 칵테일 바를 만들어놓고 즐겼는데, 에베소서 5장 18절 말씀에 "술 취하지 말라 이는 방탕한 것이니"라는 말씀을 읽고는, 자기 집 미니바에 있는 양주 약 30병을 다 따가지고 싱크대에 부어 버렸습니다. 이것은 너무 고급이고 아까우니까 몇 병만 남겨 두어야겠다고 하지 않고 다 부어 버렸습니다. 술은 그것으로 끝이 났습니다.

이 모습이 참된 신앙인의 모습이 아니겠습니까? 하나님 말씀에 어긋난 것은 아무리 사랑스럽고 귀한 것이라도 주저 없이 깨뜨려 버려야 하는 것입니다. 하나님은 그런 사람을 사랑하십니다. 하나님은 그런 사람을 붙들고 쓰십니다. 하나님은 그런 사람을 통하여 영광을 받으시기 원하십니다.

하나님의 진노가 인류에게 나타난 이유가 무엇입니까? 하나님은 사람을 지으실 때 하나님을 알 수 있게 지으셨습니다. 본성적으로 하나님을 알 수 있도록, 그리고 천지만물 피조물을 통하여, 하나님의 영원한 신성과 능력이 들어있는 이 피조물을 통하여 하나님을 깨달아 알 수 있도록 지으셨습니다.

그런데도 우리는 하나님을 일부러 거역하고, 부인하고, 지워버리고, 우리 하나님께 영광을 돌리지도 아니하고, 감사하지도 아니하고, 생각이 헛되어지고, 마음이 어두워졌습니다. 그리고 어리석게도 하나님이 지으신 많은 피조물들, 즉 사람, 버러지 형상, 여러 가지 동물의 형상을 만들어서 우상을 섬겼다는 것입니다. 그래서 하나님의 진노가 나타나는 것입니다.

인류가 하나님과 하나님의 뜻을 전혀 알지도 못하는데 하나님을 섬기지 않는다고 진노하셨습니까? 아닙니다. 그러면 우리 하나님이 잘못이지요. 하나님을 알 만한데 하나님을 섬기지 않고 자기가 주인이 되어서 자기 욕심대로 살기 때문에 하나님이 진노하시는 겁니다. 예레미야 10장 10절을 보십시오.

"오직 여호와는 참 하나님이시요 살아 계신 하나님이시요 영원한 왕이시라."

여러분, 우리가 섬기는 여호와 하나님이 참 하나님이심을 믿습니까? 영원하신 하나님, 살아 계신 하나님이심을 믿습니까? 세상에 신이라고 자들이 많고 주라고 하는 자들이 많지만 참된 신, 살아 계신 신은 오직 우리가 섬기는 여호와 하나님밖에 없는 것입니다.

하나님께서 여기 있는 우리를 특별히 사랑하셔서 불러주시고, 구원해 주시고, 예수 그리스도를 통하여 자기 자신을 확실히 알도록 만들어 주셨습니다. 이 하나님과 하나님의 뜻을 더욱 깊이 알아가시는 여러분이 되시기를 바랍니다.

14

로마서 1:24-27

하나님이 내버려
두실 때(1)

"그러므로 하나님께서 그들을 마음의 정욕대로 더러움에 내버려
두사 그들의 몸을 서로 욕되게 하게 하셨으니 이는 그들이 하나
님의 진리를 거짓 것으로 바꾸어 피조물을 조물주보다 더 경배
하고 섬김이라 주는 곧 영원히 찬송할 이시로다 아멘 이 때문에
하나님께서 그들을 부끄러운 욕심에 내버려 두셨으니 곧 그들의
여자들도 순리대로 쓸 것을 바꾸어 역리로 쓰며 그와 같이 남자
들도 순리대로 여자 쓰기를 버리고 서로 향하여 음욕이 불 일듯
하매 남자가 남자와 더불어 부끄러운 일을 행하여 그들의 그릇
됨에 상당한 보응을 그들 자신이 받았느니라"

영어 단어에 'uncertain'이라는 것이 있습니다. 그 뜻은 '불확실한'
이라는 뜻입니다. 오늘의 시대를 가장 잘 보여주는 말 중에 하나라
고 볼 수 있습니다. 그래서 우리 시대를 '불확실성의 시대'라고 말하
는 것입니다. 국가나 개인의 장래도 옛날에는 안 그랬는데 지금은

상당히 불확실합니다. 정치와 경제도 상당히 불확실합니다. 사람들이 가지고 있는 생각, 가치관, 윤리관도 불확실하여 흔들리고 변하기도 합니다.

이러한 불확실한 시대에 변하지 않고 영원한 것 두 가지가 있습니다. 하나는 우리 하나님 이십니다. 우리 하나님은 영원하신 하나님입니다. 그렇기 때문에 여러분들은 "주 나의 반석이시니 그 위에 내가 서리라"라는 찬송가처럼 주님 위에, 하나님 위에 굳게 서는 성도가 되시기를 바랍니다.

또 한 가지 영원한 것, 절대로 변치 않는 것이 있습니다. 그것은 하나님의 말씀입니다. 이사야서 40장에 보면 "풀은 마르고 꽃은 시드나 여호와의 말씀은 세세토록 있도다"라고 하였습니다. 세상의 진리라는 것은 어제는 진리였던 것이 오늘은 진리가 아닌 것이 되기도 합니다. 그러나 하나님의 말씀은 영원한 진리요 절대 진리가 됩니다. 그러므로 하나님의 말씀 위에 굳게 서시는 여러분들이 되시기를 바랍니다.

오늘도 하나님의 위대한 진리의 말씀을 통해서 인간의 죄에 대해서 우리 자신에 대해서 이 시대에 대해서 바르게 깨닫고 은혜받는 시간이 되시기를 바랍니다.

지난 주일에 우리 인간은 본성적으로, 또 자연 만물을 통하여 하나님을 알 수 있다고 하였습니다. 하나님을 알 수 있게 지었는데 우리 인간은 그 하나님을 거역하고 어떻게 합니까? 하나님을 영화롭게도 하지 않고 감사하지도 아니하고 그 생각이 허망하여졌다고 하였습니다. 그래서 창조주 하나님을 섬기지 아니하고 그 하나님이 지으신 피조물을 섬기고 창조주 하나님께 돌아가야 될 그 영광을 피조물에게 돌렸다고 하였습니다. 그것이 오늘 본문 25절에 요약이 되어 있습니다. 25절을 보십시오.

"이는 그들이 하나님의 진리를 거짓 것으로 받고 피조물을 조물주보다 더 경배하고 섬김이라."

이 내용을 한 단어로 요약할 수 있습니다. 지금까지 들은 로마서 설교를 생각해 보면, 이 하나님을 잘못 섬기는 것을 무엇이라고 했습니까? '불경건'이라 했습니다. 우리 하나님은 자신의 욕망을 위해서 하나님을 거절하고 불경건한 사람들을 어떻게 하십니까? 24절을 보면 "내버려 두사"라는 말씀이 있습니다. 26절에서도 "내버려 두셨으니"라고 하였고, 그 다음 28절에서도 "마음대로 내버려 두사"라고 하였습니다. 한마디로 내버려 두십니다.

먼저 생각할 것은, 하나님의 내버려 두심입니다.

인간의 부패와 타락에 대한 하나님의 1차적인 대응은 내버려 두심입니다. 이 말은 무서운 말입니다. 내버려 둔다는 것은 하나님이 당신의 관심과 당신의 사랑을 인간에게서 끊어버린다는 말입니다. 더 이상 생각지도 아니한다는 것입니다.

그런데 이렇게 하면 인간이 자기의 죄를 회개하겠습니까? 더 심하게 타락하는 것입니다. 브레이크를 하나님께서 잡아 주고 또 잡아 주는데도 잡히지 않고 계속 자기 마음대로 튀어 나가려고 하면 하나님이 나중에는 브레이크를 잡아주지 않습니다. 그러면 인류라고 하는 차가 어떻게 되겠습니까? 급경사에 가속이 붙어 내려가서 낭떠러지에 떨어진다든지 아니면 어떤 물체에 크게 충돌해서 박살이 나게 되는 것입니다. 그러므로 내버려지는 사람이 되면 안 됩니다.

선생님이 포기하고 내버려 두는 학생이 되면 안 됩니다. 부모가 포기하고 내버려 두는 자녀가 되면 안 됩니다. 자녀가 잘못하면 부모가 어떻게 합니까? 부모가 근심합니다. 달래기도 하고, 잔소리도 하고, 어제 했던 잔소리 오늘 또 계속하기도 하고, 때로는 폭력을 행사하기도 합니다. 자녀 입장에서는 그것이 서럽고 억울할지 몰라도, 그것은 아직도 부모님이 나에게 관심이 있고 나를 사랑한다고 하는 표현인 것입니다.

사랑하지 않고 관심이 없으면 잔소리도 하지 않는 것입니다. 그런데 하다하다 안 되면 어떻게 합니까? '될 대로 되라. 제 인생 제가 살지' 하면서 내버려 두게 됩니다. 이것은 정말 불행한 일이 아닐 수 없습니다. 자녀들은 부모님의 뜻에 순종해야 합니다.

성경말씀에 보면 말세가 되면 우리 자녀들이 부모의 말을 거역한다고 했습니다. 그 말씀의 예언대로, 이 시대를 흐름을 따라 부모를 거역하는 자녀들이 많이 있습니다. 부모가 두 손 들고 내버려 두는 자녀들이 많아지는 이때에, 여러분들은 부모가 내버려 두는 그런 자녀가 절대 되지 마시기를 바랍니다.

하나님과의 관계도 그렇습니다. 하나님을 섬기면서 하나님의 뜻이 무엇인지 알면서도 그 하나님의 뜻을 따르지 않고 자기 생각, 자기 고집, 자기 욕심을 따라서 불순종하는 자녀들이 있습니다. 물론 우리 하나님은 오래 참으시는 하나님이십니다. 우리 하나님께서 목사를 통하여, 이 강단에서 설교를 통하여 경고하시고 말씀하시고 권면하시고, 또 교사들을 통하여, 옆에 있는 성도들을 통하여, 우리의 잘못을 하나님께서 터치하시고 고치려고 하시는데도 불구하고, 그 말을 듣지 않고 고치지 않으면 하나님께서 결국에는 어떻게 하시겠습니까? 내버려 두시는 것입니다. 내버려 두시는 것은 일종의 심판이고 형벌입니다. 그러므로 하나님을 믿고 하나님께 순종하는 자가 되시기를 바랍니다. 하나님이 내버려 두는 성도가 되지 마시기 바랍니다. 그런데 불경건한 인간을 하나님이 내버려 둔다고 했습니다.

하나님이 내버려 두시면 어떻게 될까요? 24절을 보시면 "그들의 몸을 서로 욕되게 하게 하셨다"라고 했습니다. 무슨 말씀입니까? 이 말씀은 그 다음에 나오는 26절과 27절에서 아주 구체적으로 기록되고 있습니다. 먼저 26절에 보면 "그들의 여자들도 순리대로 쓸 것을 바꾸어 역리로 쓰며"라고 했습니다. 순리대로 쓴다는 것은 자연적인 사용을 의미합니다. 하나님이 지으신 창조 질서를 따라서 자연스런 성관계를 갖는 것을 말하는 것입니다. 그런데 그것을 바꾸어서 역리로 쓴다는 것은, 하나님의 지으신 창조질서를 거스르는 방식으로 성관계를 갖는다는 것입니다.

이것을 가리켜 동성연애라고 합니다. 영어로 호모섹스라고 하고 그런 여자를 레즈비언이라고 말합니다. 그런데 27절에 보면 또 다른 말이 나옵니다. "그와 같이 남자들도 순리대로 여자 쓰기를 버리고 서로를 향하여 음욕이 불일듯하매 남자가 남자를 향하여 부끄러운 일을 행하여"라고 하였습니다. 이 역시 동성연애입니다. 이것을 남색이라고 하고 그런 남자를 게이라고 합니다.

하나님이 죄인을 내버려 두시면 이 두 가지만 죄 짓는 것이 아닙니다. 29절을 보십시오. 여러 가지 죄악이 계속 나옵니다. 30절에 이어 31절까지 계속 나오지 않습니까? 하나님이 내버려 두시면 이렇게 되는 것입니다. 여러 가지 죄악 가운데 그냥 빠져들게 되는 것입니다. 그중에서도 성적으로 타락합니다. 성도덕이 무너지게 된다는 것입니다. 성에 대해서 성경은 무엇이라 말하는지 분명히 알아야 합니다. 하나님께서 천지를 창조하실 때에 우리 인간을 지으셨습니다. 우리 인간은 하나님의 걸작품이요, 창조의 최고 피조물입니다.

그런데 창세기 1장 27절에 보면 "하나님이 사람을 창조하시되 남자와 여자로 창조하시고"라고 했습니다. 남자와 여자로 창조하셨다는 말은 중요한 말씀입니다. 하나님께서 창세기 2장에 보면, 이 남자와 여자를 서로 맺어 주어서 결혼하게 하십니다. 결혼하게 하시고 하나님이 주례사로 한마디 하시는 말씀이 있습니다. "남자가 부모를 떠나 그 아내와 연합하여 한 몸이 될지니라"고 하였습니다. 이 첫 인간의 결혼, 성관계는 우리 전 인류의 모델이 되었고 교육이 되었습니다.

여기에 두 가지 분명한 진리가 나타나는데 하나는, 하나님이 사람을 남녀로 지었다는 것입니다. 하나님께서 남자와 여자로 지었다고 했지 중성으로 짓거나 다른 어떤 존재로 지으신 것이 아니라는 것입니다. 그리고 또 남녀로 결혼하게 하셨습니다. 남녀관계, 즉 이성관계가 아닌 동성애는 하나님께서 원하시는 것이 아니며, 하나님이 지으신 창조원리에도 맞지 않습니다. 제3의 성은 없습니다. 동성애는 분명한 죄악입니다. 또 한 가지는 하나님께서는 결혼관계를 위해서 성을 허락했습니다. 따라서 이성관계일지라도 결혼관계를 벗어나는 성관계는 하나님 앞에서 다 합당하지 않고 죄악이 된다는 것입니다.

요즘은 이성교제 시기가 하향추세를 타고 있다고 합니다. 저희들이 연애할 때에는 대학에 들어가서 연애하고 사귀고 데이트하고 그랬는데, 지금은 중학교 1학년부터 한다는 겁니다. 제 말이 아니고 신문에 분석해 놓은 것을 보았습니다. 우리는 길가에서 중학생들이 손잡고 다니는 것을 더러 봅니다. 그리고 이전보다 스킨십이 훨씬 더 많아진 것을 보게 됩니다. 결혼도 안 했는데 성관계를 가지는 비율이 이전보다 훨씬 높아졌습니다. '우리가 사랑하는데, 우리 몸인데 누가 상관하랴? 우리가 사랑하는데 성관계를 가진들 무엇이 잘못이냐?' 많은 젊은이들이 그렇게 생각하고 주장합니다.

그러나 분명히 알아야 할 것은, 하나님께서는 아담과 하와를 결혼 관계 내에서 "둘이 하나가 될지니라"고 말씀하셨다는 점입니다. 그리고 구약성경의 다른 곳을 보면 결혼 전에 남녀가 성관계를 가지면 벌금을 내도록 했습니다. 하나님께서는 결혼관계 내에서는 성을 허락하셨지만, 그 나머지는 하나님 앞에서 잘못이요 죄라는 것을 말씀하시는 대목입니다. 특별히 그중에서도 동성 간의 모든 성애는 하나님께 반역하는 큰 죄가 된다는 것입니다.

성경 몇 구절을 보겠습니다. 예레미야 18장 22절입니다.

"너는 여자와 동침함같이 남자와 동침하지 말라 이는 가증한 일이니라."

레위기 20장 13절을 보십시오.

"누구든지 여인과 동침하듯 남자와 동침하면 둘 다 가증한 일
을 행함인즉 반드시 죽일지니 자기의 피가 자기에게로 돌아가
리라."

또 고린도전서 6장 9-10절을 보십시오.

"불의한 자가 하나님의 나라를 유업으로 받지 못할 줄을 알지
못하느냐 미혹을 받지 말라 음행하는 자나 우상 숭배하는 자
나 간음하는 자나 탐색하는 자나 남색하는 자나… 하나님의
나라를 유업으로 받지 못하리라."

불의한 자는 하나님의 나라를 유업으로 받지 못한다고 했습니
다. 마찬가지로 남색하는 자, 동성연애 하는 자도 하나님 나라에
들어갈 수 없다고 말하고 있습니다. 동성연애가 죄인 것을 분명히
말씀하는 것입니다. 그런데 역사를 보면, 하나님의 뜻에 반한 동성
연애가 어느 시대나 계속해서 있었습니다.

성경에 보면 창세기에 소돔과 고모라가 동성연애로 유명했던 성
입니다. 사사기를 자세히 읽어 보면, 사사기 19장에 기브아라고 하
는 베냐민 지파에 속한 성이 나옵니다. 한 제사장 레위인이 있었는
데, 그의 첩이 멀리 도망을 갔습니다. 그 첩을 데리고 돌아오는 길
에 밤이 어두워 그 기브아 성에 머무르는데, 사람들이 와서 오늘
이 집에 들어온 남자를 내놓으라고 합니다. 무슨 말입니까? 그 기
브아 성도 동성애가 만연하던 곳이었습니다. 헬라 로마 시대에도
동성애가 만연했습니다. 그래서 로마서에도 그에 대한 기록이 있고,

고린도전서에도 역시 그 말씀이 기록되어 있는 것입니다.

현대에는 이 동성애가 개방화되고 합법화되었습니다. 2001년도에 네덜란드가 세계 최초로 동성연애와 동성 결혼을 합법화했습니다. 지금 세계 17개국이 동성연애와 결혼을 합법화 했습니다. 여러 나라가 점점 합법화하는 추세에 있습니다. 더욱이 미국의 두 기독교 교단이 동성애를 허락하고 동성애자를 목사로 안수했습니다. 얼마나 두려운 일입니까? 얼마나 타락한 세상입니까? 하나님의 뜻이 성경에 너무나도 분명히 나와 있는데, 세상은 그렇게 타락해 갈지라도 하나님의 교회에서는 절대로 있어서는 안 되는 일이 일어나고 있는 것입니다. 어떻게 하나님이 가장 싫어하시는 동성애를 인정하고 목사로 세우는 일이 교회 안에 있을 수가 있습니까?

우리는 분명히 하나님께서 교훈하시는 바를 우리의 도덕과 가치 판단의 기준으로 확실하게 가져야 합니다. 이것이 잘못인 줄을 분명히 알아야 한다는 것입니다. 우리나라에서도 동성연애자들의 소리가 높아지고 있습니다. 이성의 결혼이 결혼이듯 동성의 결혼도 결혼이라고 말합니다.

그런데 우리나라에서도 지난 9월에 서울에서 남자끼리 최초로 결혼한 일이 벌어졌습니다. 마흔 몇 살짜리 남자와 스물 몇 살 남자가 결혼을 했습니다. 우리나라에서는 법적으로 인정이 되지 않습니다. 그렇지만 동성연애를 미워하고 조장하여 개방화, 합법화하려는 시도가 계속 일어나고 있습니다. 그날 천 명이 모였다고 합니다. 거기 모인 자들은 다 동성연애에 대해서 좋게 생각하는 이들입니다. 우리 사회가 그렇게 흘러가고 있습니다. 그러나 우리는 이 일이 하나님의 창조 질서를 벗어난 일이요, 하나님께서 말씀으로 엄히 금하고 계시며 하나님께서 증오하시는 부끄러운 죄악임을 잊지 말고 분명히 선을 그어야 하는 것입니다.

그런데 왜 동성애가 생기는 것입니까? 이에 대해 생각해 보신 적 있습니까? 하나님은 분명히 남자와 여자로 지으셨다고 했는데, 이것은 도대체 어디에서 나온 것입니까? 인간의 범죄로 인한 타락의 결과입니다. 인간이 범죄하고 나서 괴로운 일이 많이 생기고, 힘든 일이 많이 생기고, 변칙적인 일이 많이 생기고, 희귀한 병도 많이 생기고 하니까 그와 같은 일이 생긴 것입니다.

어떤 사람들은 선천적으로 질병과 장애를 가지고 태어나고, 또 어떤 사람들은 이 세상에 태어나서 후천적으로 질병이나 장애를 가지게 됩니다. 동성연애도 그렇습니다. 어떤 사람들은 동성애적으로 태어납니다. 그런데 어떤 사람들은 후천적으로 동성애자가 됩니다. 누나들 사이에 자라서 여성성이 심어진다든지, 이성과의 성관계가 좀 지루해져서 뭔가 특별하고 자극이 있는 이상한 성을 추구하다 보니 동성애를 하기도 하고, 게이 포르노를 보다가 동성애에 자극을 받아 그렇게 되기도 하고, 또 감옥이나 수도원, 군대 같은 폐쇄적인 사회에서 정상적으로 성관계를 하지 못하니까 동성애로 흘러가는 모습들도 보이는 것입니다.

그렇다면 이제 이 동성애에 대해서 어떻게 해야 되겠습니까? 사람이 질병이나 암을 가지고 있으면 치료를 해야 합니다. 암을 더 키우려고 해서는 안 되는 것입니다. 반드시 치료해야 하는 것입니다. 동성애도 마찬가지입니다. 사람마다 동성애성이 조금은 있다고 합니다. 그것이 조금씩은 다 있는데 이 동성애적인 부분을 자극하거나 발전시켜서는 안 된다는 것입니다. 잘못된 성적 욕망을 따라가지 말고 올바른 성적 욕망을 추구해야 된다는 말씀입니다. 동성애는 불치의 병이 아니라고 합니다. 이것이 악한 것인 줄 알고 끊으려고 결단을 하고 기도하고 노력하고 치료하면 치료가 된다고 합니다.

우리에게는 믿음이 있습니다. 전능하신 하나님 안에서 우리 인생에게 불가능한 것이 무엇이 있겠습니까? 그리고 사도 바울은 말씀했습니다.

"누구든지 그리스도 안에 있으면 새로운 피조물이라."

새것이 된다고 했습니다. 우리 인생이 범죄하여 여러 가지 장애와 정신적인 왜곡으로 잘못된 동성애성을 가질 수 있지만, 예수 그리스도 안에 있으면 새로운 피조물이 된다는 것입니다. 그러니 얼마든지 고쳐 나갈 수 있는 것입니다. 그리고 동성애에 빠진 사람들을 손가락질하고 정죄할 것이 아니라 그들을 사랑하고 이해하고 거기에서 빠져 나올 수 있도록 도와주어야 됩니다.

사람이 동성애자로 태어난 것은, 우리 인간의 타락의 결과이지 개인의 죄의 결과라고 할 수 없습니다. 그러므로 동성애자의 인권을 존중해 주어야 합니다. 불쌍히 여겨야 되고, 고칠 수 있게 도와주어야 합니다.

마지막으로 생각할 것은, 27절 말씀입니다.

"그들의 그릇됨에 상당한 보응을 그들 자신이 받았느니라."

합당한 벌을 받았다는 것입니다. 성경과 역사를 보면, 이 동성애는 가장 타락한 시대에 활발하게 나타납니다. 그리고 이 동성애 이후엔 반드시 하나님의 심판이 따라 나옵니다. 하나님께서는 여러 가지 죄악에 대해서 참고 또 참으시지만, 마지막에 이 동성애가 나타날 때는 더 이상 보지 못하시고 진노하셔서 심판하신다는 것입니다.

소돔과 고모라를 기억하십니까? 소돔과 고모라 성지에 가면 사해가 있습니다. 사해는 말 그대로 죽은 바다입니다. 요단강에서 물이 흘러 내려오는데 아래에서는 빠져 나갈 곳이 없습니다. 그리고 뜨거운 햇볕에 물이 자꾸 증발만 하니까 짠물이 되는 것입니다. 지금은 바닷물보다 10배로 짜다고 합니다. 그곳엔 어떤 생물체도 살지 못합니다. 그래서 죽은 바다라고 하는 것입니다. 사해바다 근처에 소돔과 고모라성이 있었다는 것입니다.

아브라함 시대에 어느 날 하나님의 천사가 이 성에 들어갔습니다. 심판 전에 아브라함의 조카 롯을 구원해 내려고 그 성 안으로 들어갔습니다. 밤이 되자 그 소돔성에 있는 남자 어른들하고 아이들이 이 집에 횃불을 들고 몰려들었습니다. 그리고는 "이 집에 들어온 남자를 내놓아라, 우리가 상관하리라"고 합니다. '상관하리라'는 말은 '관계를 갖겠다'는 것입니다. 이를 통해 알 수 있는 것은, 이 소돔성에 남색이 얼마나 만연되어 있는가 하는 것입니다. 그러자 하나님께서 그 몰려든 사람들의 눈을 멀게 했습니다. 그리고 그 다음 날 하나님께서 하늘을 열어 유황과 불을 비처럼 내리셔서 그 성이 완전히 잿더미가 되게 하셨습니다.

고대 유적을 발굴하는 고고학자들이 브엘세바나 세겜 등 구약에 나오는 장소들을 많이 찾아냈습니다. 그런데 소돔과 고모라는 정확하게 어디인지를 알지 못합니다. 왜 그럴까요? 하나님이 그곳을 잿더미로 만드셨기 때문에 찾을 수가 없는 것입니다. 그들은 자기 죄에 합당한 보응을 받은 것입니다.

저는 한 동성애자의 양심고백 전문을 신문에서 읽은 적이 있습니다. 신문 한 페이지를 가득 채운 내용이었습니다. 어릴 때에 누나들 밑에서 여장놀이를 하고 인형 놀이를 하면서 자라서 남성성이 자라지 못했다는 것입니다. 그래서 초등학교 고학년 때부터 동성연애자가 되어서 대학에 들어와 종로와 이태원 쪽에 있는 동성애자 커뮤니티가 있어서 거기 가입하고 동성애자로 살았다는 겁니다. 나이 29살이 되어서야 그것이 잘못인 줄 알고, 이러다가 내 인생 망하겠다 싶어서 거기서 빠져나와 치료를 받기 시작했는데, 6년이 지난 지금은 여성과 교제를 할 수 있을 정도로 치료가 되었다는 것입니다.

그 글을 읽어 보면, 그들은 동성애자 찜질방이라는 곳을 간다는 겁니다. 거기서 벌써 눈치를 보면 자기들끼리는 다 안답니다. 거기서 맞는 사람들하고 짝하고 성관계를 갖고 하는데 남자는 항문으로 하지 않습니까? 성병 감염률이 아주 높아서 여러 가지 성병에 시달린다고 합니다. 그런 곳에 모이는 사람들은 100% 에이즈 환자라는 것입니다. 에이즈는 바로 천벌이라고 하지 않습니까? 이 마지막 시대에 하나님께서 주시는 천벌이라는 것입니다. 뿐만 아니라 항문과 괄약근 부근이 완전히 파괴되어 변이 줄줄 그냥 흘러내린다는 것입니다. 그런 사람들은 나이가 들면 정신적으로나 육신적으로 망가져서 아주 비참한 모습으로 살게 된다는 것입니다. 이것이 바로 성경에서 말한 "상당한 보응을 받았느니라"는 말씀입니다. 하나님 앞에 너무 악한 죄를 지으니까 받는 벌입니다. 소돔과 고모라도 그렇고 요즘 이 시대에도 그렇습니다. 그에 합당한 벌을 받는 것입니다.

우리는 말씀을 통해서 인간이 하나님을 알 수 있고 하나님을 섬길 수 있는데도 섬기지 않고 영화롭게도 아니하고 감사하지도 아니하고 도리어 우상을 섬기는 것, 즉 불경건하게 살아갈 때에 하나님께서 그들을 내버려 두시는 것을 보았습니다. 하나님이 내버려 두시니까 인간의 양심의 보루가 무너져서 온갖 죄악을 저지르게 되는데, 그중에 대표되는 것이 성적인 타락, 성적인 죄악이고, 그중에서도 가장 대표적인 것이 동성애라는 것을 알게 되었습니다.

동성애는 하나님의 진노의 결과이자 진노의 원인이 됩니다. 곧 하나님의 심판의 원인이 되는 것입니다. 저와 여러분은 하나님의 특별한 사랑과 은혜를 입어서 구원을 받고, 참신이신 하나님을 섬기는 사람이 되었습니다. 이제는 절대로 하나님이 내버려 두시는 자가 되지 않도록 우리 하나님을 잘 섬기고 하나님 말씀에 순종하면서 살아가시기를 바랍니다. 또한 이 시대에 만연된 성적인 부도덕, 즉 동성연애는 하나님이 반드시 심판하시고 벌주시는 죄라는 것을 깊이 깨달아야 하겠습니다. 욥은 악에서 떠난 자라고 했습니다. 오늘 우리도 이러한 죄를 멀리하고 이 죄에서 떠난 자가 다 되시기를 간절히 바랍니다.

15

로마서 1:28-32

하나님이 내버려
두실 때(2)

"또한 그들이 마음에 하나님 두기를 싫어하매 하나님께서 그들
을 그 상실한 마음대로 내버려 두사 합당하지 못한 일을 하게 하
셨으니 곧 모든 불의, 추악, 탐욕, 악의가 가득한 자요 시기, 살
인, 분쟁, 사기, 악독이 가득한 자요 수군수군하는 자요 비방하
는 자요 하나님께서 미워하시는 자요 능욕하는 자요 교만한 자
요 자랑하는 자요 악을 도모하는 자요 부모를 거역하는 자요 우
매한 자요 배약하는 자요 무정한 자요 무자비한 자라 그들이 이
같은 일을 행하는 자는 사형에 해당한다고 하나님께서 정하심을
알고도 자기들만 행할 뿐 아니라 또한 그런 일을 행하는 자들을
옳다 하느니라"

여러분, 묵혀둔 밭을 혹시 본 적 있습니까? 아마 못 보신 분도
있을 것입니다. 저는 어려서 시골에 살았기 때문에 많이 보았고, 지
금도 성안의 길을 걸으면서 더러 보고 있습니다. 작년에는 참 농사
가 잘 되었던 옥토인데, 올해는 무슨 이유인지 주인이 그 땅을 버려

두었단 말입니다. 그러면 어떻게 되겠습니까? 그 밭이 올해도 그대로 깨끗하게 남아 있겠습니까? 거기에는 온갖 잡초 씨가 날라 들어와 잡초가 자라게 되는데, 우리 남자 키보다 더 크게 자라납니다. 그래서 온 밭 가득히 자라서 마치 정글과 같이 되어 사람이 들어갈 수도 없게 되는 것입니다. 일 년만 관리를 안 해도 그렇게 됩니다.

이처럼 범죄한 우리 인생도 하나님이 그냥 버려두시면 온갖 죄악의 잡초가 무성히 자라나게 되는 것입니다. 오늘 본문 말씀이 바로 그것을 보여줍니다. 28절을 보면 "상실한 마음대로 내버려 두사"라고 하였습니다. 하나님이 타락한 사람을 내버려 두실 때에 어떻게 되는가를 보여주는 것입니다. 내버려 두신다는 말은 24절, 26절과 오늘 본문에 세 번째로 나옵니다.

하나님께서 사람들을 내버려 두신 이유와 내버려 두심의 결과가 무엇인지를 살펴보고, 앞으로 우리가 어떻게 해야 될 것인지 우리의 자세에 대해 말씀을 전할 때에 은혜의 시간이 되시기를 바랍니다.

먼저 생각할 것은, 왜 하나님께서 사람들을 타락한 마음대로 내버려 두셨는가 하는 것입니다.

내버려 두심의 원인이 무엇입니까? 28절을 보십시오.

"또한 그들이 마음에 하나님 두기를 싫어하매."

마음에 하나님 두기를 싫어한다고 했습니다. 사람은 타락했음에도 불구하고 인간의 본성상, 그리고 자연만물을 통하여 하나님을 알 만한 것이 그 속에 있다고 했습니다. 어느 정도 하나님의 능력과 신성을 알 수 있다고 했습니다. 그런데 그 마음에 하나님 아는 지식을 두기 싫어한다는 것입니다. 하나님을 마음에서 쫓아내 버리기를 원한다는 것입니다. 이것이 바로 죄인의 본성입니다. 죄인은 하나님을 마음에 두기를 싫어하는 것입니다. 하나님 의식을 뇌 가운데서 떨쳐 버리기를 원한다는 것입니다.

우리는 탕자 비유를 잘 알고 있습니다. 탕자는 아버지의 간섭, 아버지의 말씀, 아버지의 지도를 받는 것이 싫어서 자기의 상속 받을 재산을 미리 달라고 아버지에게 조릅니다. 그리고는 자기의 재산을 받아가지고 먼 나라로 떠났습니다. 왜 먼 나라로 갔을까요? 아버지가 모르는 곳, 아버지를 잊을 만한 곳, 아버지가 없는 곳으로 간 것입니다. 아버지 하나님 없이 살고 싶은 마음, 아버지 하나님을 떠나고 싶어 하는 모습이 범죄한 인간의 속성입니다.

그런데 둘째 아들이 그렇게 해서 행복했습니까? 처음에는 자기 마음대로 돈을 쓰고 아무도 간섭할 사람이 없으니까 자유롭고 좋았겠지요. 그런데 허랑방탕하게 모든 재산을 탕진하고 나니 거지가 되고, 남에게 매이는 자유가 아니라 매어 버리는 신세가 되었습니다. 불행하게 되었습니다.

여러분은 어떤 사람입니까? 마음속에 하나님 두기를 기뻐하는 사람입니까? 아니면 자기를 중심에 두기를 원하는 사람입니까? 하나님을 거부한 마음에서 지옥이 시작되고, 하나님을 영접한 마음에서, 하나님을 모신 마음에서 천국이 시작됨을 믿으시기 바랍니다. 야고보 선생은 "하나님을 가까이하라 그리하면 너희를 가까이 하시리라"고 말씀했습니다. 그리고 시편 기자는 시편 73편에서 "여호와를 가까이함이 내게 복이라"고 말씀했습니다.

"여호와를 가까이함이 내게 복이라."

그러므로 늘 하나님을 가까이하고 하나님을 모시고 사시는 여러 분들이 되시기를 바랍니다.

사람이 하나님을 싫어할 때 하나님은 사람을 내버려 둡니다. 내버려 두심의 결과가 무엇입니까? 28절에 보면 "상실한 마음대로 내버려 두사 합당하지 못한 일을 하게 하셨으니"라고 말씀합니다. 합당하지 못한 일을 하게 된다는 것입니다. 해서는 안 될 일을 하게 된다는 것입니다. 온갖 죄악을 저지르게 된다는 것입니다.

이렇게 사람이 마음에 하나님을 두지 않으면 윤리적으로 타락하게 됩니다. 하나님이 없다는 사람들은 그 생활이 부패하고 악을 행하게 된다는 것입니다. 지난번에 제가 말씀드렸듯이 모든 죄는 하나님에 대한 불신앙, 불경건에서 시작되는 것입니다. 그래서 제가 강조한 것이 불경건과 불의라는 말이었습니다. 이것은 순서가 바뀔 수가 없다고 했습니다. 불경건이 무엇입니까? 하나님을 잘못 섬기는 것입니다. 불의는 무엇입니까? 여러 가지 세상에서 저지르는 죄악입니다. '불경건과 불의' 무슨 말입니까? 불의한 일들은 불경건에서 나온다는 것입니다. 불경건하면 그 사회는 불의하게 된다는 것입니다. 하나님과의 수직적인 관계가 잘못되면 인간 상호간에 수평적인 관계도 잘못되게 되어 있다는 것입니다.

하나님이 사람을 내버려 두실 때 사람은 합당치 못한 일을 하게 된다고 했는데, 이것을 보다 구체적으로 말하면 29-31절에 기록된 죄악들입니다. 이것을 크게 세 파트로 나누면, 29절 첫 줄에 네 가지가 나오는데 모든 "불의, 추악, 탐욕, 악의가 가득한 자요"라고 했습니다.

여러분, 불의가 무엇입니까? 불의라는 것은 방금 말씀드렸듯이, 불경건과 비교가 되는 말입니다. 이 말은 인간사회의 모든 범죄, 인간사회에 일어나는 모든 악을 대표하는 말입니다. 추악이 무엇입니까? 추악은 그냥 추자를 떼어버리면 악이라고 볼 수 있습니다. 이것은 악을 범하는 행동이라고 말할 수 있습니다. 탐욕이 무엇입니까? 만족을 모르고 필요 이상으로 더 갖고 싶다는 욕심입니다. 악의는 무엇입니까? 악한 의도입니다. 앞에 나오는 추악이 외부적인 것이라고 한다면 악의는 내부적인 것이라고 볼 수 있습니다. 이상의 네 가지는 주로 인간의 내면적인 성품과 관련이 되는 것입니다.

두 번째로 가득한 것이 있습니다. "시기, 살인, 분쟁, 사기, 악독이 가득한 자"라고 했습니다. 이 다섯 가지는 우리가 잘 아는 죄들로, 주로 타인과의 관계에서 생겨나는 범죄입니다.

마지막 세 번째 파트는 29절 끝에 있는 "수군수군하는 자"입니다. 그러면 수군수군하는 자는 어떤 사람입니까? 남의 사생활에 관여해서 근거 없는 이야기나 소문을 만들어내는 자를 말합니다. 비방하는 것은 남을 중상하고 험담하는 것입니다. 어떤 사람에 대하여 나쁜 말을 하는 것이 비방하는 것입니다. 그 다음에 나오는 것이 "하나님께서 미워하시는 자"라고 했는데, 이것을 다시 번역하면 '하나님을 미워하는 자요'라고 말할 수 있습니다. 그 다음에 "능욕하는 자"는 남을 함부로 대하는 태도, 곧 무례하고 난폭한 것을 말합니다. 그다음에 "교만한 자, 자랑하는 자"가 나오는데, 교만한 자, 자랑하는 자는 바로 앞에 나오는 능욕하는 자와 더불어서 삼형제라고 할 수 있습니다. 사람이 교만하게 되면 어떻게 됩니까? 자기에 대해서는 자랑하고 남은 멸시하게 됩니다. 능욕하는 것입니다. 그래서 능욕과 교만과 자랑은 서로 통하는 삼형제라고 할 수 있다는 것입니다.

그다음에 "악을 도모하는 자, 부모를 거역하는 자"가 나오고, 31절에 네 가지가 더 나오는데, 이 네 가지는 헬라어에 보면 부정 접두어 '아'라는 것이 다 앞에 붙어 있습니다. "우매한 자"란 남을 이해하지 않는 자, 이해하지 못하는 자를 말합니다. "배약한 자"는 약속을 어기는 자, 진실하지 못한 사람, 말을 이랬다저랬다 하는 사람입니다. "무정한 자"는 사랑이 없는 자, 친절하지 않는 자입니다. "무자비한 자"라는 것은 동정도 불쌍히 여김도 없는 자를 의미합니다.

이 세 번째 그룹은 가정과 교회 공동체 생활에서 일어나는 범죄들입니다. 이 범죄의 수가 몇 개인지 아시겠습니까? 스물 한 개입니다. 이 스물 한 개의 범죄는 성경에서 볼 수 있는 가장 긴 죄의 리스트입니다. 그러면 이 스물 한 개의 죄의 리스트가 인간이 짓는 모든 범죄를 총망라하고 있습니까? 그렇다고는 볼 수 없습니다. 인간이 짓는 죄가 얼마나 많이 있습니까? 그러나 본문에 나오는 죄들이 인간의 죄를 대표하는 죄라고 할 수 있는 것입니다.

이 21개의 죄가 우리 인간 생활과 사회에 얼마나 깊고 광범위하게 침투해 있는지, 이중에 한 가지도 해당사항이 없는 사람이 있겠습니까? 그런 사람은 없습니다. 아무리 그 사람이 선하고 깨끗해도 최소 몇 가지 이상은 다 해당이 됩니다. 웬만한 사람은 21가지 거의 모든 죄에 해당이 될 것입니다. 어떤 사람은 이렇게 말할 수도 있습니다. 그래도 나는 적어도 21가지 중에 살인과는 무관하다. 여러분도 더러 그렇게 생각을 하시지요? 나는 살인하고는 관계가 없다.

그러나 산상보훈에 보면 우리 예수님께서 십계명을 재해석하셨는데, 거기에 보면 "사람에 대하여 저주하고 욕하고 분노하는 자는 살인하는 자다"라고 말씀하십니다. 사랑의 사도라고 불리는 사도 요한도 요한일서 5장 15절에 "다른 사람을 미워하는 자마다 살인하는 자요"라고 말씀했습니다. 여러분 중에 단 한 번도 누구를 미워하지 않은 사람, 한 번도 미워해 본 적이 없는 분이 있습니까? 우리 모두는 다 살인한 사람입니다. 여러분이 인정하든 안 하든 여하튼 이 21가지의 리스트는 모든 사람이 하나님 앞에 죄인인 것을 그대로 보여주는 것입니다. 더 큰 문제는 무엇이냐 하면 32절에 있습니다.

> "그들이 이 같은 일을 행하는 자는 사형에 해당한다고 하나님
> 께서 정하심을 알고도 자기들만 행할 뿐 아니라 또한 그런 일
> 을 행하는 자들을 옳다 하느니라."

여러분, 타락한 인간, 죄 된 인간일지라도 기본적인 도덕성과 양심은 남아 있습니다. 어느 것이 악한 일인지, 어느 것이 선한 일인지 분별할 수 있다는 것입니다. 불신자들도 이런 말을 하지 않습니까? "저 사람은 죽어서 극락 가겠다, 천국 가겠다, 저 사람은 지옥 불구덩이에 떨어지겠다"라고 합니다. 이것이 하나님 앞에 벌 받을 죄요, 죽을죄라는 것을 알면서도 불구하고 모든 불경건, 불의한 행

위를 멀리하지 않고 계속 행하며 '알고도 자기들만 행할 뿐 아니라' 다른 사람도 행하게 한다는 것입니다. 32절 말씀을 보시기 바랍니다.

"자기가 그렇게 행할 뿐 아니라 그런 일을 행하는 자들을 옳다 하느니라."

그런 일을 악을 행하는 자들을 보고서 옳다고 인정하고 조장하고 죄를 옹호해 준다는 것입니다. 이런 인간의 모습이 직접적으로는 자기에게 잘 나타나지 않아도, 어떤 미디어를 통하여 혹은 문화를 통하여서 이런 것들이 잘 드러납니다.

오늘날 TV, 음악, 영화, 연극 기타 미디어들과 문화는 죄악 된 생활 스타일, 불건전한 가치들, 성경에 위배되는 신념과 태도를 선동하고 조장하는 내용이 대부분입니다. 물질만능주의, 돈만 있으면 무엇이든지 다 할 수 있고, 그래서 사람으로 하여금 돈만 추구하게 만드는 것입니다. 우리 성도들도 하나님 말씀에 어긋나고 양심에 어긋나도 여하튼 돈만 많이 벌도록 그렇게 이끌어 가는 것입니다.

드라마 같은 것을 보면 성적으로 부도덕한 내용들이 얼마나 많습니까? 영화를 통해서 드라마를 통해서 점점 더 깊이 사람들의 마음속으로 파고들고, 멀리 퍼져 나갑니다. 그래서 사람들의 마음에 '이것도 괜찮다'고 생각하게 만드는 것입니다. 쾌락주의, 사치 등 이러한 것들이 가장 중요한 가치인 것처럼, 가장 아름다운 것처럼 부추기는 것입니다. 그렇기 때문에 우리 성도들은 늘 깨어 있어야 됩니다. 하나님의 말씀 성경은 유일한 진리의 기준이요, 잣대임을 기억해야 된다는 것입니다. 모든 것은 성경의 가르침으로 평가할 수 있어야 합니다. 성경의 빛으로 비춰볼 수 있어야 합니다.

우리 교단 신학교 교수님 몇 분이 아프리카 남단에 있는 남아프리카 공화국의 포체프스트롬 대학교를 졸업했습니다. 거기서 박사 학위를 받았습니다. 이 대학이 어떤 대학이냐 하면 기독교 종합대학입니다. 그 대학교의 모토는 시편 36편 9절 말씀입니다.

"주의 빛 안에서 우리가 빛을 보리이다."

참 귀한 말씀입니다. 이것은 모든 학문과 사상, 문화를 하나님의 말씀의 빛 안에서 이해하고 판단하고 평가하고 그대로 행하겠다는 것입니다.

여러분, 진리인 하나님의 말씀에 비추어 선악을 분별하는 자가 되시기 바랍니다. 이 시대에 라디오, TV, 영화 등 여러 미디어를 통해서 받는 여러 가지 메시지를 무분별하게 그냥 받는 것이 아니라 하나님의 말씀의 잣대로, 하나님의 빛으로 보라는 것입니다. 제가 이 안경을 통해서 여러분을 보듯이, 예수 믿는 신자들은 하나님의 말씀의 안경을 통해서, 말씀의 빛을 통해서 모든 일들을 바라보고 평가할 수 있어야 하며, 그 말씀에 의거하여 평가되는 대로 살아가야 되는 것입니다. 그래서 악을 행치도 말고 인정도 하지 않는 성도가 되시기를 바랍니다.

그렇다면 하나님의 내버려 두심을 받고 수많은 죄를 범하면서 죽어 마땅한 우리 인간, 즉 하나님의 심판에 합당한 우리 인간은 어떻게 해야 되겠습니까? 세 가지로 간단히 말씀드립니다.

첫째는, 예수 그리스도를 믿어야 합니다.

이것은 하나님의 유일한 구원 방법이요, 하나님의 심판에서 벗어날 수 있는 유일한 방법입니다. 하나님의 아들 예수 그리스도를 믿을 때에, 그분이 내 죄를 대신해서 십자가에 못 박혀 죽으심을 믿을 때에, 우리 하나님께서는 죄를 용서해 주시고 심판에서 구원해 주시는 것입니다. 요한복음 5장 24절을 보십시오.

"내가 진실로 진실로 너희에게 이르노니 내 말을 듣고 또 나 보
내신 이를 믿는자는 영생을 얻었고 심판에 이르니 아니하나니
사망에서 생명으로 옮겼느니라."

하나님 아버지를 믿고 하나님 아버지께서 보내신 아들을 믿는 자는 하나님의 심판에 이르지 아니하고 사망에서 생명으로 옮겨졌다는 것입니다.

로마서 8장 1절도 같이 읽어 보겠습니다.

"그러므로 이제 그리스도 예수 안에 있는 자에게는 결코 정죄
함이 없나니."

여기서 "정죄함이 없나니"가 무슨 뜻입니까? 당신은 10년 감옥형, 당신은 무기징역, 당신은 사형, 이것이 바로 정죄함입니다. 오늘 21개의 죄가 열거되고 나서 마지막에 무엇이 정죄되었습니까? 사형에 해당한다고 사형 선고가 되었습니다. 그런데 오늘 로마서 8장 1절에 보니, 누구든지 예수 그리스도 안에 있으면 정죄함이 없다는 것입니다. 사형이라는 정죄함이 없다는 것입니다.

여러분, 교회는 나오지만 예수 그리스도 밖에 계신 분이 있다면, 교회는 나오지만 아직도 예수 그리스도를 나의 구주로 믿지 못하

는 성도가 계시다면, 우리 주 예수 그리스도를 믿고 예수 그리스도 안으로 들어오시기 바랍니다. 그렇게 할 때에 그 사람에게는 더 이상 하나님의 정죄함이 없는 것입니다. 그 사람에게 생명, 영생이 있게 되는 것입니다.

둘째는, 죄악을 다 청산해야 합니다.

예수 그리스도를 믿는다고 하면서 여전히 오늘 열거한 죄악 가운데 머물러 있으면 안 됩니다.

> "누구든지 그리스도 예수 안에 있으면 새로운 피조물이라 이전 것은 지나갔으니 보라 새 것이 되었도다."

예수 그리스도 안에 있는 사람은 새 사람입니다. 이전의 죄는 다 지나갔습니다. 이전 것은 지나갔으니 새것이 되었다는 말씀입니다. 말씀에 기록된 이런 죄, 아직도 이런 죄 가운데 아직도 살고 있다면, 이런 죄들을 다 청산하시기를 바랍니다. 이 21가지 죄의 리스트를 하나씩 깊이 점검해 보시기를 바랍니다. 자신과 관련된 것이 무엇이 있는지 살펴보시기 바랍니다. 여러분에게는 탐욕이 없습니까? 여러분에게는 시기가 없습니까? 여러분에게는 수군거림이 없습니까? 비방이 없습니까? 능욕이 없습니까? 교만이 없습니까? 자랑이 없습니까? 무정함이 없습니까? 가만히 살펴보면 예수 믿는다고 하는 나에게도 발견된 것들이 너무나 많습니다. 예수 안에 있는 나에게는 이런 죄악이 합당하지 않습니다. 이런 죄악에서 온전히 벗어나시는 여러분 모두가 다 되시기를 바랍니다.

마지막 세 번째는, 이런 죄악의 구렁텅이에 다시는 빠지지 않도록 우리 하나님의 손을 굳게 붙잡으시기를 바랍니다.

예수 믿어서 새사람이 되었다고 해도, 하나님이 붙잡아 주시지 않고 은혜 베풀어 주시지 않으면 얼마든지 범죄할 수밖에 없습니다. 우리에게도 동기가 주어지고 여건이 되면, 오늘 본문에 나오는 죄악들을 다 범할 수 있는 가능성이 있다는 것입니다. 연약한 인생인 줄 알고 더욱더 하나님을 가까이하고, 기도로 하나님의 손을 굳게 붙잡고, 죄 짓지 아니하고 사시는 우리 모든 성도가 되시기를 바랍니다.

16

로마서 2:1-4

남을 판단하는 사람아

"그러므로 남을 판단하는 사람아, 누구를 막론하고 네가 핑계하지 못할 것은 남을 판단하는 것으로 네가 너를 정죄함이니 판단하는 네가 같은 일을 행함이니라 이런 일을 행하는 자에게 하나님의 심판이 진리대로 되는 줄 우리가 아노라 이런 일을 행하는 자를 판단하고도 같은 일을 행하는 사람아, 네가 하나님의 심판을 피할 줄로 생각하느냐 혹 네가 하나님의 인자하심이 너를 인도하여 회개하게 하심을 알지 못하여 그의 인자하심과 용납하심과 길이 참으심이 풍성함을 멸시하느냐"

오늘 본문 1절에 보면 사도 바울은 "남을 판단하는 사람아"라고 말하고 있습니다. 남을 판단하는 일은 참으로 조심스러운 일이요, 두려운 일입니다. 약 2500년 전에 살았던 히포크라테스라는 유명한 사람은 이런 말을 남겼습니다.

"인생은 짧고 예술은 길며, 기회는 날아가고, 실험은 부정확하고, 판단은 어렵다"(Judgement is difficult).

왜 판단은 어렵다고 그가 말했겠습니까? 우리 인생은 죄로 인하여 이기적입니다. 자기중심적입니다. 자기중심적인 판단을 하게 되고, 자기의 잣대로 남을 판단하기 때문에 잘못되기가 참 쉽습니다. 물론 인간의 유한성으로 인해 잘못 판단하기도 합니다.

지난 한 해를 돌아보면, 제가 목사라는 이유로 또 다른 사람들을 판단하는 일이 더러 있었던 것 같습니다. 아마 여러분도 저와 비슷할 것입니다. 교회를 판단하고, 사람을 판단하고, 어떤 일을, 어떤 사건을 판단합니다. 그러나 생각해 봅시다. 여러분의 판단이 다 맞았습니까? 여러분의 판단이 다 옳았습니까? 자신의 판단이 100% 다 맞다고 확신하는 사람이 있습니까? 단언컨대 저는 그런 사람은 이 세상에 없다고 생각합니다. 판단은 어려운 것입니다. 그렇기 때문에 예수님께서 남을 비판하는 일에 대해 특별한 주의를 주신 것입니다. 그 대표적인 구절이 마태복음 7장 1절에서 3절에 있는 말씀입니다.

> "비판을 받지 아니하려거든 비판하지 말라 너희가 비판하는 그 비판으로 너희가 비판을 받을 것이요 너희가 헤아리는 그 헤아림으로 너희가 헤아림을 받을 것이니라 어찌하여 형제의 눈 속에 있는 티는 보고 네 눈 속에 있는 들보는 깨닫지 못하느냐."

그리고 오늘 교독한 말씀에도 보면, 사도 바울은 주께서 오시기까지 아무도 판단하지 말라고 말씀했습니다. 더구나 아주 기가 막히는 말씀은, 나도 나 자신을 판단하지 않는다고 했습니다. 바울은 우리와는 조금 다른 사람입니다. 하나님의 영이 충만한 뛰어난 신학자요, 신앙인입니다. 그럼에도 나도 나를 판단치 않는다고 했습니다. 왜 그렇게 말했을까요? 나 자신도 판단할 능력이 부족하다는 겁니다. 나는 다른 것은 몰라도 나 자신에 대해서는 내가 안다, 판단할 수 있다고 생각할지 모르지만, 사실은 우리 인생은 자기 자신도 바르게 판단하지 못하는 존재라는 것입니다. 그러기에 우리 성도들은 남을 판단하는 일에 특히 조심하고 말을 아껴야 합니다.

내 눈의 들보부터 먼저 빼자

판단하는 사람이나 또 나 자신을 바라보면 다 똑같은 사람입니다. 물론 그 사람이 더한 경우도 있습니다. 그러나 자기 눈에는 대들보가 있는데 그것을 보지 못하고, 대들보가 조금 스치고 갈 때 거기서 떨어지는 작은 티끌, 남의 눈에 있는 작은 티끌은 어찌나 잘 보는지, 그것을 보고 지적하고 분노한다는 것입니다. 그래서 내 눈의 들보부터 빼야 한다는 것입니다.

기도 없는 판단은 하지 말자

판단하는 소리는 많이 들려도 기도하는 소리는 많이 들리지 않습니다. 많은 문제와 사람에 대하여 올해도 많은 판단들이 있었습니다. 그런데 진작 그런 문제를 끌어안고 새벽에 하나님 앞에 나와서 기도하는 사람들은 거의 없었습니다. 기도 없는 판단은 비록 옳은 판단이라 할지라도 아무 유익이 없습니다. 해를 끼치고, 사람의 마음을 강퍅하게 만들 뿐입니다. 한마디로 죄악 된 행동입니다. 그래서 남을 판단하고 싶어서 입이 근지러우신 분은, 내가 그 사람을 위해서, 그 일을 위해 하나님께 3배 이상 깊이 기도하리라는 각오가 없으면 입을 다무는 것이 좋습니다. 그렇지 않고서는 판단하는 것이 죄가 될 뿐입니다.

오늘 본문 말씀에 "남을 판단하는 사람아"라고 했는데, 누구를 말하겠습니까? 그냥 남을 판단하기를 좋아하는 사람을 말합니까? 그렇지 않습니다. 오늘 본문을 계속 읽어보면, 이 사람은 바로 유대인임을 알 수 있습니다. 사도 바울은 남을 판단하는 사람, 즉 유대인을 향하여 두 가지 질문을 하고 있습니다.

첫째는, 너희도 하나님의 판단, 즉 심판을 피할 수 없다고 말씀합니다.

3절에 보면 "내가 하나님의 심판을 피할 줄로 생각하느냐"라고 했습니다. 이 말은 심판을 피하지 못한다는 말이지요. 사도 바울은 앞에 나온 1장에서, 이방인들이 자연만물을 통하여 하나님을 알 만한데, 하나님께 감사하지도 않고 영광 돌리지도 않고 섬기지도 않고 우상을 숭배하였다고 하였습니다. 그래서 하나님이 그들을 버려두었다고 했습니다. 그들을 버려두니 그들이 더욱 타락해서 성적 타락, 동성애의 죄를 범하게 되었다고 했습니다.

그뿐만 아니라 1장 29-31절에 나오는 21가지의 죄뿐만 아니라 여러 가지 죄를 짓게 되었다고 했습니다. 더 나쁜 것은 이 같은 죄를 지은 사람은 사형에 해당된다는 것을 알면서도 그런 죄를 지었다는 것입니다. 더 나아가서 그런 죄를 짓는 자를 옳다고 인정해 줌으로써 죄를 더 조장한다고 했습니다.

사도 바울의 이런 날카로운 지적에 대해서 어떤 사람들은 고개를 끄덕끄덕합니다. "맞아, 저 이방 사람들은 하나님의 심판을 받아야 돼!" 하고서 판단을 합니다. 그리고 자기네들은 이런 죄와 아무 관련이 없고, 하나님의 심판과도 무관한 사람들처럼 생각을 합니다.

그 사람들이 바로 어떤 사람들이겠습니까? 유대인입니다. 이 유대인들은 이스라엘 사람을 말합니다. 구약성경에 보면 이들은 "하나님이 우리 조상 아브라함을 택하시고 불러내셨다, 하나님이 아브라함의 자손 되는 우리들을 선택하시고 우리들을 하나님의 백성으로 삼으셨다"는 선민의식이 강한 민족이었습니다. 여기서 선민의식은 착한 백성 의식이 아닙니다. '하나님께서 선택해 주셨다'는 의식, 즉 특별한 백성으로 선택해 주셨다는 특권의식, 우월의식입니다. 이러한 우월의식을 가지고 "하나님은 우리만 의롭게 해주시고 우리만 구원해 주신다, 이방의 죄인들은 다 하나님의 심판을 받는다"라고 생각했습니다. 그래서 이방인들은 다 지옥 불에 떨어질 거라고 했습니다.

더욱이 바울 당시의 유대인들은 우상 숭배를 하지 않았습니다. 동성연애를 하지 않았습니다. 왜 그런지 아십니까? 이스라엘 백성이 바벨론에 포로로 끌려가서 70년 동안 하나님의 징계의 매를 맞았는데 "우리가 하나님 앞에 우상 숭배를 하고, 동성연애의 죄를 지어서 하나님이 우리를 치셨다"라고 하면서 회개하고 모든 죄를 다 버렸습니다. 그래서 신약의 유대인들은 구약의 이스라엘 백성들보다도 도덕적으로 더 뛰어났습니다. 그렇기 때문에 유대인들은 이방인들을 죄인이라고 손가락질하면서 판단했습니다. "저 이방 죄인들은 하나님의 심판을 받아서 지옥 불에 다 떨어질 거야" 하고 판단했습니다.

그러나 29절에서 31절에 열거된 21개의 죄악들에서 과연 그들이 자유로울 수 있을까요? 여러분은 어떻게 생각하십니까? 유대인들이 비록 이방인들처럼 동성연애도 하지 않고 우상숭배도 하지 않아도, 1장 끝에 있는 21개의 죄악에서 자유로울까요? 그렇지 않습니다. 누가 그 죄에서 자유로울 수 있단 말입니까? 유대인들도 이방인과 같은 죄를 범했습니다. 1절 끝을 보십시오. "판단하는 네가 같은 일을 행함이니라"라고 말씀하고 있습니다. 같은 일을 행하고 있다고 했습니다. 3절에도 똑같은 말씀이 나옵니다. 이방인과 똑같은 죄를 지으면서도 자기들은 하나님의 심판을 받지 않을 거라고 생각하고 있었다는 것입니다. 그러나 여러분, 2절을 같이 읽어보겠습니다.

> "이런 일을 행하는 자에게 하나님의 심판이 진리대로 되는 줄 우리가 아노라."

공정하게 심판하신다

'하나님의 심판이 진리대로 된다'는 말씀이 무슨 말이겠습니까? 진리대로 된다는 것은 공정하게 된다는 것입니다. 참되게 된다는 것입니다. 그러니까 우리 하나님께서는 온 인류를 심판하실 때에 민족이나 신분이나 재산이나 성별을 가지고 차별하지 않으신다는 것입니다. 차별하지 않고 공정하게 심판하신다는 것입니다. 유대인이라고 특별히 봐주는 것 없고, 유대인이라 할지라도 그들이 이방인과 똑같은 죄를 짓는다면, 그들에게도 똑같은 심판을 공정하게 내리신다는 말씀입니다.

이것은 우리 모두에게 주시는 경고의 말씀입니다. 우리가 예수 믿어서 죄 용서 받고 하나님을 안다고 할지라도, 내가 세례를 받고 교회에 다니고 있다고 할지라도, 여전히 죄 가운데 살고 있다면 하나님의 심판을 피할 수 있겠습니까? 없는 것입니다.

계속 죄를 짓는다는 것은, 그 사람이 참된 신자가 아니라고 하는 표시입니다. 명심하십시오. 우리가 하나님 앞에 서서 심판을 받을 때에는 우리의 입술의 고백을 통하여 심판을 받지 않습니다. 그렇다면 무엇을 가지고 심판을 받겠습니까? 열매를 가지고, 증거를 가지고 심판을 받는 것입니다. 오늘 세상 법정도 마찬가지 아닙니까? 언제나 증거를 가지고 재판합니다. 우리 하나님께서도 증거를 가지고 우리를 재판하시는 것입니다.

요한일서에 보면 하나님께로부터 난 자는 죄를 짓지 아니한다고 했습니다. 이것이 무슨 말입니까? 예수 믿고 거듭난 사람은 자기가 믿지 않았던 때의 그 죄악을 예수 믿고 나서도 계속 짓지 않는다는 것입니다. 때로 실수할 수 있고 때로 넘어질 수 있고 때로 죄 지을 수 있습니다. 그렇지만 계속 그런 죄를 짓지 아니한다는 것입니다. 에베소서 5장 5절을 보십시오.

"너희도 정녕 이것을 알거니와 음행하는 자나 더러운 자나 탐하는 자 곧 우상 숭배자는 다 그리스도와 하나님의 나라에서 기업을 얻지 못하리니."

하나님의 나라에서 기업을 얻지 못한다는 말은, 하나님의 나라에 들어가지 못한다는 것입니다. 사람의 행위를 가지고는 하나님 나라에 들어가지 못합니다. 성경이 분명히 그렇게 말씀하고 있습니다. 예수 믿는다고 하면서도 그런 죄악 가운데서 계속 사는 사람은 하나님 나라에 들어갈 수 없다는 것입니다.

여러분은 혹시 불신자들의 죄 가운데 살고 있지는 않습니까? 예수 믿기 전의 죄를 계속 짓고 있지는 않습니까? 하나님 앞에 분명히 잘못된 일이며, 말씀에 어긋나는 죄악임을 알면서도 여전히 그 일을 행하고 있지는 않습니까? 죄송합니다만 그런 사람은 하나님의 심판을 피할 길이 없습니다.

예수를 믿는다고 하면서도 죄를 버리지 않고 계속 짓는 악한 죄가 있다면, 지금 바로 그 죄를 청산하시기 바랍니다. 그 죄를 가지고 있는 것은, 내가 아직 참된 신자가 아니라는 표시입니다. 그 사람은 하나님 앞에 심판을 피할 길이 없습니다.

둘째로는, 하나님의 인자하심을 멸시해서는 안 된다는 것입니다.

오늘날 우리 주변 국가들을 보고, 우리나라 정치를 보고, 우리 사회를 보고, 사람들을 보고, 교회와 지도자들을 보면 참 안타까운 점이 많습니다. 많이 탄식하게 됩니다. 많이 기도하지 않을 수가 없습니다. '어떻게 저렇게 할 수 있을까, 어떻게 목사님이 저렇게 이중적일 수 있을까, 뻔뻔할 수 있을까, 저런 죄를 지을 수 있을까…' 하는 죄악들이 너무 많습니다. 무서운 죄를 지으면 그냥 하나님께서 옛날에 소돔과 고모라처럼 불을 비처럼 내리셔서, 아니면

벼락을 쳐서 죽이시든지 무서운 벌을 주시면, 사람들이 죄짓기를 무서워하고 죄를 덜 지을 텐데 하는 생각도 하게 됩니다.

그런데 왜 하나님께서는 넘쳐나는 죄악들과 악인들을 그냥 놔두실까요? 왜 그냥 보고만 계실까요? 하나님이 정말 계시기는 한 것일까요? 우리 하나님은 심판하실 능력이 없는 것일까요? 아니지요. 그러면 무엇 때문입니까? 4절에 그 이유가 있습니다.

하나님의 인자하심과 하나님의 사랑 때문입니다. 하나님은 사랑이 많으십니다. 원래 사랑이 많으면 어떻게 합니까? 상대방의 잘못에 대해서 오래 참게 됩니다. 여기 첫 줄에는 인자하심이라고 하나만 나왔지만, 셋째 줄을 보시면 세 가지가 나옵니다. '인자하심'이 사랑이라고 했습니다. '용납하심'은 관용입니다. 넓은 아량을 말하는 것입니다. 그다음 세 번째는 '길이 참으심'입니다.

저는 우리 하나님께서 이런 분이란 것을 생각할 때 제 마음이 너무 평화로워집니다. 너무 감사합니다. 여러분, 우리 자신을 생각해 보면 인자합니까? 아량이 참 넓습니까? 길이 참습니까? 작은 일에도 못 참고 부르르 떨고, 고함을 지르며 싸울 때도 더러 있지 않습니까? 하나님이 우리 죄악에 대하여 그렇게 하면 우리 중 살아남을 사람은 아무도 없습니다.

그런데 우리 하나님은 인자하시고 용납하시고 길이 참으시는 너무나도 좋으신 분입니다. 뿐만 아니라 우리 하나님은 이런 성품이 조금 있는 것이 아닙니다. 4절 끝을 보십시오. 길이 참으심이 어떠하다고 했습니까? '풍성하다'고 했습니다. 이런 성품이 풍성하다는 것입니다. 이 좋으신 하나님을 믿고 더욱더 의지하시기 바랍니다.

이 좋으신 하나님을 더욱더 닮아 가시기 바랍니다. 그래서 이 좋으신 하나님의 자녀인 것을, 백성인 것을 자꾸만 다른 사람들에게 나타내시기를 바랍니다. 우리 하나님은 이런 하나님이시기 때문에 즉시로 벌하시지 않고 오래 참으시는 것입니다. 오늘 우리가 부른 찬송 515장의 "만 백성을 사랑하사 오래 참고 기다리네."라는 가사처럼 만백성을 사랑하사, 인자가 풍성하시기 때문에 길이 참으시는 것입니다.

그러면 하나님이 그토록 오래 참으시는 이유가 무엇일까요?

4절을 보십시오.

"혹 네가 하나님의 인자하심이 너를 인도하여 회개하게 하심을 알지 못하여…"

여기에 답이 나왔습니다. 하나님이 오래 참으시는 이유는 회개하도록 하기 위해서입니다. 회개하고 예수 믿고 구원받도록 하기 위해서입니다. 죄를 회개하도록 길이 참으시는데 유대인들은 자신들의 의, 그리고 하나님과의 특별한 관계, 이것들이 자신들을 최후 심판에서 막아줄 거라고 착각하고, 회개치 않고 하나님이 보내신 구원자 하나님의 아들 예수 그리스도를 영접하지 않았습니다. 그분을 거역했습니다. 지금도 유대인들 중에서 예수 믿는 사람은 아주 소수입니다. 그것은 바로 하나님의 인자하심을 멸시하는 것입니다.

하나님의 인자하심을 멸시하고 있지는 않습니까?

여기서 우리는 우리 자신을 생각해 보아야 합니다. 혹 나도 유대인들처럼 하나님의 인자하심과 하나님의 길이 참으심을 멸시하고 있지는 않은가 말입니다. 하나님이 나로 하여금 회개하도록 오래참고 기다리고 계시는데, 나는 그것도 모르고 나는 잘 믿고 있으니까, 잘 하고 있으니까, 괜찮으니까 별일 없다고 안심하고 계속해서 잘못된 삶을 살고, 계속 죄짓고 있지는 않은지 우리 자신을 살펴봐야 합니다. 다시 말하면 자기 성찰의 삶을 살아가야 한다는 것입니다.

오늘날 현대를 살아가는 사람들은 너무 바쁩니다. 자기를 살필 시간이 별로 없는 것 같습니다. 그러나 TV는 열심히 보지 않습니까? 핸드폰은 열심히 보지 않습니까? 신문은 열심히 보지 않습니까? 인터넷은 열심히 보지 않습니까? 그런 것만 열심히 보지 말고 자기 자신도 열심히 살펴보라는 말입니다. 그것이 가장 중요한 것 아니겠습니까? 하나님 앞에서 조용한 시간을 가지고 가만히 하나님을 바라보면서 자기를 성찰해 보라는 것입니다. 하나님이 지금 내게 대하여 참고 계시는 것이 없는지 생각해 보시라는 것입니다.

그렇게 자기 성찰의 삶을 산다고 해서 자신의 죄, 잘못, 약점을 전부 볼 수 있을까요? 아니면 하루에 1시간쯤 자기 성찰의 삶을 살면 자기 약점과 잘못과 죄악을 다 발견할 수 있겠습니까? 그렇지 않습니다.

다윗을 보십시오. 다윗은 구약의 대표적인 훌륭한 신앙인 중 한 사람입니다. 하나님의 마음에 합한 사람입니다. 그런데 다윗은 한 번 끔찍한 죄를 저질렀습니다. 간음죄를 저질렀습니다. 이어서 그 죄를 감추기 위해 살인죄를 저질렀습니다. 그 훌륭한 신앙인인 다윗이 그런 죄를 저지르고도 자신이 무슨 잘못을 했는지 모르고 아무 일 없었다는 듯 편안하게 살고 있었습니다. 그러자 하나님이 어떻게 하십니까? 선지자 나단을 다윗에게 보냈습니다. 예화를 통해 그로 깨닫게 하였습니다.

다윗은 그제야 자신의 죄악을 깨닫고 하나님께 요가 젖도록 회개하고 눈물을 흘렸습니다. 그것이 바로 우리 인생이란 것을 알아야 됩니다. 그렇게 훌륭한 신앙인일지라도, 때로는 자기의 큰 죄도 볼 수 없는 것이 우리 인생입니다. 그 일을 겪고 나서 다윗은 "자기 허물을 능히 깨달을 자 누구리요"라고 시편 19편에서 고백했습니다. 자기 허물을 능히 깨달을 자가 없다는 말입니다. 이것은 아주 중요한 말씀입니다. 인간은 자신의 허물을 능히 볼 수 있는 사람이 없습니다. 그래서 다윗이 하나님 앞에 이런 기도를 합니다. 시편 26편 2절을 보십시오.

"여호와여 나를 살피시고 시험하사 내 뜻과 내 양심을 단련하소서."

영어성경에 보니까 "Test me"(하나님, 나를 테스트해 주십시오), "Try me"(나를 연단해 주십시오), "Examine my heart and my mind"(내 마음과 내 생각을 검사해 주십시오)라고 했습니다. 왜 그렇습니까? 나는 내 자신을 바르게 알 수 없습니다. 그러니 '하나님, 저를 검사해 주십시오'라고 하는 것입니다. 시편 139편 23-24절을 보십시오.

"하나님이여 나를 살피사 내 마음을 아시며 나를 시험하사 내
뜻을 아옵소서 내게 무슨 악한 행위가 있나 보시고 나를 영원
한 길로 인도하소서."

무슨 말입니까? 나를 가장 잘 아시는 분은 나 자신이 아니라 나
를 지으시고 나의 심중까지도 다 보고 계시는 하나님이시기 때문
에 '하나님, 당신께서 살펴주옵소서'라고 기도하는 것입니다. 우리도
그와 같은 기도를 하나님 앞에 드릴 수 있기를 바랍니다. "하나님,
나를 살펴주시옵소서. 하나님, 나로 하여금 나의 죄악을 깨닫도록
도와주시옵소서. 하나님이시여, 나로 하여금 내 죄를 회개하게 하
시고 고치도록 도와주시옵소서" 하고 기도하시는 여러분이 되시기
를 바랍니다.

오늘 말씀에 보니 남을 판단하는 유대인도 하나님의 심판을 피
할 수 없다고 했습니다. 그들도 같은 죄를 범하기 때문입니다. 그렇
습니다. 우리가 교회에 다닐지라도 불신자와 같은 죄를 짓는다면
하나님의 심판을 피할 수 없습니다. 그리고 유대인들은 하나님의
인자하심과 길이 참으심을 멸시했다고 했습니다. 우리 역시 하나님
의 길이 참고 계심을 멸시하기 쉽습니다. 나의 무엇에 대해서 하나
님이 지금 참고 계시는 것은 없는지, 여러분의 생각과 삶과 말과 행
동을 하나님 앞에서 성찰하시고 깨닫게 해 달라고 하나님 앞에 기
도하시기 바랍니다.

오늘 본문은 이방의 죄인들뿐만 아니라, 그들을 판단하는 유대인
조차도 다 하나님 앞에 심판을 피할 수 없고, 모든 인류가 다 하나
님 앞에 죄인이라고 말씀해 주고 있습니다. 하나님의 은혜가 아니

면, 예수 그리스도의 공로가 아니면, 최후의 심판 날에 하나님 앞에 설 사람이 아무도 없다는 것을 우리에게 보여주고 있는 것입니다. 여러분들도 교회 뜰만 밟는 자가 아니라, 하나님 앞에 죄인인 줄 알고 하나님께서 보내주신 구원자 예수 그리스도를 믿고, 이 예수 안에서 죄와 상관없는 깨끗한 삶을 살아가시기를 바랍니다.

17

로마서 2:5-11

하나님의 의로우신 심판

"다만 네 고집과 회개하지 아니한 마음을 따라 진노의 날 곧 하
나님의 의로우신 심판이 나타나는 그 날에 임할 진노를 네게 쌓
는도다 하나님께서 각 사람에게 그 행한 대로 보응하시되 참고
선을 행하여 영광과 존귀와 썩지 아니함을 구하는 자에게는 영
생으로 하시고 오직 당을 지어 진리를 따르지 아니하고 불의를
따르는 자에게는 진노와 분노로 하시리라 악을 행하는 각 사람
의 영에는 환난과 곤고가 있으리니 먼저는 유대인에게요 그리고
헬라인에게며 선을 행하는 각 사람에게는 영광과 존귀와 평강이
있으리니 먼저는 유대인에게요 그리고 헬라인에게라 이는 하나
님께서 외모로 사람을 취하지 아니하심이라"

종말은 없는가?

지난 11월 말에 〈부산일보〉 대강당에서 성철스님 20주기 추모
초청 강연회가 있었습니다. 그때에 강사로 오신 분이 고은 씨였습
니다. 우리나라에서 노벨문학상에 가장 근접했던 분이라고 하지요.

그런데 그분은 불교 신자로서 한때 승려였습니다. 그는 강연회가 있기 전에 자갈치 시장에 가서 부산의 냄새를 맡으면서 "난 종말론 같은 건 우습게 생각한다. 각자가 자기 운명을 지고 앞으로 나아가야 된다"라고 말을 하였습니다. 그는 불교 신자니까 당연히 종말을 믿지 않는 것입니다. 그는 운명론자입니다. 그러나 우리 기독교는 종말을 믿습니다. 오늘 우리가 신앙을 고백할 때도 "거기로부터 살아있는 자와 죽은 자를 심판하러 오시리라"고 믿음을 고백하였습니다. 이 종말의 믿음이 없는 기독교라는 것은 생각할 수가 없습니다.

아침이 있으면 저녁이 있고, 연시가 있으면 연말이 있게 되는 것입니다. 태어날 때가 있으면 죽을 때가 있듯이, 이 세상도 시작할 때가 있으면 마칠 때가 있는 것입니다. 무엇보다도 우리 하나님께서는 성경을 통하여 수없이 우리에게 이 사실을 말씀하셨습니다. 이 세상은 운명을 따라 흘러가는 것이 아니라, 하나님의 주권 하에 하나님의 작정대로 하나님의 섭리를 따라 움직여 가고 있다고 말씀하셨습니다. 우리 하나님께서 천지를 창조하셨습니다. 천지를 창조하시고 역사를 시작하게 하신 그 하나님께서 마지막 날을 정해 놓으시고 그날에 모든 우리 인류를 심판하실 것입니다.

우리는 노아를 잘 알고 있습니다. 노아와 그 가족은 방주를 지음으로써 하나님의 심판을 준비했다가 하나님의 구원을 입었습니다. 그러나 그렇지 아니한 자는 다 멸망을 받고 말았습니다. 믿는 자는 종말을 준비하고 구원을 받게 되지만, 믿지 않는 자는 준비하지 않음으로 인하여 영원한 멸망에 처하게 됩니다. 오늘 본문에는 유대인에 대한, 나아가 인류에 대한 하나님의 심판과 그 특징을 우리에게 말씀하고 있습니다.

그날을 아십니까?

먼저 심판의 날을 생각해 봅시다.

제가 1장을 설교할 때에 하나님의 진노가, 하나님의 심판이, 경건하지 못한 모든 불경건한 자와 불의한 자에게 하늘로부터 좇아난다고 말씀을 드렸습니다. 하늘로부터 나타난다는 그 말씀은 현재형으로 되어 있다고 했습니다. 그렇기 때문에 역사 가운데서는 하나님의 진노의 심판이 계속 행해져 왔습니다. 여러분이 아시다시피 노아 시대에 하나님께서 대홍수로 이 세상을 심판하셨습니다.

소돔과 고모라의 때에도 하나님께서 범죄한 소돔과 고모라를 불로 심판하셨습니다. 지금도 하나님께서는 우리는 알아차리지 못할지라도 나라에 대하여, 단체에 대하여, 가족에 대하여, 개인에 대하여 계속 심판하고 계십니다. 이렇듯 하나님의 심판은 계속 이루어지고 있습니다. 그런데 우리가 기억할 것은 하나님의 심판이 완전하게 결정적으로 이루어지는 한 날이 있다는 것입니다. 사도행전 17장 31절을 보십시오.

"이는 정하신 사람으로 하여금 천하를 공의로 심판할 날을 작정하시고."

이날을 정하신 사람이 누구시겠습니까? 예수 그리스도, 그분을 통하여 천하를 공의로 심판할 날을 작정해 놓으셨다는 것입니다. 어떤 가정에서 자녀의 결혼 날을 몇월 며칠로 작정해 놓음과 같이, 우리 하나님께서는 천하를 공의로 심판할 날을 작정해 놓았습니다.

베드로후서 3장 6-7절을 보십시오.

"그때에 세상은 물이 넘침으로 멸망하였으되 이제 하늘과 땅은 그 동일한 말씀으로 불사르기 위하여 보호하신바 되어 경건하지 아니한 사람들의 심판과 멸망의 날까지 보존하여 두신 것이니라."

구약 시대에 하나님께서 온 인류를 심판하신 사건이 노아의 홍수 사건입니다. 그때는 물로 세상을 심판했지만, 이제는 불로써 마지막에 온 인류를 심판하시겠다고 말씀하고 있는 것입니다. 사도 바울은 이 심판의 날을 여러 가지로 표현했습니다. 오늘 본문 5절을 한번 보시기 바랍니다. 그 심판 날을 무슨 날이라고 했습니까? 진노의 날, 하나님의 의로우신 심판이 나타나는 날이라고 말씀했습니다. 빌립보서 1장 6절에 보면 "너희 안에서 착한 일을 시작하신 이가 그리스도 예수의 날까지 이루실 줄을 우리는 확신하노라"라는 유명한 말씀이 나옵니다. 여기서는 무슨 날이라고 했습니까? '그리스도 예수의 날'이라고 했습니다. 데살로니가전서 5장 2절에 보니 "주의 날이 밤에 도적같이 이르리니"라고 하였습니다. 여기서는 "주의 날"이라고 했습니다. 디모데후서 4장 8절에는 "이제 후로는 나를 위하여 의의 면류관이 예비되었으므로 주 곧 의로우신 재판장이 그날에 주실 것이라"라고 하였습니다, 무슨 날이라고 했습니까? '그날'이라고 했습니다.

날들이 많이 있지만, 마지막 그날, 가장 위대한 날, 대심판의 날이기 때문에 아예 '그날'이라 합니다. 사도 바울의 여러 글에서 심판의 날이라 하지 아니하고 '그날'이라고 말씀하고 있습니다. 복음송에도 보면 "그날이 도적같이 이를 줄 너희는 모르느냐"라고 하지 않습니까? 그날이 무슨 날입니까? 주 심판의 날입니다.

우리가 알 수 있는 것은, 이 심판은 예수 그리스도의 재림의 때에 예수 그리스도로 말미암아 이루어진다는 것입니다. 우리 주님께서 처음 오시는 것과 달리 영광과 능력 가운데서 재림하셔서 하나님을 모르는 자들, 예수 그리스도의 복음에 순종치 아니하는 자들을 영원한 멸망으로 심판하시겠다고 하셨습니다. 당신의 백성들에게는 완전한 구원의 은혜, 영생의 은혜를 주신다고 데살로니가후서 1장에 말씀하셨습니다.

여러분은 이 마지막 심판 날을 믿으십니까? 이것은 우리 기독교 신앙의 절대적인 요소입니다. 내가 교회를 다니는데 만일 이 믿음이 없다면, 주님의 재림과 심판에 대한 믿음이 없다면 아직 참된 신자라고 말할 수 없는 것입니다.

신약성경에서 심판의 날이 예언된 지 2000년이 지나갔습니다. 지금도 종말을 향한 시계 초침은 계속 돌아가고 있습니다. 그날이 언제인지 몰라도, 그날, 심판의 날이 점점 가까워지고 있는 것입니다. 이날을 잊고 사는 사람은 어리석은 사람입니다. 우리 인류에게, 우리 인간의 운명에 가장 위대하고 중요한 결정적인 날을 잊어버리고 사는 사람이 얼마나 어리석은 사람입니까. 이날을 늘 염두에 두고, 이날을 사모하면서, 이날을 준비하면서 살아가는 사람이 되시기를 바랍니다.

하나님의 심판은 의롭다

다음으로, 이 최후 심판의 특징이 무엇입니까?

이 하나님의 심판에는 하나님의 성품이, 하나님의 속성이 그대로 드러납니다. 우리 하나님의 제일 되는 성품이 있다면 그것은 사랑입니다. 하나님은 사랑의 하나님이신데 이 사랑의 하나님과 비교가 되는 것이 또 하나 있습니다. 공의, 또는 의입니다. 하나님은 의로우신 하나님이십니다. 그렇기 때문에 우리 하나님께서 하시는 매사에는 하나님의 의가 드러납니다. 하나님께서 심판하시는 일에도 하나님의 의가 드러납니다.

오늘 본문 5절을 보시기 바랍니다. 둘째 줄 끝에 보면 하나님의 심판을 가리켜 어떤 심판이라고 했습니까? 의로우신 심판이라고 했습니다! 하나님의 심판은 의롭다는 것입니다. 다시 말하면 하나님의 심판은 하나님의 의에 기초하는 것입니다. 하나님의 심판이 감정에 치우치거나 충동, 편견, 뇌물에 의하여 이루어지지 않는다는 것입니다. 이 세상의 법관과 재판관은 때로 잘못된 편견에 치우쳐 잘못된 판단을 하기도 하고 어떤 사람을 억울하게 하기도 합니다. 그러나 우리 하나님은 공의로우신 재판관이십니다. 우리 하나님은 의롭게 심판하십니다. 다르게, 공평하게 재판하십니다.

의롭게 심판하신다는 말을 다른 말로 바꾸면 어떻게 심판하신다는 것이겠습니까? 오늘 본문 6절을 보십시오.

"하나님께서 각 사람에게 그 행한 대로 보응하시되."

이것은 성경 곳곳에서 강조하는 사실입니다. 대표적인 구절을 찾아보겠습니다. 마태복음 16장 27절 말씀입니다.

"인자가 아버지의 영광으로 그 천사들과 함께 오리니 그때에 각
사람이 행한 대로 갚으리라."

여기에서도 '행한 대로 갚으리라'고 합니다. 고린도후서 5장 10절
도 유명한 구절입니다.

"이는 우리가 다 반드시 그리스도의 심판대 앞에 나타나게 되
어 각각 선악 간에 그 몸으로 행한 것을 따라 받으려 함이라."

오늘 우리가 교독한 요한계시록의 말씀에는 "그 사람의 행한 대
로"라는 말씀이 두 번이나 나옵니다. 자기의 '행위대로 심판을 받는
다고 했습니다.

저는 제 부모가 행한 것에 영향을 받지 않습니다. 제 자식이 행
한 것의 영향도 받지 않습니다. 다른 어떤 것의 영향을 받지 않고
누가 행한 대로 받습니까? 내 자신이 행한 그대로 하나님 앞에 심
판을 받는 것입니다. 그렇기 때문에 그 하나님의 심판은 공정한 심
판입니다. 의로운 심판이라는 것입니다. 다른 데 영향을 받으면 억
울하지 않습니까?

재판은 증거로

여러분, 재판은 무엇을 가지고 합니까? 증거를 가지고 합니다.
심증으로 되는 것이 아닙니다. 하나님의 재판도 증거를 가지고 합
니다. 행위를 따라서 한다는 것입니다. 기억하십시오. 하나님의 심
판은 믿음으로, 입술의 고백으로 되는 것이 절대로 아닙니다. 그렇

다고 해서 성경이 행위 구원을 말씀하고 있는 건 아닙니다. 행위에 따라서 선을 많이 행한 사람은 구원을 받고 악을 행한 사람은 지옥에 간다는 말씀이 아니라는 것입니다.

우리가 알아야 될 것은, 참된 믿음은 삶에서 열매를 맺게 되어 있는 것입니다. 여러분, 좋은 열매가 어디에서 맺힙니까? 당연히 좋은 나무에서 좋은 열매를 맺히게 됩니다. 그와 같이 참 믿음은 언제나 선한 행실을 낳습니다. 예수를 믿는다고 하면서도 이전의 악한 모습이 하나도 변치 않는다면, 저는 그 사람의 믿음이 거짓이라고 단연코 말할 수 있습니다. 참된 믿음은 좋은 행실을 낳게 된다는 것입니다.

데살로니가 교회에는 3대 특징이 있었습니다. 첫째 믿음의 역사, 둘째 사랑의 수고, 셋째 소망의 인내입니다. 여기서 우리가 기억할 것은 그냥 믿음, 소망, 사랑이 아니라 믿음의 역사입니다. 역사라는 것은 'work, 일'입니다. 즉 믿음에 의한 일, 믿음으로 인해 일이 나타난 것입니다. 그리고 그냥 사랑이 아니라, 사랑의 수고로 다른 성도를 힘을 다하여 섬기는 것입니다. 또한 소망이 있기 때문에 핍박 가운데서도 인내하는 것입니다. 이것이 참된 믿음임을 믿으시기 바랍니다.

'우리 하나님이 각 사람의 행위대로 공평하게 보응하신다.'

이것이 우리 하나님의 심판의 대원칙입니다.

그러면 행위를 따라 심판한다는 것은 구체적으로 어떤 것이겠습니까?

오늘 본문에 보면 7절에서 10절에 두 가지로 말씀하고 있습니다. 먼저 7절을 보겠습니다. 7절에 보면 "참고 선을 행하여 영광과 존귀와 썩지 아니함을 구하는 자"라고 하였습니다. 이것이 바로 신자의 삶의 모습입니다. 그런 자에게는 무엇으로 갚으신다고 했습니까? 하나님께서 영생을 주신다고 했습니다.

여러분, 영생이 무엇입니까? 그냥 시간상으로 끝없이 계속되는 것이 영생이겠습니까? 그렇지 않습니다. 7절의 병행구절이 10절입니다. 10절을 보겠습니다.

"선을 행하는 각 사람에게는 영광과 존귀와 평강이 있으리니."
7절에는 영생으로 하신다고 했는데, 10절에는 영생 대신에 영광, 존귀, 평강이라고 했습니다. 영광과 존귀와 평강이 영원한 삶이고, 그것이 영생이라는 말씀입니다.

그 반대가 있습니다. 8절을 봅시다. 8절에 보면 "오직 당을 지어"라고 했는데, 당을 짓는다는 말은 원문상으로는 '이기적인 욕심을 가지고'란 말입니다. 'Self-seeking', 즉 자기를 구하는 것입니다. 그래서 이기적인 욕심으로 진리를 따르지 않고 불의를 따르는 자입니다. 이런 사람이 누구겠습니까? 바로 불신자의 모습입니다. 이런 사람들은 8절에 보니 "진노와 분노로 하시리라"고 말씀하고 있습니다. 9절에는 "환난과 곤고가 있으리라"고 하였습니다. 요컨대 '악을 행하는 자에게는 우리 하나님께서 진노하심으로 인하여 지옥 형벌을 주시고, 환난과 곤고를 주신다'는 말씀입니다.

이 7절에서 10절 말씀을 보면 생각나는 말씀이 있습니다.

갈라디아서 6장 7절 말씀입니다.

"사람이 무엇으로 심든지 그대로 거두리라."

곡식도 틀림없이 심은 대로 거둡니다. 이거 심었는데 다른 게 나는 법이 없듯이, 우리 인생도 그렇다는 것입니다. 사람의 일생도, 행위도, 하나님 앞에서 행한 대로 거두게 됩니다. 한 가지 예를 보겠습니다. 7절에 보면 "참고 선을 행하여 영광과 존귀와 썩지 아니함을 구하는 자"가 있습니다. 영광과 존귀를 구하는 자가 무엇을 거두게 됩니까? 10절을 보십시오. 영광과 존귀와 평강이 있습니다. 무슨 말씀인지 아시겠습니까? 영광과 존귀를 추구하며 살아가는 자에게 10절에 보면 영광, 존귀, 평강이 있게 될 것을 말씀하고 있습니다. 심은 대로 거두게 되어 있습니다.

우리 하나님이 얼마나 의로우신 하나님이십니까. 얼마나 의로운 심판입니까. 행한 대로 갚으시는 것입니다. 그러므로 여러분은 영광과 존귀와 썩지 아니할 것, 곧 영원한 것을 추구하시기 바랍니다. 시간이 지나면 사라져 버릴 것, 일시적인 것, 내가 죽으면 다 끝이 나버리는 것, 썩어질 것을 추구하면서 살지 마시기 바랍니다. 세상의 물질과 육적인 삶, 육적인 만족을 내 삶의 목표로 추구하지 마시고 영원한 것, 하늘의 것, 참된 것을 제일로 추구하면서 살아가시기 바랍니다.

여러분, 우리 삶에는 반드시 하나님의 보응이 있습니다. 누구나 잘 알고 있는 히브리서 9장 27절 말씀을 보십시오.

"한번 죽는 것은 사람에게 정해진 것이요 그 후에는 심판이 있으리니."

한번 죽는 것으로 모든 것이 끝난다고 하지 않았습니다. 한번 죽는 것은 모든 사람에게 정해진 것이요, 그 후에는 반드시 심판이 있다고 하였습니다. 하나님의 심판이 있는 것입니다. 마태복음 7장에 보면 두 가지 집이 나옵니다. 어떤 집입니까? 모래 위에 세운 집과 반석 위에 세운 집입니다. 이 말씀을 가지고 찬송가가 지어졌습니다.

"세상 모든 사람들 집을 짓는 자일세."

세상 모든 사람들은 집을 짓는 것입니다. 여러분도 저도 어떤 집인지 몰라도 집을 짓고 있습니다. 모래 위에 세운 집이든지 반석에 세운 집이든지 눈에는 안 보이지만 지금 집을 짓고 있는 것입니다.

쌓아가는 사람들

그런데 오늘 본문 5절을 봅시다. "진노를 네게 쌓는도다." 이 말씀을 보면 세상 모든 사람들은 무엇을 하는 사람입니까? 쌓아가는 사람입니다. 무엇인가를 쌓아가는 사람! 집을 짓는 것과 좀 비슷하지요. 믿음으로 선을 쌓아가는 사람들이 있습니다. 불신앙으로 악을 쌓아가는 사람도 분명히 있습니다. 둘 중 하나지 중간은 없습니다.

소돔과 고모라 사람들은 무엇을 쌓았습니까? 진노를 쌓았습니다. 그 성에 무엇이 있다고 했습니까? 동성애, 성적인 부도덕, 성적인 타락이 하늘에 닿았습니다. 죄를 쌓아서 하늘에 닿으니까 하나님께서 불로 심판하셨습니다.

그런데 신약성경 사도행전에 보면 백부장 고넬료라는 사람이 나옵니다. 그는 자기 가족들과 함께 하나님을 경외하는 사람이라고 했습니다. 그는 많은 백성을 구제하고 항상 하나님께 기도하는 사람이라고 했습니다. 그는 기도와 구제를, 선행을 쌓아간 사람입니다. 어느 날 기도시간에 환상 중에 하나님의 천사가 나타나서 그에게 말하였습니다.

"고넬료야, 너의 기도와 구제가 하나님께 상달되었느니라."

이 상달이란 말이 참 의미가 있습니다. 상달이 무엇입니까?

우리 동부교회당으로 보면 바닥에서 쌓아서 천장에 닿았다는 것입니다. 누구의 기도와 구제입니까? 고넬료의 기도와 구제입니다. 사람들의 눈에는 안 보지만, 진실하게 하나님 앞에서 하나님을 섬기며 기도하고 구제해 왔더니, 그 기도와 구제가 하나님께 상달되어서, 쌓여서 하나님께 닿은 것입니다. 하늘에 닿으니까 하나님께서 고넬료의 그 기도와 구제를 기억하시고 천사를 보내주시고, 이제는 주님의 제자 베드로를 보내주셔서 그 가정과 친구들에게 복음을 전하게 하지 않습니까? 예수 그리스도의 복음을 전함으로 고넬료와 그 가족들과 친척들, 친구들이 다 예수를 믿고 성령을 받고 구원받는 역사가 일어난 것입니다. 이렇게 어떤 사람은 하나님 앞에서 악과 진노를 쌓는 사람이 있고, 또 믿음과 선행을 쌓아가는 사람도 분명히 있습니다. 이에 대하여 우리 하나님께서는 분명히 갚으신다는 말씀입니다.

여러분은 지금 무엇을 쌓아가고 있습니까? 매일 무엇을 위하여 살고 계십니까? 이제 한해가 저물어 갑니다. 지난 한해도 여러분은 무엇을 위하여 이 세상에서 땀을 흘리며 그렇게 분주하게 살아가셨습니까? 심판 날에 다 드러나게 될 것입니다. 그날에 하나님의 의로우신 보응을 받게 될 것입니다. 그러므로 믿음으로 참고 선을 행하여 하나님께로부터 영생, 즉 존귀와 영광과 평강을 얻게 되는 여러분 모두가 되시기를 바랍니다.

18

로마서 2:12-16

심판의 기준

"무릇 율법 없이 범죄한 자는 또한 율법 없이 망하고 무릇 율법
이 있고 범죄한 자는 율법으로 말미암아 심판을 받으리라 하나
님 앞에서는 율법을 듣는 자가 의인이 아니요 오직 율법을 행하
는 자라야 의롭다 하심을 얻으리니(율법 없는 이방인이 본성으
로 율법의 일을 행할 때에는 이 사람은 율법이 없어도 자기가 자
기에게 율법이 되나니 이런 이들은 그 양심이 증거가 되어 그 생
각들이 서로 혹은 고발하며 혹은 변명하여 그 마음에 새긴 율법
의 행위를 나타내느니라) 곧 나의 복음에 이른 바와 같이 하나
님이 예수 그리스도로 말미암아 사람들의 은밀한 것을 심판하시
는 그 날이라"

여러분은 법정에 가보신 적이 있습니까? 저는 재판을 받아 본 적
은 없지만, 방청석에 참석해 본 적이 있습니다. 그런데 재판의 기준
이 무엇이라고 생각하십니까? 판사의 소견, 판단, 양심, 그것으로
재판을 합니까? 그렇지 않습니다. 재판의 기준은 오직 법입니다. 법
으로 재판을 하는 것입니다. 최종 선고를 할 때에도 무슨 법, 몇

조, 몇 항에 의거하여 무슨 형에 처한다고 선언합니다.

지난 주일에 하나님의 진노의 날, 곧 심판 날과 그날에 하나님께서 의로우신 심판을 각 사람에게 할 것이라는 것을 말씀을 통해서 살펴보았습니다. 마지막 날 모든 사람은 하나님의 심판대에 서게 됩니다. 이것을 믿습니까? 그때 무엇을 따라 심판을 받는다고 하였습니까? 2장 6절을 보십시오.

"하나님께서 각 사람에게 그 행한 대로 보응하시되."

각 사람의 행한 대로 하나님께서 심판하신다고 했습니다. 그렇다면 각 사람의 행위를 판단할 기준이 있어야 됩니다. 하나님께서 각 사람의 행위를 판단하시는 그 심판의 기준이 도대체 무엇이겠습니까? 그것은 이 세상 법정하고 똑같습니다. 심판 기준이 무엇이란 말입니까? 법이라는 것입니다. 오늘 성경에 보면 그냥 율법이라고 말씀하고 있습니다.

본문에 열한 번이나 율법이라는 말씀이 나오는데, 이방인과 유대인의 행위가 율법과 무슨 관계가 있는가 하는 것을 우리에게 말씀해 줍니다. 쉽지 않은 말씀이지만, 진리의 영이신 성령님의 도우심으로 말씀을 깨닫고 은혜 받는 시간이 되시기를 바랍니다.

먼저 생각할 것은 율법이 무엇이냐는 것입니다.

율법을 영어성경에서 찾아보면 그냥 'The Law'라고 합니다. 법을 영어로 'Law'라고 합니다. 그냥 법이라고 했습니다. 하나님께서 시내산에서 이스라엘 백성과 언약을 맺으시면서, 그때에 이스라엘 백성에게 주신 법을 가리켜서 우리가 율법이라고 합니다. 하나님의 법을 가리키는 말입니다. 이것은 구원의 수단으로 주어진 것이 아니었습니다. 너희가 이 법을 잘 지키면 내가 너희를 구원하겠다는 말이 아니라는 것입니다.

하나님께서 이스라엘 백성을 애굽에서 구원해 내셨습니다. 그리고 하나님께서는 자기 백성이 된 그들에게 삶의 원리와 규칙으로 율법을 주셨습니다. 우리 인간이 타락한 후에는 지혜와 지식, 도덕성이 흐려졌습니다. 진리를, 하나님의 뜻을 명확하게 알 수 없게 되었습니다. 하나님께서 기록된 율법을 주시는 것은, 이제 희미하게 된 우리 인생이 분명하게 하나님의 뜻과 법을 깨닫고 바르게 행하도록 하기 위해서입니다.

이 율법을 히브리어로 '토라'라고 합니다. 구약성경 맨 앞에 보면 창세기, 출애굽기, 레위기, 민수기, 신명기 이 다섯 권을 가리켜서 모세오경이라고 하고, 또 다른 말로 '토라'라고 말하는 것입니다. 이것이 바로 율법입니다. 이 율법의 핵심은 십계명입니다. 이 율법은 유대인과 이방인들을 구분 짓는 아주 결정적인 요소입니다. 가장 중요한 요소입니다. 유대인들을 가리켜서 '토라의 백성'이라는 말을 합니다. 우리가 성경말씀을 보면 유대인들을 가리켜 "율법 안에 있는 자들", 또 "율법 아래 있는 자들", "율법에 속한 자들"이라고 말씀합니다. 그런데 이방인들을 향해서는 무엇이라고 하느냐 하면 "율법 없는 자들", "율법 밖에 있는 자들", "율법 없는 죄인들"이라고 말씀합니다.

여러분, 유대인들이 모이는 곳을 무엇이라고 하는지 아십니까? 회당이라고 합니다. 그래서 우리가 성경에 보면 '예수님께서 회당에 들어가셨다', '바울 사도가 안식일에 회당에 들어갔다'라는 말씀이 많이 보는데요, 이 회당은 구약성경에 없습니다. 그렇다면 도대체 언제 어떻게 생겨났을까요? 바벨론에게 유다가 멸망을 당하고 예루살렘 성전도 완전히 잿더미가 되었습니다. 성전이 없어져 버렸습니다. 모이는 곳이 없어져 버린 것입니다.

이스라엘 백성들은 포로로 끌려갔습니다. 포로로 끌려간 그 바벨론 땅에서 유대인들은 마을을 이룰 때마다 그 마을에다 회당을 지었습니다. 그 회당에 모여서 하나님께 예배를 드리고 또 교제를 나누었습니다. 그것이 신약 시대에도 계속되었고, 지금도 세계 곳곳마다 유대인들이 사는 곳에 가면 유대인의 회당이 있습니다.

이 회당은 건축이 딱 한 방향으로 되도록 되어 있습니다. 어느 방향으로 되어 있을까요? 예루살렘입니다. 예루살렘 방향으로 다 지어져 있는 것입니다. 저는 여러 개의 회당을 보았는데 회당은 겉모습도, 안의 내부 모습도 기독교의 교회당과 아주 흡사합니다. 그런데 한 가지 다른 것이 있습니다. 앞에 장의자가 있고, 그 앞에 강대상이 있습니다. 랍비가 안식일마다 여기서 하나님 말씀을 낭독하고 가르칩니다.

그런데 한 가지 다른 것이 무엇이냐 하면, 강대상 뒤에 무엇인가를 휘장으로 가려놓았습니다. 그 뒤에 벽장이 있습니다. 그 속에는 상자 또는 커버 속에 토라, 하나님의 율법이 들어있습니다. 그것을 눕혀서 놓는 법이 없고 언제나 세워서 그 안에 넣고 벽장문을 닫고 휘장을 쳐놓습니다. 그리고 안식일이 되면 그것을 끄집어내어 낭독하고, 그것을 가르치고, 다시 그 안에 넣어 두는 것입니다.

이 토라가 오래되어서 낡으면 회당 바닥을 파서 그 안에 묻거나 사람들이 묻히는 공동묘지에다가 묻습니다. 사람 취급을 하는 것입니다. 인격적인 대우를 합니다. 그래서 토라 무덤이 있습니다. 요컨대 회당의 제일 되는 특징, 회당의 핵심은 바로 토라, 율법이라는 것입니다. 그만큼 율법은 이스라엘 백성에게 중요한 것입니다. 이스라엘 백성으로 하여금 이스라엘 백성 되게 하는 것, 유대인으로 하여금 유대인 되게 하는 것이 바로 율법, 토라라고 하는 것입니다. 오늘 본문 12절을 보십시오.

> "무릇 율법 없이 범죄 한 자는 또한 율법 없이 망하고 무릇 율법이 있고 범죄 한 자는 율법으로 말미암아 심판을 받으리라."

이 12절 말씀에는 두 가지 종류의 사람이 있습니다. 다시 한 번 보십시오. 첫 번째는, 율법 없이 범죄 한 자가 나옵니다. 또 율법이 있고 범죄 한 자가 나옵니다. 그러면 율법 없이 범죄 한 자가 누구겠습니까? 14절을 보십시오. 율법 없이 범죄 한 자는 이방인입니다. 이방인은 율법이 없습니다. 율법을 모릅니다. 율법을 알지도 못하는데 왜 하나님께서 그들을 심판해서 멸망시킵니까? 이것은 뭔가 조금 불공평한 것 같습니다. 그러나 그 이유가 14절과 15절에 기록되어 있습니다. 14절에 보면 율법 없는 이방인이 본성으로 율법의 일을 행한다고 했습니다.

제가 늘 말씀을 드리지만, 우리 인간은 하나님의 형상으로 지음을 받았습니다. 그런 인간이 범죄 해서 타락했습니다. 사람이 타락해서 부패하고 죄로 오염이 되었지만, 하나님의 형상을 완전히 잃어버리고 짐승처럼 된 것은 아니라는 것입니다. 하나님의 형상이 크게 훼손되었지만, 여전히 우리 인간은 하나님의 형상이라는 것입니다. 그렇기 때문에 여전히 어느 정도의 도덕성을 가지고 있습니다. 그래서 14절에 무엇이라고 합니까? 율법 없는 이방인이 본성으로 율법의 일을 행합니다. 그리고 끝에도 보면 율법이 없어도 자기가 자기에게 율법이 된다고 했습니다. 그 다음에 나오는 15절에도 보면, 이런 이들은 그 양심이 증거가 되어 그 생각들이 서로 혹은 고발하며 혹은 변명한다고 말씀합니다.

예를 들어봅시다. 어떤 사람이 죄를 지으려 하면, 그 마음속에 양심이 고발을 합니다. 뭐라고 고발을 합니까? '너 그거 하면 죄 짓는 거잖아? 이거 하면 나쁜 거잖아?' 이것이 바로 고발하는 것입니다. 자기 속에 있는 양심이 고발을 하는 것입니다. 그런가 하면 한편으론 그 양심이 변명을 합니다. '에이, 이 정도는 괜찮아. 다른 사람들도 다 그렇게 하잖아. 이게 큰 피해를 미치는 것도 아니고' 하며 변명하는 것입니다. 자기 양심이 자기 속에서 고발도 하고 변명도 합니다. 우리가 무엇을 알 수 있습니까? 이방인은 기록된 율법처럼 완전한 도덕률은 없지만, 여전히 선악을 구별할 수 있는 능력이 그 속에 어느 정도 있다는 것입니다.

예수 안 믿는 사람도 부모 공경은 옳은 줄 압니다. 부모를 공경하지 않으면 나쁜 놈이고, 죄 짓는 것임을 안다는 것입니다. 살인하고 간음하고 도적질하고 거짓말하는 것도 나쁜 일이며 죄짓는 일이란 것을 예수 안 믿어도 다 아는 것입니다.

불교에는 사미십계가 있습니다. 사미승이란 아직 정식으로 중이 안 된 사람, 지금 훈련 중에 있는 그런 사람을 말하는데요, 사미십계에 보면 1, 2, 3, 4가 우리 기독교 십계명에 있는 그대로, 하나님의 법과 거의 같습니다. 그것은 무엇을 보여줍니까? 이방인들도 아직 그 양심에 하나님의 법을 어느 정도 알 수 있게 되어 있다는 것을 우리에게 보여주는 것입니다.

문제는 무엇입니까? 이방인들도 어느 정도의 도덕적 감각과 양심의 법이 있는데도, 그렇게 살지 않는다는 것입니다. 양심의 소리를 따라서 살아갈 때도 있지만, 양심의 소리에 그냥 귀를 막아버리고 내가 원하는 욕심을 따라서 죄를 짓고서 살아간다는 것입니다. 그렇기 때문에 12절 첫 줄에 율법 없이 범죄 한 자는 율법 없이 하나님의 심판을 받아서 망한다는 것입니다. 멸망당한다는 것입니다.

그러면 12절 후반부에 나오는 율법이 있고 범죄 한 자는 누구를 가리키겠습니까? 유대인을 가리킵니다. 그들은 율법으로 심판을 받는다고 했습니다. 유대인들은 하나님의 특별한 은혜를 입고서 하나님의 백성이 되었습니다. 하나님께로부터 하나님의 뜻이 무엇인지, 인생을 어떻게 살아야 되는지, 아주 명확한 법을 하나님께로부터 받았습니다. 이것은 하나님의 큰 선물이라고 할 수 있습니다.

그런데 하나님은 왜 이 율법을 주셨습니까? 이것을 주신 이유는, 하나님의 백성으로서 행하고 지키라고 주셨습니다. 그런데 유대인들은 율법을 가지고 있고, 듣고 있다는 그 자체에 큰 의미를 두었습니다. 그래서 바울 당시 유대인들은 저 신명기 6장 4절 이하의 쉐마 기도문을 늘 암송을 했습니다. "이스라엘아 들으라 우리 하나님 여호와는 오직 하나인 여호와시니"라는 기도문이 있는데, 우리로 하면 국민교육헌장 같은 것입니다. 그것을 늘 암송을 했습니다.

그리고 안식일이 되면 회당에 가서 율법이 낭독되는 것을 들었습니다. 그들은 늘 율법을 가까이하고 자랑했습니다. 그런데 율법을 하나의 부적처럼 여겨서, 이것 때문에 자기들은 하나님의 심판을 받지 않고 구원받으리라고 생각했습니다. 율법을 삶의 현장에서는 지키지 않았다는 것입니다.

마태복음 23장에 보면, 예수님께서 율법을 지키지 않는 서기관 바리새인들을 얼마나 엄하게 질책했는지 모릅니다.

"화 있을진저, 너희 서기관과 바리새인들이여" 하면서 여러 번 그들을 책망하고 계십니다. 왜 그렇습니까? 그들은 말만 하고 행하지 않는다고 했습니다. 행하는 경우가 있지만 그것도 하나님 앞에서 진심으로 행하는 것이 아니라 사람에게 보이려고 위선적으로 행하였다고 했습니다. 그래서 마지막에 예수님이 그들에게 너희는 회칠한 무덤과 같다고 했습니다.

여러분, 회칠한 무덤이 무엇입니까?

회는 하얀색입니다. 무덤 겉을 회칠하면 겉은 하얗고 깨끗합니다. 그런데 무덤 속에는 뭐가 있습니까? 시체가 썩어서 냄새가 납니다. 부정합니다. 더럽습니다. 이 유대인들이, 서기관과 바리새인들이 그와 같았다는 것입니다. 겉으로는 하나님을 잘 섬기는 척해도 하나님의 말씀을 바르게 지키지 않고, 속은 아주 부정하고 더럽다는 것입니다. 요한복음 7장 19절을 보십시오.

"모세가 너희에게 율법을 주지 아니하였느냐 너희 중에 율법을 지키는 자가 없도다."

유대인들은 참으로 하나님의 율법을 지키는 자가 없었다는 것입니다. 요컨대 율법은 소유가 아니라 실천이 중요하기 때문에, 유대인들이 율법을 소유했다고 해도 지키지 않으면 그들은 이방인들과 다를 바가 없는 것입니다. 12절에 보면 "율법이 있고 범죄 한 자는 율법으로 말미암아 심판을 받으리라"고 말씀합니다. 율법으로 인하여 심판을 받고 멸망 받을 것을 말씀합니다.

여기서 성도들이 생각할 점이 하나 있습니다. 오늘 예수 믿는 우리에게는 하나님의 말씀, 성경이 있습니다. 그 점에서 볼 때에 우리는 유대인과 비슷합니까, 이방인과 비슷합니까? 유대인과 비슷합니다. 우리들은 하나님의 말씀인 성경을 가지고 있습니다. 이 성경 말씀을 듣기 원하고, 읽기 원하고, 하나님의 말씀에 은혜 받기를 원합니다.

그런데 어떤 사람은 말씀을 들어도 생각이 변하지 않고, 가치관이 변하지 않고, 인생관이 변하지 않습니다. 그 사람의 성격이나 삶도 변하지 않습니다. 왜 그렇습니까? 듣는 데서 끝나기 때문입니다. 행치 않기 때문입니다.

"주의 말씀 듣고도 행치 않는 자는 모래 위에 터 닦고 집을 지음 같아 비가 오고 물 나며 바람 부딪칠 때 모래 위에 세운 집 크게 무너지네."

어떤 사람은 신앙의 집을 크고 높게 짓지만, 행치 않는 사람은 모래 위에 집을 세우는 자와 같습니다. 그래서 때가 되면 그 집은 다 무너지고 맙니다. 그 신앙생활이 헛것으로 판명이 된다는 것입니다. 야고보 선생이 그것을 잘 말했습니다. 행함이 없는 믿음은 헛것이라고 했습니다. 또 행함이 없는 믿음은 죽은 것이라고 말했습니다. 그런데 죽은 믿음이 그 사람을 구원할 수 있겠습니까? 구원할 수 없습니다.

말씀을 듣고 마음에 새기고, 마음에 새긴 그 말씀을 위하여 기도하시고 행하는 성도가 되시기를 바랍니다. 행함이 없는 죽은 믿음이 아니라 살아있는 믿음의 성도가 되시기를 바랍니다.

오늘 말씀의 초점은 유대인에게 있습니다. 이 로마서 1장이 이방인을 향한 것이라면, 2장은 유대인을 향하여 하시는 말씀입니다. 그들은 자기들이 하나님이 택하신 선민이요, 또 율법을 가지고 있기 때문에 멸망을 받지 않는다고 믿고 이방의 죄인들은 멸망을 받을 것이라고 판단했습니다. 이방인의 죄인들은 하나님의 심판을 받고 지옥에 떨어질 거라고 생각했습니다.

그러나 오늘 본문은 유대인이든 이방인이든, 모세의 율법을 가지고 있건 없건 그것이 문제가 아니라, 지키지 않으면 다 하나님의 심판을 면할 수 없다는 것을 말씀하고 있습니다. 율법이 있든 없든 범죄 하는 사람은 다 망합니다. 결국 율법이 있건 없건, 이방인이든 유대인이든 다 하나님 앞에서 심판을 받아 망한다는 것이며, 다른 말로 하면 우리 모든 인류는 하나님 앞에서 죄로 인해 심판 받고 멸망하게 된다는 것입니다.

그런데 모든 사람이 죄인이라는 증거가 어디 있습니까? 바로 이 자리에 있습니다. 무슨 말씀입니까? 여기 서 있는 저와 여러분들이 모든 사람이 죄인임을 증거하고 있습니다. 하나님 앞에서 마음과 행실이 깨끗하여 한 치의 부끄럼 없이 설 수 있는 사람이 이 세상에 누가 있겠습니까? 하나님 앞에서 나는 티끌만큼도 죄짓지 않았다고 나설 수 있는 사람이 이 세상에 누가 있겠습니까? 한 사람도 없습니다. 다 하나님의 심판을 받을 수밖에 없고, 멸망을 받을 수밖에 없는 것입니다. 이 점에서 우리 인류는 절망적입니다.

희망은 어디 있습니까? 희망은 우리 인간에게 있는 것이 아니라 하나님께 있는 것입니다. 우리가 잘 아는 요한복음 3장 16절 말씀입니다.

"하나님이 세상을 이처럼 사랑하사 독생자를 주셨으니 이는 그를 믿는 자마다 멸망하지 않고 영생을 얻게 하려 하심이라."
아멘.

갈라디아서 4장 4절을 보면 "때가 차매 하나님이 그 아들을 보내사 여자에게서 나게 하시고 율법 아래에 나게 하셨다"라고 하셨습니다. 하나님이 그 아들을 율법 아래 나게 하셨다는 말이 무슨 말씀이겠습니까? 율법을 지킬 의무를 가지고서 태어나도록 했다는 것입니다. 하나님의 아들은 율법의 창시자입니다. 율법을 우리 인간에게 주신 분입니다. 그런데 그분이 율법을 지킬 의무가 있습니까? 없습니다. 그런데 그가 '율법 아래 태어나셨다, 율법을 지킬 의무를 가지고 태어났다'는 이 말씀은 참으로 의미가 있는 말씀입니다.

그래서 율법 아래 태어나신 예수님께서는 33년 생애 동안 하나님의 율법을 100% 순종하셨습니다. 왜 그랬을까요? 우리 인류가 하나님의 율법을 한 사람도 바르게 지키지 못하기 때문에, 우리를 대신해서 우리를 의롭다 하시려고 하나님의 법에 그대로 순종하시는 삶을 사셨던 것입니다. 그리고 마지막에는 우리가 우리 죄로 인하여 받아야 될 하나님의 진노의 심판, 이 심판을 십자가에서 받으셨습니다. 그것도 우리를 대신해서 말입니다. 요약하면 예수님의 삶도 우리를 대신한 삶, 율법에 순종하는 삶이었습니다. 예수님의 죽음도 우리를 대신하신 죽음이고, 우리가 죽어야 될 죽음을 대신하신 것이었습니다.

여러분, 율법이 없는 자는 어떻게 망한다고 했습니까?

율법 없이 망한다고 하였습니다. 그런데 율법이 있는 이스라엘 백성, 유대인들은 어떻게 망한다고 했습니까? 율법을 지키지 아니함으로 율법으로 망한다고 했습니다. 그런데 요한복음 3장 16절에 무엇이라고 했습니까? "하나님이 세상을 이처럼 너무 사랑하사 독생자를 주셨으니 이는 그를 믿는 자마다 멸망하지 않고 영생을 얻게 하려 하심이라"고 했습니다. 율법이 없는 자는 율법 없이 멸망하고, 율법이 있는 자는 율법으로 멸망을 받지만, 그를 믿는 자는 멸망하지 않고 영생을 얻으리라고 우리 예수님께서 약속하셨던 것입니다.

이 얼마나 복된 소식입니까. 아무도 하나님 앞에 설 수 없는데, 하나님의 심판을 받고 멸망할 수밖에 없는데, 우리 하나님께서 우리를 사랑하셔서 독생자를 주셨습니다. 이 복음을 믿음으로 멸망치 않고 영생을 얻는 복된 성도들이 다 되시기를 바랍니다. 예수 그리스도 그분이 우리의 유일한 희망이요, 빛임을 믿으시기 바랍니다. 이 사실을 깨닫고 믿음으로, 다가오는 성탄은 그 어느 해보다 더 감사와 감격이 넘치시기를 기원합니다.

19

로마서 2:17-24

유대인의 자랑과 죄악

"유대인이라 불리는 네가 율법을 의지하며 하나님을 자랑하며
율법의 교훈을 받아 하나님의 뜻을 알고 지극히 선한 것을 분간
하며 맹인의 길을 인도하는 자요 어둠에 있는 자의 빛이요 율법
에 있는 지식과 진리의 모본을 가진 자로서 어리석은 자의 교사
요 어린 아이의 선생이라고 스스로 믿으니 그러면 다른 사람을
가르치는 네가 네 자신은 가르치지 아니하느냐 도둑질하지 말라
선포하는 네가 도둑질하느냐 간음하지 말라 말하는 네가 간음
하느냐 우상을 가증히 여기는 네가 신전 물건을 도둑질하느냐
율법을 자랑하는 네가 율법을 범함으로 하나님을 욕되게 하느냐
기록된 바와 같이 하나님의 이름이 너희 때문에 이방인 중에서
모독을 받는도다"

지난 몇주일 동안 우리 신앙생활에, 교회생활에 꼭 필요한 말씀
들을 전했습니다. 그 말씀들을 마음에 새기고 또 순종하면서 살아
가시기를 바랍니다. 다시 로마서로 돌아왔는데, 로마서는 단단한
음식이라고 할 수 있습니다. 딱딱합니다. 그렇지만 단단한 음식 속
에 진리의 진수가 들어있습니다. 그래서 이 로마서를 통하여 우리

성도들의 신앙이 더욱더 반석 위에 굳게 세워지기를 바랍니다.

가장 강한 우월성을 가진 민족, 유대인

세계에는 몇 개의 민족이 있는지 혹시 아십니까? 약 7천 개 정도
의 민족이 있다고 합니다. 그중에 자기 민족에 대하여 가장 강한
우월성을 가지고 있는 민족이 어떤 민족이냐 하면 바로 유대민족입
니다. 그들은 유대인 아닌 사람은 전부 다 이방인이라고 합니다. 그
래서 인류를 두 가지로 나눕니다. 유대인과 이방인으로 나누고, 이
방인들을 아주 멸시하였습니다. 그 때문에 유대인들은 다른 민족
들에게 미움을 사기도 했습니다.

우월의식의 근거

그렇다면 이스라엘 백성들이 가지고 있는 이 민족적 우월 의식
은 도대체 어디에서 나오는 것일까요? 몇 가지 이유가 있지만, 첫
번째가 바로 율법이라는 것입니다. 율법이라는 것은 영어로 The
Law, 법이라는 말입니다. 하나님께서 시내산에서 모세를 통하여 당
신의 백성, 이스라엘 백성에게 주신 법이 율법입니다. 히브리어로
'토라'라고 말을 합니다. 이 율법은 하나님께서 이스라엘 백성에게
주신 큰 선물이자 특권이었습니다. 그리고 이스라엘 백성들은 이것
을 가졌다는 것을 큰 자랑으로 생각했습니다. 그들은 그의 자녀들

에게 어려서부터 토라를 가르쳤습니다. 그래서 이스라엘 백성을 가리켜 '토라의 백성'이라는 말을 하는 것입니다. 그러니까 유대인으로 하여금 유대인 되게 하는 제일의 것이 바로 율법이라는 말씀입니다. 오늘 본문이 그것을 잘 보여줍니다.

본문 17절에 보시면, 유대인들은 율법을 의지한다고 했습니다. 무슨 뜻입니까? 율법에 자신의 기초와 근거를 두고, 거기에 소망을 걸고 만족을 찾고자 한다는 것입니다. 즉 율법은 유대인으로 하나님의 언약 백성으로서 이방인과 구별된 민족의 독특성을 나타내는 신분 표시라는 말입니다. 18절을 보십시오. 18절에 보면 유대인은 이 율법의 가르침을 받아서 하나님의 뜻을 안다고 했습니다. 또 지극히 선한 것이 무엇인지 분간한다고 했습니다.

우리가 여기서 생각할 것이 하나 있습니다. 하나님의 백성 된 우리가 하나님의 뜻대로 살아야 되는데, 지극히 선한 것, 가장 선한 것이 무엇인지 분간해서 살아야 하는데, 어떻게 하나님의 뜻을 알 수 있고 가장 선한 것을 분별할 수가 있겠습니까? 그것은 오직 하나님의 말씀을 통해서 할 수 있는 것입니다.

우리가 가지고 있는 성경은 기록된 하나님의 말씀입니다. 믿습니까? 기록된 하나님의 말씀이기 때문에 이 속에는 하나님의 뜻이 숨겨져 있습니다. 성경을 읽을 때 하나님의 뜻을 알 수 있고, 성경을 읽을 때에 하나님이 원하시는 가장 선한 것이 무엇인지 발견할 수 있는 것입니다.

망망대해를 항해하는 배는 아무것도 안 보이는데 어떻게 방향을 잡고 목적지로 갈 수 있습니까? 나침반을 보고서 가는 것입니다.

그처럼 우리 인생의 길도 마찬가지입니다. 어떻게 우리가 하나님이 원하시는 참된 항해의 길을 갈 수 있습니까? 그것은 바로 성경이라고 하는 나침반을 가지고 있을 때에 참된 길을 걸어갈 수 있다는 것입니다. 기도와 함께 이 성경을 지속적으로 읽어서 성경을 통해 하나님의 뜻을 알고, 선한 것을 분별해서 살아가시기를 바랍니다.

이렇게 유대인들은 율법을 통해 하나님의 뜻을 잘 알고, 또 지극히 선한 것이 무엇인지 분별하면서 살았기 때문에, 자기들에 대해서 19절에 보면 '맹인의 길을 인도하는 자'라고 생각했습니다. 가이드라고 생각했습니다. 가이드가 무엇 하는 사람입니까? 우리가 여행을 가면, 어디로 갈지, 어느 것이 좋은지 잘 모릅니다. 그런데 우리를 인도하는 자가 누굽니까? 가이드입니다. 이스라엘 백성들, 유대인들은 자기들이 가이드라고 생각했습니다. 그러면 맹인은 누구를 가리키겠습니까? 맹인은 이방인을 가리키는 것입니다. 이방인은 진리에 있어서 눈먼 소경이란 뜻입니다. 어디로 가야 옳은 길인지 이방인은 잘 모른다는 것입니다. 그래서 하나님의 율법을 잘 알고 있는 자기들이 맹인의 가이드라고 생각했습니다. 또 어둠 속에 있는 자의 빛이라고 생각했습니다. 그들은, 이방인들은 어둠 속에 있다고 생각했습니다. 그리고 율법을 빛이라고 생각했기에, 율법을 가지고 있는 자기들이 바로 빛이라고 생각했던 것입니다. 또 20절에 보니까 그 율법으로 인해서 지식과 진리에 모본을 가지고 있다고 했습니다. 모본을 가지고 있다는 것은, 전체적인 진리 체계를 갖추고 있었다는 말입니다. 그래서 자신들은 어리석은 자의 교사요, 어린아이의 선생이라고 믿었습니다. 여기에 어리석은 자와 어린아이는 누구를 가리키겠습니까? 역시 이방인을 가리키는 것입니다. 요컨대 유대인들은 율법이라고 하는 하나님이 주신 이 탁월한 진리체계를 가지고 있었기 때문에, 자기들은 다른 민족들의 선생이라고 생각하고 있었습니다.

이것이 잘못된 것은 아닙니다. 그런데 문제는 무엇입니까? 그들은 스스로 교사라고 생각하면서 교사의 역할을 감당하지 못했습니다. 사도 바울은 오늘 본문 21-23절에서 네 가지 질문을 통하여 유대인들의 잘못을 호소하고 있습니다.

첫 번째는, 다른 사람을 가르치는 그들이 자기 자신은 가르치지 않는다는 것입니다. 마태복음 23장 3절에 보면 "그들은 말만 하고 행하지 않는다"라고 했습니다. 무슨 말입니까? 율법을 가지고 다른 사람을 가르치고 다른 사람에게 교훈은 하지만, 그것을 자기들에게는 가르치지 않고 그것을 자기들은 행하지 않는다는 것입니다. 실천하지 않는다는 것입니다.

두 번째는, 도둑질하지 말라고 가르치면서 자기들은 도둑질한다는 것입니다.

세 번째는, 간음하지 말라고 가르치면서 자기들은 간음한다는 것입니다.

네 번째는, 우상을 가증히 여긴다고 하면서 이방 우상의 신전에 가서 신전 물건을 도둑질 한다는 것입니다.

한마디로 말하면 이것입니다. 23절을 보십시오.

"율법을 자랑하는 네가 율법을 범함으로…."

율법을 자랑하고 가르치면서 그들은 율법을 범하고 깨뜨렸다는 것입니다.

이런 유대인의 모습이 당시 유대인들만의 모습이겠습니까?

오늘날도 이런 모습이 우리 기독교인에게도 계속되고 있습니다. 오늘날 저 같은 목사나 또 주일학교 교사나 구역장이나 또 부모님들이나 다 교사인데 '설교하고 가르치는 자들이 어떻게 잘 설교할까? 어떻게 잘 가르칠까?' 여기에는 관심이 많고 신경을 쓰지만, 유대인들처럼 자기 자신을 잘 가르치지는 않습니다.

청교도인 리처드 백스터 목사님은 "네가 준비하는 설교를 다른 사람에게 설교하기 전에 먼저 너 자신에게 설교하라"는 유명한 말을 했습니다. 설교할 말씀을 먼저 자기에게 설교하고, 가르칠 말씀을 먼저 자기에게 가르쳐야 되는데 그렇게 하지 않는다는 것입니다.

성경을 읽으라고 가르치지만 자신은 성경을 읽지 않는 교사가 얼마나 많습니까. 기도하라고 자녀들에게 가르치지만 자기는 기도하지 않는 부모, 전도하라고 가르치지만 자기는 전도하지 않는 교사, 사랑하고 용서하라고 가르치면서 자기는 남을 사랑하지 않고 용서하지 못하는 교사, 간음하지 말라고 설교하면서 자기는 간음하는 사람이 있지 않습니까?

삶의 여러 가지 문제를 가진 사람인데 목사라고, 교사라고 해서 남에게 설교하고 가르칠 수 있겠습니까? 그럴 수는 없는 것입니다. 그것은 위선입니다. 정말 가르치고 설교하려고 하면 자기의 죄악을 버리든지, 아니면 자기의 직분을, 자기의 가르치는 사역을 내려놓아야 합니다. 둘 중 하나가 되어야 하는 것입니다.

오늘 본문에 나오는 "다른 사람을 가르치는 네가 네 자신은 가르치지 아니하느냐"(Do you not teach yourself?)라는 말씀은 참으로 우리의 폐부를 찌릅니다. 이런 모습이 당시 유대인들의 모습이었습니다. 오늘날 우리 교회의 모든 지도자, 교역자, 가르치는 자들, 우리 부모들은 이런 모습이 되지 않기를 바랍니다.

구약에 나오는 율법학자 에스라를 보면, 에스라는 참된 교사의 모습을 우리에게 보여줍니다. 에스라서 7장 10절을 보십시오.

"에스라가 여호와의 율법을 연구하여 준행하며 율례와 규례를
이스라엘에게 가르치기로 결심하였었더라."

그 당시 에스라는 하나님의 율법을 가장 잘 아는 학자였습니다. 그가 세 가지를 했는데. 무엇을 했는지 한번 살펴봅시다. 첫째는, 여호와의 율법을 연구했습니다. 둘째는, 그 율법을 준행하였습니다. 셋째는, 율법을 가르치기로 결심하였습니다. 우리들은 그냥 가르치기로 결심하고 잘 가르치려고만 하는데, 이 율법학자 에스라는 그렇게 하지 않았습니다. 율법을 연구했다는 것입니다. 연구를 잘 했으니까 이제 가르치겠다는 것이 아니고, 먼저 준행하기로 했다는 것이고 그 율법을 지키기로 결단하였습니다. 내가 연구한 말씀을 내가 먼저 지키겠다는 것이고 내가 먼저 실천하겠다는 것입니다. 그래서 내가 실천한 그 말씀을 가르치겠다고 결심하고 있는 것입니다. 이것이 올바른 교사의 모습이고 올바른 교역자의 모습입니다. 저를 비롯해서 우리 교회 모든 교역자와 교사와 가르치는 부모들은 에스라와 같은 참 교사가 되기를 바랍니다. 먼저 자신을 가르치는 교사, 먼저 자신을 가르치는 부모가 되시기를 바랍니다.

그런데 그들이 율법을 범한 결과가 무엇입니까?

두 가지가 있습니다.

첫째는, 하나님의 이름을 욕되게 했습니다.

23절을 보시기 바랍니다.

"하나님을 욕되게 하느냐."

그다음 24절은 보십시오.

"기록된 바와 같이 하나님의 이름이 너희 때문에 이방인 중에
서 모독을 받는도다."

모독을 받는다는 말이 무엇입니까? '더럽혀진다, 욕을 얻어먹는
다'는 것입니다. 하나님께서 이스라엘을 자기 백성으로 선택하신 이
유가 무엇이겠습니까? 하나님께서 이스라엘 백성에게 율법의 말씀
을 내려주신 이유가 무엇이겠습니까? 그것은 하나님의 영광을 위
해서였습니다. 이 율법의 말씀을 가지고 이방 백성들 가운데서 선
하게 살아서 하나님의 선하심을 나타내고, 그래서 하나님께 영광
을 돌리도록 하기 위하여 그렇게 하신 것입니다. 그런데 그들은 하
나님의 백성 됨을 자랑하고 그들이 가진 율법은 자랑하면서, 도리
어 자신들이 율법을 범하고 하나님의 이름을 욕되게 하였습니다.

본문 24절을 보면 '기록된바'라고 하였는데, 이 말은 구약의 이사
야 52장 5절을 인용했다는 말입니다. 거기에 보면 바벨론 포로 사
건이 나옵니다. 여러분도 다 알다시피, 남쪽에 있는 유다 왕국이
하나님 앞에 범죄함으로 하나님께서 진노하여 이 유다를 심판하시
기로 결심하셨다는 것입니다. 그래서 하나님께서 심판의 도구로 바
벨론을 끌고 왔습니다. 바벨론 군대가 침략해서 이 예루살렘 성을

완전히 무너뜨려 버립니다. 예루살렘 성과 성전을 다 파괴하고 불을 질러 깡그리 없애버립니다. 그리고 거기 있던 유다 백성들을 굴비처럼 묶어 포로로 끌고 갑니다.

이때 이방 민족들이 그들을 보고 뭐라고 했겠습니까?

"아이구, 하나님 섬긴다더니 저 꼴 좀 봐라."

얼마나 비방하고 모욕하는 말을 했겠습니까? 하나님의 이름을 가지고 있던 유다 백성들이, 하나님의 이름을 가지고 있던 이 예루살렘 성전이 그렇게 될 때에 누구의 이름이 욕을 먹는 것입니까? 하나님의 이름이 땅에 떨어지는 것입니다.

안타깝게도, 오늘 이와 같은 모습이 우리나라에서도 재현되고 있습니다. 7, 80년대만 해도 우리 기독교가 한국 사회에서 상당히 신임을 얻었습니다. 한국 기독교 초기에는 세상에 큰 영향력을 미쳤습니다. 처음 복음이 들어와서 병원을 짓고 학교를 지었을 때는 이 세상의 빛이 되었습니다. 그런데 2000년도가 넘어가면서 달라지기 시작했습니다. 상황이 달라졌습니다.

지난 2월 5일에 기윤실(기독교윤리실천위원회)에서 다른 단체에 도움을 구했습니다. 설문 조사를 의뢰했습니다. 거기서 우리 국민에 대하여 설문 조사를 했습니다. 각 종교의 신뢰도를 물었습니다. 그 결과가 어떤지 아십니까? 천주교가 29%. 불교가 28%. 우리 개신교는 21%였습니다. 너무나도 부끄러운 일입니다.

천주교는 신앙이 우리와 비슷합니다. 그런데 천주교는 유감스럽게도 하나님의 말씀에서 떠난 것들이 여러 가지가 있습니다. 불교는 어떻습니까? 불교는 도덕적으로는 우리 기독교와 상당히 비슷하지만, 구원의 진리에 있어서는 완전히 아닙니다. 그러면 우리 개신교는 어떻습니까? 우리는 정말 하나님의 말씀인 성경을 있는 그대로 믿고 살려고 하는 종파입니다. 그렇기 때문에, 신뢰도를 묻는다고 하면 우리 개신교가 적어도 50%를 넘어야 그게 정상 아닙니까? 하나님 말씀 그대로 믿고 살려고 하는데 신뢰도가 50%가 안되면 되겠습니까? 그런데 꼴찌입니다. 기독교가 이렇게 사회의 인정을 받지 못하고 있는 자체가 얼마나 하나님의 이름을 욕되게 하는 것인지요. 하나님의 영광을 땅에 떨어뜨리는 것입니다. 왜 이렇게 되었겠습니까? 근래에 대형 교회들과 이름 있는 목사님들의 일탈이 일조를 했습니다. 재정 비리, 세습, 성적 부도덕, 논문 표절 등등 우리 한국 교회에 정말 씻을 수 없는 오점을 남기고 말았습니다. 그러나 이것이 근본 원인은 아닙니다.

근본적인 원인 두 가지를 말하면, 한국 교회의 성장 지상주의 때문입니다. 여러분, 교회는 어떤 교회가 되어야 되겠습니까? 거룩한 교회가 되어야 합니다. 건강한 교회가 되어야 합니다. 세상의 빛이 되는 교회가 되어야 합니다. 그래서 세상을 밝게 비추어야 합니다. 그런데 한국 교회가 물량주의의 물이 들었습니다. 물량주의가 무엇입니까? '무조건 커지면 성공한 것이다, 돈 많이 벌면 성공한 것이다' 그렇게 보는 것이 물량주의입니다. 물량주의에 빠져서 어찌되었든 교회를 키우고 보자며 큰 교회 되기에만 제일의 목표를 두었습니다. 그것이 잘못 되었다는 것입니다.

두번째는, 우리 기독교 신자 개개인이 자기 자신의 삶의 현장에서 신자답게 살지를 못했습니다.

우리의 삶의 목적은 하나님의 영광인데, 이 삶의 목적을 제쳐두고 돈 많이 벌어서 잘 사는 것이 삶의 주된 목적이 되었습니다. 어떻게 해서든지 내 삶을 재미있게 사는 것이 제일의 우선책이 되었습니다.

우리 학생들은 학교에 가서 무엇을 위해 공부하며 무엇을 위해 살아갑니까? 하나님의 자녀답게 선하게 살아가면서 다른 안 믿는 친구들에게 본이 되어 하나님께 영광 돌려야 합니다. 우리 학생들이 왜 그렇게 열심히 공부합니까? 공부 열심히 해서 좋은 성적으로 좋은 대학, 좋은 직장에 가기 위해서입니다. 하나님의 말씀대로 선하게 사는 일엔 별로 관심이 없습니다. 바로 이것이 문제입니다. 학교에서나 직장에서나 하나님의 말씀대로 선하게 살아야 되는데, 그렇게 하지 못하고 다른 것이 목적이 되어서 살았다는 것입니다.

그래서 하나님의 이름에 먹칠을 한 것입니다. 여러분, 생각해 보십시오. 이 나라에서 우리 기독교의 신뢰도를 그렇게 떨어뜨린 자가 누구입니까? 이 나라에서 하나님의 이름을 욕되게 한 사람이 도대체 누구입니까? 이 사회입니까? 예수 안 믿는 사람들입니까? 하나님의 교회가 잘못해서, 우리 예수 믿는 기독교 신자들이 잘못 살아서 그렇게 한 것 아니겠습니까? 바로 여기에 있는, 예배드리고 있는 저와 여러분들이 하나님의 백성답게 살지 못하였기 때문에 이런 모습이 나온 것입니다.

우리 모두 이참에 깊이 반성하고 회개하고 새로워져야 됩니다. 하나님의 명예가 여러분에게 달려 있습니다. 여러분은 하나님의 백성이 맞습니까? 그렇다면, 하나님의 명예가 누구에게 달려 있습니까? 여러분에게 달려 있는 것입니다. 하나님의 자녀답게 사시기를 바랍니다. 하나님의 말씀대로 사시기 바랍니다. 그래서 하나님 아버지의 거룩한 이름을 욕되게 하지 말고, 그 이름을 영광스럽게 하시기 바랍니다.

율법을 범한 첫 번째 결과는, 그들이 하나님을 모독했다는 것입니다. 그리고 두 번째 결과는 하나님의 심판을 피할 수 없게 되었습니다.

유대인들은 조상 때부터 하나님의 언약 백성으로서 수많은 특권과 축복을 누린 특별한 백성이었습니다. 무엇보다도 하나님의 율법을 가지고 있었습니다. 그로 인해 그들은 생각하기를, 자기 민족은 마지막 심판 때에 하나님께로부터 특별한 어떤 대우를 받을 것으로 생각했습니다. 율법을 구원의 표로 생각하고, 천국 가는 하나의 증서로 생각하였습니다. "우리는 토라의 백성이니까, 하나님께서 우리 민족은 구원해 주실 거야. 우리는 믿음의 조상 아브라함의 후손이니까 하나님께서 우리는 봐주실 거야. 천국 가게 해주실 거야"라고 생각했습니다. 그러나 오늘 말씀은 무엇이라고 합니까? 그들은 비록 율법을 소유하고 있어도 율법을 어겼다는 것입니다. 죄를 지었다는 것입니다. 그 점에서 율법을 가지고 있지 아니한 이방인들과 다를 바가 없다는 것입니다. 따라서 유대인 역시 하나님의 심판에서 제외되지 못한다는 것입니다.

결론적으로, 하나님의 말씀은 이방인들뿐만 아니라 유대인 역시 하나님 앞에서 죄인이라는 것입니다. 모든 인류가 하나님의 심판을 받을 수밖에 없는 존재라는 것입니다. 자기 의나 행위로, 혹은 무슨 특권으로 하나님 앞에 구원받을 자는 이 세상에 아무도 없다는 것입니다. 유일한 구원의 길은 오직 예수 그리스도뿐입니다.

요한복음 14장 6절을 보십시오.

"예수께서 이르시되 내가 곧 길이요 진리요 생명이니 나로 말미암지 않고는 아버지께로 올 자가 없느니라."

범죄한 인생이 하나님 아버지께 나아갈 유일한 구원의 유일한 길이 무엇입니까? 예수 그리스도입니다. 예수 그리스도를 믿는 것이 구원의 유일한 길입니다. 그리고 사람이 참된 믿음을 가졌느냐 아니냐는, 하나님의 말씀대로 사느냐 못 사느냐에 달려 있습니다. 유대인들은 하나님의 율법의 말씀을 가지고 있음으로 자랑하고 가르쳤지만, 정작 자기들은 그 말씀을 지키지 않음으로 죄를 짓게 되었고, 하나님의 이름을 더럽히고 결국은 하나님의 심판에서 벗어날 수 없었습니다.

오늘 우리도 하나님의 말씀을 가지고 있습니다. 불신자와 신자로 생각할 때에 우리는 이방인에 속합니까, 유대인에 속합니까? 우리는 유대인과 비슷한 입장입니다. 하나님의 말씀을 가지고 있고, 알고 있고, 매일 듣고 있지만 행하지 않으면 아무 소용이 없습니다. 하나님의 뜻을 행하면서 살아야 하는 것입니다.

하나님의 말씀에 순종함으로, 내 삶을 통해 참 신자임을 증거하면서 하나님의 이름을 영광스럽게 하며 살아가는 우리 모두가 될 수 있기를 바랍니다.

20

로마서 2:25-29

참 유대인, 참 신자

"네가 율법을 행하면 할례가 유익하나 만일 율법을 범하면 네 할
례는 무할례가 되느니라 그런즉 무할례자가 율법의 규례를 지키
면 그 무할례를 할례와 같이 여길 것이 아니냐 또한 본래 무할례
자가 율법을 온전히 지키면 율법 조문과 할례를 가지고 율법을
범하는 너를 정죄하지 아니하겠느냐 무릇 표면적 유대인이 유대
인이 아니요 표면적 육신의 할례가 할례가 아니니라 오직 이면
적 유대인이 유대인이며 할례는 마음에 할지니 영에 있고 율법
조문에 있지 아니한 것이라 그 칭찬이 사람에게서가 아니요 다
만 하나님에게서니라"

지난 한 주간 우리는 안타까운 사고 소식을 들었습니다.

진천중앙교회 성지순례팀이 저 이집트에서 자살폭탄 테러를 당
하였습니다. 그리고 가까운 마우나오션에서 강당이 붕괴되어 대학
생 10명이 죽고 많은 대학생들이 부상을 입었습니다. 갑작스럽게
그 자녀를 잃어버린 가족, 부모들의 심정을 누가 헤아릴 수 있겠습
니까? 생각지도 못하였던 일입니다.

그러나 우리에게도 그런 일이 생기지 않으리라고 누가 말할 수 있겠습니까? 그런데 고린도전서 10장 13절에 보면 "오직 하나님은 미쁘사 너희가 감당하지 못할 시험 당함을 허락하지 아니하시고 시험 당할 즈음에 또한 피할 길을 내사 너희로 능히 감당하게 하시느니라"고 했습니다. 로마서 8장 37절에는 "그러나 이 모든 일에 우리를 사랑하시는 이로 말미암아 우리가 넉넉히 이기느니라"고 말씀했습니다. 다시 말하면 하나님을 믿는 하나님의 백성은 어떤 시련도 다 이겨낼 수 있다는 것입니다. 이 믿음을 가지고서 세상에서 어떤 힘들고 어려운 시련을 당할지라도 흔들리지 않고 믿음에 굳게 서는 성도 여러분이 되시기를 바랍니다.

지난 주일에 유대인은 율법을 가지고있기에 다른 민족에 대한 우월감을 가지고 있다고 했습니다. 그런데 우월감을 갖고 특권 의식을 가지는 또 하나의 이유가 오늘 본문에 기록되어 있습니다.

그것이 무엇인지 보셨습니까? 할례입니다. 이 시간 할례를 생각하면서 참 유대인은 누구인가?, 참 신자는 누구인가를 살펴볼 때에 진리를 깨닫는 복된 시간이 되시기를 바랍니다.

먼저 생각할 것은 할례란 무엇인가입니다.

이 할례란 말은 자른다는 말입니다. 벤다는 말인데, 할로 시작하는 똑같은 단어들이 몇 개 있습니다. 예를 들어 우리가 물건을 사고 할부로 들어가지 않습니까? 잘라서 들어간다는 것입니다. 또 어떤 몫을 쪼개어 주는 것을 할당이라고 합니다. 일본 사람들이 옛날에 칼로 배를 가르는 걸 할복이라고 했습니다.

그러면 할례를 말 그대로 풀어보면 '베어내는 의식'이란 뜻입니다.

잘라내는 예식입니다. 그래서 국어사전에 찾아보니 '어린아이 성기 끝을 조금 베어내는 풍습'이라고 해놓았습니다. 영어로는 이를 'Circumcision'이라고 합니다. 'Circum'이란 말은 둘레, 'Cision'이란 말은 자른다는 의미입니다. 다시 말하면 지금의 포경수술과 흡사한 것입니다. 유대인들은 난 지 8일 만에 할례를 받습니다. 그런데 그들이 언제부터 할례를 받았겠습니까? 창세기를 보면 하나님께서 갈대아 우르에 사는 아브라함을 택하시고 그를 고향에서 불러내었습니다. 불러내시고 이 아브라함과 언약을 맺으십니다. 언약의 내용은 "내가 너와 너의 후손의 하나님이 되겠다. 너희는 내 백성이 될 것이다"라고 했습니다. 이 언약을 아브라함에게 했기 때문에 '아브라함 언약'이라고 말합니다.

이 언약을 세우면서 하나님이 하신 말씀입니다.

창세기 17장 10-11절을 보십시오.

> "너희 중 남자는 다 할례를 받으라 이것이 나와 너희와 너희 후
> 손 사이에 지킬 내 언약이니라 너희는 포피를 베어라 이것이 나
> 와 너희 사이의 언약의 표징이니라."

이 말씀을 보면 할례는 누가 정하신 것입니까? 하나님이 정하신 제도입니다. 무지개가 노아 언약의 표이듯이, 이 할례는 아브라함 언약의 표가 된다는 것입니다. 하나님의 언약 백성이 되는 표시입니다. 왜 하나님께서는 하필이면 난 지 8일 만에 할례를 하라고 했을까요? 우리는 그 이유를 알지 못합니다. 그런데 그 이유 중 한 가지가 현대에 와서 밝혀졌습니다. 우리가 몸에 상처를 입으면 피가 납니다. 이 피가 응고되어야 되지 않습니까? 멈춰야 되는데 만약

피가 응고가 안 되면 그 사람은 죽습니다. 피가 응고되는 데에 꼭 필요한 요소가 있는데, 그것을 프로트롬빈이라 합니다.

그런데 사람이 아기로 태어나면 난 지 1일에는 프로트롬빈이 성인의 30% 정도밖에 되지 않습니다. 만약 하나님이 아기가 태어나자마자 할례를 행하라고 했으면, 의학이 발달하지 않은 옛날엔 아기의 목숨이 위태로울 수가 있는 것입니다. 그런데 프로트롬빈의 양이 조금씩 증가해서 난 지 8일째 되는 날에는 놀랍게도 성인의 110%가 된다고 합니다. 성인보다 더 응고력이 좋은 것입니다. 그랬다가 다시 내려와서 성인과 평생 똑같은 비율로 간다는 것입니다. 즉 100% 수준을 유지한다는 것입니다. 쉽게 말해서 피가 가장 잘 응고되는 때가 생후 8일째 되는 날입니다.

우리 하나님은 우리 인간을 지으신 하나님이십니다.

아담과 하와만 하나님께서 지으신 것이 아니라, 저와 여러분 모두를 어머니의 모태에서 지으셨습니다. 그래서 사람의 모든 것을 가장 잘 아시는 분이 하나님이십니다. 피가 가장 잘 응고되는 안전한 때에 할례를 행하라고 하나님께서 말씀하셨으니 이 얼마나 과학적인 일입니까? 그렇기 때문에 병이 들거나 몸이 아플 때에 하나님께 이렇게 기도하십시오.

"나를 나의 모태에서 지으신 하나님, 나를 지으셨기에 하나님 당신께서 나의 몸 상태를 가장 잘 아실 줄 믿습니다. 나를 불쌍히 여기셔서 나를 고쳐 주시옵소서."

요컨대 할례는 하나님의 백성이 되는 표로서 유대인의 자부심의 근거였습니다. 유대인들은 할례를 받았다는 것을 항상 자랑했습니다. 빌립보서 3장 5절에 보면, 사도 바울도 '그래, 나도 한번 자랑을 해보겠다' 하면서 "나는 난 지 8일 만에 할례를 받았다"고 말하는 것을 볼 수 있습니다.

이 할례를 행한 유대인들은 자기들의 몸에 천국행 여권을 받은 것으로 생각했습니다. 그래서 사람들이 지옥문 앞에 이르게 되면, 아브라함이 거기 서서 할례를 받았는지 안 받았는지 조사하면서 할례를 받은 자들은 지옥에 가지 않게 해준다고 믿었습니다. 그러므로 할례가 하나님의 심판을 막을 수 있는 안전장치라고 생각했습니다. 바울 시대에도 그런 생각을 가진 사람이 많았습니다.

사도행전 15장 1절을 보십시오.

"어떤 사람들이 유대로부터 내려와서 형제들을 가르치되 너희가 모세의 법대로 할례를 받지 아니하면 능히 구원을 받지 못하리라 하니."

사도 바울은 전도를 다니면서 무엇이라고 말했습니까?

오직 예수를 믿음으로 구원받는다고 전도하고 다녔는데, 어떤 사람들이 유대에서 내려와 예수 믿는 것도 중요하지만 할례를 받지 아니하면 구원을 받지 못한다는 가르침을 주었다는 것입니다. 유대인의 이런 생각이 옳은 것입니까? 그렇지 않습니다. 이에 사도 바울이 무슨 말을 하는지 25절을 보십시오.

"네가 율법을 행하면 할례가 유익하나 만일 율법을 범하면 네 할례는 무할례가 되느니라."

율법에 순종하지 않는 할례는 무효라는 것입니다.

왜 그렇습니까? 할례는 하나님의 백성이 되는 표입니다. 그렇다면 할례를 받은 사람은 하나님을 어떻게 받아들이는 것입니까? 할례가 하나님의 백성이 되는 표니까, 할례를 받은 사람은 하나님을 자기의 왕으로, 자기의 주인으로, 자기의 절대 권력자로 받아들이고 인정하는 것입니다. 그래서 그 왕이신 하나님의 말씀, 율법에 복종해야 되는 것입니다. 그러므로 할례는 하나의 형식이요 표식입니다. 복종은 그 내용이 되는 것입니다. 그런데 할례를 받았는데 율법에 복종이 없다면, 그 할례는 아무 의미가 없다는 것입니다.

오늘 사도 바울은 무엇이라고 했습니까?

'그 할례는 무할례다, 할례 안 받은 것과 똑같다'고 말씀했습니다.

빌립보서 3장 2절에 사도 바울이 한 말이 나옵니다.

"몸을 상해하는 일을 삼가라!"

이 말씀을 자세히 보시기 바랍니다. 여러분은 아마 별 뜻 없이, 의미 없이 이 말씀을 읽었을지 모르겠습니다. 이 말씀을 한글성경으로 보면 '몸을 상해하는 일을 삼가라? 아, 자해를 하지 말라는 말인가? 아니면 다른 사람의 몸에 상처를 내지 말라는 말인가?'라고 생각하기 쉽습니다. 그렇지만 이 말씀은 다르게 번역하면 '육체를 자르는 자들을 주의하라'는 뜻입니다.

육체를 자르는 일은 바로 할례를 의미하는 것입니다. 참으로 마음과 삶을 하나님께 드림이 없이, 믿음이 없이 그저 하나의 표식으로, 의식적으로 할례를 행하는 것은 단순히 칼로 몸을 자르는 것과 다를 바 없다는 것입니다. 아무 유익이 없이 단순히 자해하는 것과 똑같다는 말인 것입니다.

여기에 계약서가 있습니다. 제가 누군가와 계약을 맺었습니다. 그 계약서가 여기 있는데, 맨 끝에다가 사인을 했습니다. 사인을 하고 나서 실제로 그대로 이행하지 않으면, 그 사인은 아무 소용이 없는 것입니다. 그렇지 않습니까? 사인했지만 안 지키면 소용이 없습니다. 무효가 됩니다. 할례도 마찬가지입니다. 할례를 받아도 하나님의 법인 율법에 순종하지 않으면 그 할례는 무할례라는 것입니다. 그 사람은 하나님의 언약 밖에 있는 사람으로서 하나님의 구원을 받을 수가 없다는 말씀입니다. 도리어 할례를 안 받아도, 이방인이라 할지라도 하나님의 말씀인 율법에 순종하면 그 사람은 참 할례자로 여겨지고, 하나님께서 그렇게 봐주신다는 것입니다.

오늘 사도 바울이 내리는 결론이 무엇인지 28절을 보십시오.
"무릇 표면적 유대인이 유대인이 아니요 표면적 육신의 할례가 할례가 아니니라."

여기에서 말하는 표면적 유대인이 어떤 사람이겠습니까? 그냥 겉으로만, 육체만 할례를 행한 사람입니다. 이 사람은 유대인이 아니라고 했습니다. 29절을 보십시오. "오직 이면적 유대인이 유대인이며"라고 했습니다. 이면적 유대인이라는 이 말이 무슨 말이냐 하면 내적인 유대인, 영어성경으로는 Inwardly라고 했습니다. 내적인 유대인이 참 유대인이라고 했습니다. 이 말을 다시 말하면 육체의 할례를 받았느냐 안 받았느냐에 관계없이, 성령으로 마음의 할례를 받은 그 사람, 그 사람이 참된 유대인이라는 것입니다.

알고 보면 성령으로 말미암아 예수 믿게 된 사람이 참 유대인이고 그 사람이 참 이스라엘 사람이라는 말씀입니다.

그런데 오늘 이 하나님의 말씀이 단순히 유대인에게만 관련이 되고 교훈이 되는 말씀이겠습니까? 그렇지 않습니다. 이 말씀의 원리는 오늘날 우리의 신앙생활에도 그대로 해당이 되는 말씀입니다. 왜냐하면 우리의 신앙생활에도 이런 부분이 많이 있기 때문입니다. 대표적인 것이 세례입니다. 구약 시대에는 하나님의 백성이 되는 표가 무엇이었습니까? 할례였습니다. 그러면 신약 시대에는 하나님의 백성이 되는 표시가 무엇입니까? 세례입니다. 세례가 무엇입니까? 성령 아래에서 그리스도의 죽음과 부활에 동참함으로써 그리스도의 몸에 연합되는 것입니다. 다시 말하면 십자가에서 그리스도와 함께 죽고, 그리스도의 부활과 더불어 그리스도와 함께 살아남으로써 그리스도와 연합하는 것이 세례입니다.

좀 더 쉽게 말하면, 성령 세례를 받아서 예수를 믿게 된 자에게 베풀어지는 예식입니다. 성령 세례의 외적인 표시라고 할 수 있습니다. 사람은 세례를 받음으로 교회의 멤버가 됩니다. 하나님의 백성이 되는 것입니다. 그런데 우리 한국 교회에서는 문제가 좀 있습니다. 세례를 받는 사람들이 진정한 회개와 믿음 없이 쉽게 세례를 받는 경우가 많습니다. 세례를 받는 것은 옛 사람의 죽음이요, 이제는 예수 그리스도 안에서 새 사람으로 사는 것이니, 생각해 보면 이것은 인생의 대전환점입니다. 멸망을 향해 가던 사람이 이제는 예수 그리스도를 향해 나아가는, 인생의 대전환점을 맞이하게 된 것입니다.

그렇다면 세례를 받을 사람은 적어도 한 주간쯤 시간을 내어서 하나님 앞에 또는 새벽기도에 나와서 지금까지 자기의 인생과 자기 삶을 하나님 앞에 돌아보면서 정말로 하나님 앞에서 자기의 모든 죄를 회개하고 구습을 다 청산하고 새 결단을 가지고 세례를 받아야 되지 않겠습니까? 그런데 중·고등학생들은 '이제 나는 세례 받을 나이가 되었으니까' 또 우리 어른들은 '교회 나온 지 1년쯤 되었으니까', '학습과 세례 교육을 받았으니까 나는 세례 받을 수 있다'고 생각하고 세례 받는 경우가 많이 있다는 것입니다.

교회도 믿음에 대한 진정한 확인이 없이 세례를 너무 쉽게 남발하는 경우가 많이 있습니다. 그런 식으로 세례를 주고받음으로 인해서 무늬만 그리스도인인 교인들이 우리 한국 교회에 많다는 것입니다. 왜 우리 국민 25%가 기독교인이라 하는데, 신자답지 못하고 하나님의 사람답지 못하게 살아가는 이들이 그렇게 많겠습니까?

세례를 받고 집사가 되었는데도 형편이 어려워지면 그냥 낙심하고 신앙생활을 포기하는 사람이 왜 그렇게 많겠습니까? 외국에서는 그런 모습을 볼 수 없습니다. 왜 그렇습니까? 그것은 처음부터 잘못되었기 때문입니다. 세례부터 잘못되었기 때문에 그런 일들이 많이 일어나는 것입니다. 정말로 하나님 앞에서 세례다운 세례를 받지 않고, 헐거운 세례를 받고, 값싼 세례를 받고 2~3년 지나다 보니 집사가 되고, 그 사람이 좀 더 오래 있으면 중직자가 되는 것입니다.

이것이 우리 한국 교회의 타락의 주요 원인인 것을 알아야 됩니다. 왜 우리 한국 교회가 지탄을 받고, 사회의 빛과 소금이 되지 못하고, 등불이 빛을 내지 못하고, 신뢰도가 21%밖에 되지 않는 이 모양이 되었습니까? 처음 시작에서부터 잘못되었기 때문입니다.

이것을 꼭 기억하시기 바랍니다. 유아 세례는 천국 가는 부적이 아닙니다. 내 아이가 유아세례를 받았다고 해서 안심해도 좋은 것이 아니라는 것입니다. 세례 받고, 입교 받았다고 해서, 교회 멤버가 되었다고 구원받는 것이 아닙니다. 교회 출석을 잘하고, 십일조를 빠짐없이 드린다고 해서 그 사람이 구원받는 것이 아닌 것입니다. 직분을 받았다고 해서, 중직자가 되었다고 해서 반드시 구원받는 것이 아닙니다. 가장 중요한 것은 진심으로 예수 그리스도를 자신의 구주와 주로 영접하는 것입니다.

그 말씀의 의미를 아시겠습니까?

자신의 구주, 즉 자신을 구원하신 분으로, 더 나아가서 자신의 삶의 주인으로, 자기 생명의 주인으로 받아들이는 것입니다. 자신이 멸망 받을 죄인이요, 구원은 오직 예수 그리스도밖에 없는 줄 알고, 자신의 모든 지난 죄를 회개하고 청산하고, 이제는 온전히 예수 그리스도와 연합하여 자신을 하나님께 헌신하여 새로운 삶을 살아가는 것입니다. 이것이 없는 세례는 세례가 아닙니다. 헛된 세례입니다. 이런 헛된 세례를 받는 사람은 참된 신자가 아닙니다.

여러분은 표면적인 신자가 되지 말고, 내면적인 신자, 참 신자가 다 되시기를 바랍니다.

오늘은 참 유대인, 참 신자라는 제목으로 말씀을 전했습니다.

할례는 하나님이 세우신 제도로서 하나님의 백성이 되는 표였습니다. 그러나 할례를 받아도, 언약의 표를 가져도 하나님의 언약인 율법을 지키지 않으면 그 할례는 무할례며, 아무소용이 없다고 오늘 말씀에 전하고 있습니다. 그렇듯이 오늘날 세례를 비롯한 여러 가지 겉으로 보이는 믿음의 표와 행동도 진정한 믿음이 없이는, 마음을 다한 헌신과 순종이 없이는 아무 의미가 없다는 것입니다.

우리 하나님은 우리의 마음을 원하십니다. 시편 51편 6절 말씀에 보면, 우리 하나님께서는 "중심이 진실함"을 원하신다고 했습니다. 마음의 진실함을 원하신다는 말씀입니다. 하나님께서 사무엘을 보고 뭐라고 하셨습니까? 사람은 외모를 보거니와 나 여호와는 중심을 본다고 하였습니다. 마음을 보신다고 했습니다.

그러므로 우리의 신앙의 표, 형식도 중요하지만, 더 중요한 것은 내가 마음으로 회개하고 참 마음으로 하나님을 섬기는 것입니다. 하나님을 사랑하고 이웃을 사랑하면서 하나님의 말씀대로 살아가는 것이 중요하다는 말입니다. 이런 신자가 마지막 날 하나님 앞에서 심판을 통과하여 우리 하나님이 예비하신 천국에 이를 수가 있는 것입니다.

여러분 모두가 성령의 역사로 참 신자가 되시기를 바랍니다.

21

로마서 3:1-8

하나님의 신실하심

"그런즉 유대인의 나음이 무엇이며 할례의 유익이 무엇이냐 범사에 많으니 우선은 그들이 하나님의 말씀을 맡았음이니라 어떤 자들이 믿지 아니하였으면 어찌하리요 그 믿지 아니함이 하나님의 미쁘심을 폐하겠느냐 그럴 수 없느니라 사람은 다 거짓되되 오직 하나님은 참되시다 할지어다 기록된 바 주께서 주의 말씀에 의롭다 함을 얻으시고 판단 받으실 때에 이기려 하심이라 함과 같으니라 그러나 우리 불의가 하나님의 의를 드러나게 하면 무슨 말 하리요 〔내가 사람의 말하는 대로 말하노니〕 진노를 내리시는 하나님이 불의하시냐 결코 그렇지 아니하니라 만일 그러하면 하나님께서 어찌 세상을 심판하시리요 그러나 나의 거짓말로 하나님의 참되심이 더 풍성하여 그의 영광이 되었다면 어찌 내가 죄인처럼 심판을 받으리요 또는 그러면 선을 이루기 위하여 악을 행하자 하지 않겠느냐 어떤 이들이 이렇게 비방하여 우리가 이런 말을 한다고 하니 그들은 정죄 받는 것이 마땅하니라"

사람마다 악몽이 다른 것 같습니다. 여러분에게는 무엇이 악몽인지 모르겠습니다만, 제게 악몽은 딱 한 가지 정해져 있습니다. 설교 준비가 안 되어 있는데 설교해야 되는 꿈입니다. 그러면 정말 기가 막힙니다. 너무 마음이 당황스러워서 '이게 꿈 아닌지, 꿈이었으면 좋겠다, 깨어버렸으면 좋겠다' 해서 꿈에서 깰 때가 있습니다. 또 강해설교를 해나가다가도, '아 이 본문을 가지고 내가 설교를 할 수 있겠나' 그런 어려운 본문을 만나기도 합니다.

오늘 본문이 그렇습니다. 그래서 연속 강해설교가 아니면 절대로 설교 본문으로 잡지 아니할 그런 본문입니다. 그렇지만 한편으로 생각해 봅니다. 이 말씀도 우리에게 필요하기 때문에 하나님께서 성경에 기록해 두셨을 것이라고 말입니다. 그래서 오늘도 본문의 말씀을 통해서 하나님의 신실하심을 생각할 때에, 하나님의 은혜로 잘 깨닫고 은혜 받으시는 여러분이 되시기를 바랍니다.

우리는 오늘 로마서 3장에 들어섰습니다. 로마서 1장에는 로마서 서론이 기록이 되어 있고, 모든 이방인은 다 하나님 앞에 범죄해서 심판을 받을 수밖에 없다고 기록하고 있습니다. 로마서 2장에는 하나님의 백성이어서 하나님의 심판을 받지 아니하리라고 생각하고 있는 유대인들조차도 하나님의 율법을 깨뜨려서 범죄함으로 이방인과 똑같은 심판을 받을 수밖에 없다고 말씀하고 있습니다.

이제 3장에 들어와서도 사도 바울은 2장에서 자기가 말했던 것에 대하여 스스로 질문을 하고 있습니다. 진리를 좀 더 명확하게 보여주기 위해서 자기가 말한 것에 대해서 스스로 질문을 던지고 있다는 것입니다.

첫 번째 질문이 3장 1절입니다. 그렇다면 '유대인의 나음이 무엇이냐?'는 것입니다.

분명 하나님께서 유대인을 택하시고 유대인에게 많은 복을 주셨는데, 사도 바울의 말대로 유대인도 이방인과 똑같이 하나님의 심판을 받게 된다면, 도대체 '유대인의 나음, 유대인의 특권, 유대인이라고 하는 혜택이 무엇이냐?'는 것입니다. 아무것도 없는 것이 아니냐 하는 것입니다.

여러분, 유대인의 나음이 있습니까, 없습니까? 있습니다. 2절을 보십시오. 무엇이라고 말씀하고 있습니까? "범사에 많으니." 범사에 많은 것을 로마서 9장 4-5절을 통해서 확인해 보겠습니다.

"그들은 이스라엘 사람이라 그들에게는 양자 됨과 영광과 언약들과 율법을 세우신 것과 예배와 약속들이 있고 조상들도 그들의 것이요 육신으로 하면 그리스도가 그들에게서 나셨으니."

이 말씀은 전부다 유대인의 나음, 유대인 됨의 유익을 보여주고 있습니다. 오늘 본문 3장 2절에는 한 가지만 대표적으로 말씀하고 있습니다. 무엇입니까? 그들이 '하나님의 말씀을 맡았다'는 것입니다. 하나님께서 모세를 통하여 이스라엘 백성에게 율법의 말씀을 주시고, 또 뒤에는 선지자들을 통하여 많은 하나님의 말씀을 주셨습니다. 하나님이 이스라엘 민족을 자기 백성으로 택하시고 당신의 말씀을 주신 것이 얼마나 큰 특권입니까?

구약 시대에 이방인들과 비교해 보면, 이것은 정말 헤아릴 수가 없는 큰 특권이라는 것입니다. 그런데 이런 특권을 주신 이유가 무엇이겠습니까? 하나님께서 이스라엘 백성에게 이런 특권을 주신 이유가 있습니다. 그것은 하나님 말씀대로 살아서 선한 삶을 보여줌으로 이방인들이 그 모습을 보고 하나님께 영광을 돌리고, '저들이 섬기는 그 신, 여호와 신을 우리도 섬기고 싶다'는 마음을 갖게 하여 하나님께로 돌아오도록 하기 위해서입니다. 다르게 말하면 '복의 통로'가 되도록 하기 위하여, 또 다르게 말하면 '제사장 나라'가 되도록 하기 위해서였습니다.

그런데 문제는 이스라엘이 어떻게 했습니까? 이스라엘은 하나님을 버리고, 우상을 숭배하고, 하나님의 말씀을 거역하고 불순종했습니다. 사랑을 베풀어 주고, 하나님의 모습을 보여주어야 될 이방인들을 멸시하였습니다. 하나님의 영광과 선하심을 드러내야 될 터인데, 도리어 하나님의 이름을 모독하였습니다. 하나님의 이름을 욕되게 하고 더럽혔다고 했습니다. 한마디로 하나님이 주신 특권을 바로 사용하지 못하였습니다. 여러분은 하나님이 주신 특권을 바르게 사용하시기를 바랍니다. 특권에 따르는 책임을 잘 감당하시는 분들이 되시기를 바랍니다.

얼마 전 주일 칼럼에, 제가 토니 멜렌데즈라는 사람에 대해서 언급했습니다. 그 사람은 두 팔이 없습니다. 두 팔이 없는데 기타를 치면서 노래를 너무 멋있게 잘합니다. 손이 없는데 어떻게 기타를 칩니까? 의자에 앉아서 기타를 땅바닥에 두고 한쪽 발가락을 가지고서 코드를 잡습니다. 그리고 다른 한쪽 발가락으로 스트로크를 하는 겁니다. 저는 그 모습을 보고 정말 깜짝 놀라고 감동을 받았습니다. 내게 두 팔이 있다는 것이 얼마나 감사한 일이고 큰 특권인가를 생각하게 되었습니다.

여러분, 두 팔이 있는 사람, 사지가 다 있는 사람은 얼마나 큰 특권이며 복입니까? 건강한 몸을 주신 하나님께 늘 감사하면서 선한 일에 힘쓰시는 여러분들이 되시기를 바랍니다.

북한에서는 예수 믿는 것이 들키면 공개처형을 받거나 강제수용소에 끌려가서 죽도록 고생하고 먹는 것도 잘 주지 않아서 고생 끝에 죽게 됩니다. 그에 비해서 우리는 어떻습니까? 신앙의 자유를 누리고 있습니다. 여기에서 500km 너머에서는 그렇게 살아가는데, 이 남쪽에는 신앙의 자유가 있습니다. 그래서 이렇게 주일에 모여서 마음껏 예배드릴 수 있고, 마음껏 찬송할 수 있고, 마음껏 기도할 수 있고, 마음껏 우리 주님께 봉사할 수가 있습니다.

얼마나 큰 특권입니까?

자유롭게 하나님을 섬길 수 있는 이 큰 특권을 마음껏 사용하시기 바랍니다. 여러분, 내가 모태신앙인 것, 또 부모가 두 분 다 예수님을 믿는 것, 또 부부가 다 예수님을 믿는 것, 주일학교에 다닌 것, 학생 때부터 청년 때부터 예수님을 믿게 된 것, 이 모든 것이 얼마나 큰 특권인지 모릅니다. 남다른 사회적인 지위를 가졌다든지, 물질적인 풍요를 누리고 있다든지, 또 교회의 직분을 맡았다든지, 남다른 건강을 누린다든지, 이런 것이 다 특권입니다.

우리 하나님이 그러한 특권을 주신 데는 선하신 하나님의 뜻이 있는 것입니다. 이 하나님이 주신 특권을 버려두거나 잘못 사용하지 마시고, 이것으로 하나님이 기뻐하시는 일, 하나님이 보시기에 선한 일을 많이 해서 우리 하나님께 영광 돌리시기를 바랍니다.

두 번째 질문이 무엇입니까?

3절을 보십시오.

"어떤 자들이 믿지 아니하였으면 그 믿지 아니함이 하나님의 미쁘심을 폐하겠느냐."

어떤 자들이 누구입니까? 유대인들입니다. 그들은 믿지 않았다고 했습니다. 하나님의 율법을 받았음에도 그 율법에 순종하지 않았습니다. 또 하나님 백성 되는 표에 대해 지난 주일에 생각했습니다. 표가 무엇입니까? 할례입니다. 할례를 받았음에도 마음으로는 진정 하나님께 자신을 헌신하지도 않고 순종하지도 않았습니다. 유대인이 하나님의 언약 백성으로서 하나님 앞에 신실했습니까? 신실하지 못했습니다. 3절 둘째 줄에 중요한 말씀이 있습니다.

"그 믿지 아니함이 하나님의 미쁘심을 폐하겠느냐."

여기에 "그 믿지 아니함"과 "미쁘심"은 반대되는 말입니다. 그러면 "미쁘심"이라는 뜻이 무엇이겠습니까? 어떤 분들은 미쁘심을 아름다움이라고 생각하는 분들이 있습니다. 잘못된 생각입니다. 미쁘심이란 '믿음직스러움'을 말합니다. '신실함'을 말합니다. 오늘 우리가 찬송한 대로 "미쁘신 나의 좋은 친구"란 '신실하신 친구, 변치 아니하는 나의 친구 예수님'이란 뜻입니다.

그래서 여기에 미쁘심은 헬라어로 '피스티스'라고 하는데, 두 가지 의미를 가지고 있습니다. 하나는 '신앙', 다른 하나는 '신실'입니다. 반면에 그 앞에 있는 '그 믿지 아니함'은 '피스티스' 앞에 '아'라고 하는 반대가 되는 글자를 붙여서 '아피스티아'라고 합니다. 무슨 뜻이냐 하면 '불신앙 또는 불신실, 신실치 아니함'이 되는 것입니다. 그래서 이 말씀을 다시 번역하면 '유대인의 불신실이 하나님의 신실하심을 폐하겠느냐' 하는 뜻이 되는 것입니다.

다시 말하면 유대인들이 하나님과 맺은 언약을 지키지 못했습니다. 하나님께 신실하지 못했습니다. 그에 대해서 하나님이 '너희들이 날 버렸으니까 나도 너희를 버리겠다', '너희들이 나와 맺은 언약을 먼저 깨어버렸으니까 나도 너희와 맺은 언약을 깨어버리겠다'라고 하신다면 하나님의 신실하심은 어찌되느냐는 것입니다. 하나님이 신실하지 못하신 분이 되지 않느냐 하는 문제가 생깁니다. 그런데 인간의 불신실이 하나님의 신실을 폐할 수 있을까요? 없습니다. 4절을 한번 보십시오. 맨 앞에 뭐라고 했습니까?

"그럴 수 없느니라"고 말씀했습니다. 무슨 말입니까? 인간은 신실하지 않아도 하나님은 여전히 신실하시다는 것입니다. 4절에 "사람은 다 거짓되되 오직 하나님은 참되시다"라고 했는데 이 말씀도 똑같은 말씀입니다. '사람은 신실하지 못해도, 사람은 변해도, 사람은 약속을 지키지 아니해도, 사람은 거짓되어도 우리 하나님은 언제나 신실하시다'라는 말씀입니다.

구약의 이스라엘을 한번 보시기 바랍니다. 우리 하나님께서 아브라함에게 언약을 맺으시면서 "너희 자손들이 애굽에 들어가서 400년 동안 종노릇을 할 것이다. 그러나 내가 내버려두지 않고 그들을 이끌어 내어서 내가 약속한 이 땅을 너희 후손들에게 주겠다"라고 약속을 했습니다. 그래서 하나님이 400년이 지나서 모세를 불러 세워서, 노예로 살던 이스라엘 백성을 이집트에서 해방시켜 가나안땅으로 인도해 가지 않습니까? 가는 도중에 시내 산에서 하나님과 언약을 맺었습니다. "너희는 내 백성이 되고 나는 너희의 하나님이 될 것이다"라는 언약을 맺으시고 출발을 했는데, 40년 동안 광야생활을 하면서 이스라엘 백성의 태도가 어찌했습니까?

이스라엘 백성이 하나님을 열 번도 더 시험했다고 했습니다. 불신앙과 불순종으로 말미암아 하나님을 분노케 하신 적이 얼마나 많은지 모릅니다. 그래서 한번은 하나님께서 모세를 향하여 말씀하시기를 "내가 이 백성을 쓸어버리겠다. 내가 너를 통하여 한 민족을 만들어 주겠다"라고까지 말씀하신 것입니다.

그런데 하나님이 그렇게 하셨습니까? 그리하지 아니했습니다. 때로 하나님은 진노하셨지만 끝까지 참으시고, 마침내 이스라엘 백성으로 하여금 약속하신 젖과 꿀이 흐르는 땅 가나안 땅에 여호수아를 통하여 들어가게 하시고 그 땅을 차지하게 하셨습니다.

사사시대를 지나서 또 왕국시대가 왔습니다. 왕국시대가 왔는데 좀 있으니까 남왕국과 북왕국으로 나누어졌습니다. 북왕국은 이스라엘이요, 남왕국은 유다입니다. 남왕국 유다 백성들이 하나님 앞에 범죄하고 불순종하자 하나님께서 멀리 있는 바벨론을 불러서 심판을 했습니다. 그로 인해 예루살렘이 잿더미가 되고 말았습니다. 유다 백성들은 포로가 되어서 끌려갔습니다.

이 유다가 망하고, 수도 예루살렘이 파괴되고, 사람들이 포로로 끌려갈 때에 이 유다가 다시 한 번 일어나리라고 꿈꾼 사람은 아무도 없었습니다. 이제 모든 것이 끝났다고 생각했습니다. 하나님이 이 백성을 버리셨다고 생각했습니다. 하나님께서 이제 이 유다백성을 다 버리시고 끝내셨다고 생각했는데, 그것이 끝이었습니까?

하나님께서 예레미야 선지자에게 예언하신 대로, 70년이 지나서 그 백성을 포로 가운데서 귀환케 하셨습니다. 세 번이나 포로를 귀환시켜서 예루살렘으로 다시 돌아와 성전을 짓고, 성벽을 재건하고, 하나님을 섬길 수 있도록 그들을 회복하여 주셨습니다. 얼마나 신실하신 하나님입니까.

그들은 하나님의 언약을 깨뜨렸어도 하나님은 그 약속을 지키셔서, 때가 되자 구약성경에 약속하신 대로 메시아를 보내셔서 모든 이방인과 유대인들에게 복음의 문을 활짝 열어 주셨습니다. 하나님은 신실하신 분입니다. 인간의 불신앙, 인간의 불신실, 인간의 변질이 하나님의 미쁘심을 폐할 수 없음을 믿으시기 바랍니다. 우리는 신실하지 못하지만 하나님은 언제나 신실하십니다.

저와 여러분은 하나님의 백성으로 부름을 받았습니다.

하나님의 언약 백성이 되었습니다. 그런데 우리의 신앙과 삶을 돌아보면, 온통 불순종과 죄악과 완고함으로 점철이 되어 있습니다. 오늘 여러분 중에서도 중간에 방학 좀 하고 들어오신 분들이 더러 있죠? 그것이 바로 하나님 앞에 신실하지 못했던 모습입니다. 만약 하나님이 우리 사람들 같았다면, 우리는 옛날에 하나님의 버림을 받고 말았을 것입니다. 그런데도 우리가 여전히 하나님의 백성으로 이곳에서 하나님께 예배드릴 수 있음은 무엇 때문입니까? '하나님의 신실하심' 때문입니다.

예레미야 선지자가 말씀합니다. 예레미야 3장 22절을 보십시오.

"여호와의 인자와 긍휼이 무궁하심으로 우리가 진멸되지 아니함이니이다."

우리가 잘나서 망하지 않은 것이 아니라, 여호와의 인자와 긍휼이 무궁하시기 때문에 우리가 잘못한 것이 많이 있음에도 완전히 망하지 않는다는 것입니다. 오늘 우리가 부른 찬송 가사 "우리는 주님을 늘 배반해도 내 주 예수 여전히 날 부르사"라는 찬양은, 우리는 늘 주님을 배반하지만 우리 주님은 여전히 우리를 불러 주신다는 것입니다.

오늘 우리 찬양대에서 얼마나 은혜롭게 "돌아와 돌아와" 하고 찬양했습니까! 성경에는 온통 돌아오라는 말씀입니다. 돌아와서 살라고 하나님께서 말씀하십니다. 우리는 늘 넘어지고 엎어지고 죄를 많이 지어도, 신실하신 우리 주님은 우리를 향하여 매일 돌아오라고 말씀하고 계시고, 또 그때마다 우리를 받아주시는 것입니다.

여러분, 주님의 신실하심과 사랑이 있기 때문에 오늘 우리가 여기에 있음을 믿으시기를 바랍니다. 히브리서 13장 8절 말씀을 보십시오.

"예수 그리스도는 어제나 오늘이나 영원토록 동일하시느니라."

여기서 '동일하시다'는 말은 '신실하시다, 변함이 없으시다'는 것입니다. 그러므로 앞으로도 우리 주님께서는 우리에 대한 사랑을 변치 않으시고 우리를 신실하게 대해 주시는 것을 확신하시기 바랍니다.

세 번째 질문은 5절입니다.

"그러나 우리 불의가 하나님의 의를 드러나게 하면 무슨 말 하리요 진노를 내리시는 하나님이 불의하시냐."

이 질문의 요지는, '유대인의 불의와 불신실로 인해서 하나님이 유대인을 심판하시면 하나님의 의로우심이 드러날 것인데, 이렇게 하나님의 의를 드러나게 한 유대인들을 하나님이 심판하시면 되겠느냐? 그건 하나님이 옳지 않은 것 아니냐? 하나님이 불의한 것 아니냐?' 하는 것입니다. 다시 말하면 '인간의 불의가 하나님의 의를 나타낸다면 하나님이 그 인간에게 상을 주셔야지 벌을 내려 심판하시면 되겠느냐는 것입니다. 어려운 문제입니다.

이에 대한 바울의 답변은 무엇입니까? 6절에 무엇이라고 했습니까? "결코 그렇지 아니하니라"고 했습니다. 예를 들어보겠습니다. 가룟 유다가 예수님을 팔았습니다. 그것 때문에 예수님이 십자가에 못 박혀 죽으셨습니다. 하나님의 뜻이 이루어졌습니다. 하나님의 구원 역사가 가룟 유다 때문에 이루어지게 되었습니다. 그러자 가룟 유다가 '하나님, 저 때문에 당신의 구원 역사가 이루어졌으니 나를 천국에 보내주셔야지요. 나에게 상을 주셔야지요' 하면 하나님이 상을 주실까요? 아닙니다. 하나님이 지옥에 보내십니다.

누가복음 22장 22절을 보십시오.

"인자는 이미 작정된 대로 가거니와 그를 파는 그 사람에게는
화가 있으리로다 하시니."

여기서 '그'가 누구입니까? 예수님입니다. 그를 파는 '그 사람'은 누구입니까? 가룟 유다입니다. 가룟 유다에게는 무엇이 있습니까? 화가 있을 것이라고 했습니다. 그 사람은 구원받지 못한다는 것을 주님께서 분명히 말씀하셨습니다. 하나님이 심판하십니다.

제가 목발을 뗐지만 지난번에 목발을 짚고 다니니까 너무너무 불편했습니다. 통깁스를 해서 식탁에서도 너무 불편했습니다. 너무 불편하다 보니 하루는 점심을 먹고 나서 된장이 들어 있는 국그릇

을 엎어버렸습니다. 엎어버렸는데 보니까 엉망입니다. 상위에도 저 바닥에도 된장국물이 쏟아져서 정말 엉망입니다. 제 나이가 되면 제일 무서운 사람이 누구입니까? 네, 그래서 겁이 나서 빨리 화장지를 가지고서 닦았습니다. 바닥은 닦았는데, 문제는 제 작업 바지와 속옷까지 국물이 묻어버렸습니다. 그래서 얼른 옷을 갈아입고서 세탁기에 옷을 갖다 넣었습니다. 아 그랬는데 보니까, 더 큰 일이 일어났습니다.

우리 집의 식탁보는 제 아내가 직접 퀼팅을 해서 수를 놓은 것인데, 유리를 깔아놓은 식탁보 위는 괜찮은데, 식탁보 옆에 엎질러진 부분에 된장 국물이 흘러있는 거예요. 그걸 제가 어떻게 감당을 하겠습니까? 그래서 자수를 했습니다. 점심 먹다가 이러이러하게 되었다고 하니까, 세탁기를 돌려 세탁물을 한 아름 안고서 큰방으로 가면서 "당신이 어질러 놓은 것 때문에 내가 지금 정리하고 있다"는 거예요. 그래서 제가 "그 한 번도 빨래도 안 하던 걸 내가 엎질러 놓으니까 그래도 한번 깨끗이 세탁하니 잘 되었지 뭐" 그러면 되겠습니까, 안되겠습니까? 그러면 안 되는 거예요. '미안해요, 미안해요. 내가 다리가 불편해서 그러니 미안합니다' 이렇게 해야 된다는 것입니다.

우리의 삶에서도 이와 비슷한 일들이 많이 일어납니다. 우리의 잘못으로 결과적으로는 하나님의 뜻이 이루어지는 일이 더러 있습니다. 그 일로 유익이 되는 일이 더러 있지만, 그렇다고 해서 우리 죄가 무죄가 되고 우리 잘못이 없어지는 것이 아닙니다. 그렇게 좋은 결과가 있게 된 것은 하나님의 은혜일 뿐입니다. 결과가 좋다고 해서 과정이 합리화되는 것은 아니라는 말입니다.

하나님은 우리가 죄짓는 것을 기뻐하시지 않습니다. 하나님은 우리가 하나님 앞에 흠도 없고 점도 없이 주님 오실 때 그 앞에 서게 되기를 원하시는 것입니다. 그러므로 죄짓고 잘못하면 결과에 상관없이 변명하지 말고, 자기의 잘못을 합리화하지 말고 잘못을 인정하고 회개해야 되는 것입니다. 요컨대 우리 인간은 자기의 불의에 대하여 책임을 져야 됩니다. 죄인을 심판하시는 우리 하나님은 불의하시지 않습니다. 의로우신 하나님이십니다.

오늘 본문 말씀을 통해 세 가지를 생각했습니다.

첫째로, 유대인이 이방인과 똑같이 심판을 받는다면 유대인의 나음이 무엇이겠습니까? 그들은 이방인보다 나은 것이 많고 특권도 많았지만, 그 특권을 바로 사용하지 못하고 똑같이 범죄함으로 같은 심판을 받게 되었습니다. 우리에게는 하나님께서 주신 나름대로의 은혜가 있고, 특권이 있고, 좀 더 잘하는 것들이 있습니다. 이것을 헤아려 보시고 하나님 나라와 교회, 이 사회를 위해서 선하게 사용하시기를 바랍니다.

둘째는, 유대인의 신실치 못함이 하나님의 신실하심을 폐하겠습니까? 그럴 수 없다고 했습니다. 우리 하나님은 약속에 신실하신 하나님이십니다. 우리는 변하고, 불순종하고, 불신실해도 우리를 향하신 하나님의 사랑과 약속은 변함이 않습니다. 약속을 폐하시지 않는 것입니다. 우리에게 향하신 여호와의 진실하심에서, 진실하심은 신실을 말합니다. 오늘 우리가 부른 찬송가 가사처럼 "우리에게 향하신 여호와의 진실하심이 영원"히 변치 않습니다. 그 "신실하심이 영원 영원 영원하도다"라고 말씀했습니다. 하나님의 그 영원하심을 믿으시기 바랍니다.

셋째로, 인간의 불의가 하나님의 의를 나타낸다고 해서 인간의 불의가 합리화됩니까? 하나님이 봐주시느냐는 것입니다. 결코 그렇지 않다고 했습니다. 하나님은 그 사람의 죄대로 심판하신다고 했습니다. 우리 하나님은 불의하시지 않습니다. 의로우신 하나님이십니다. 그러기 때문에 마지막 심판의 날에도 우리 하나님께서 온 세상을 의롭게 심판하실 것을 믿으시기 바랍니다.

22

로마서 3:9-18

다 죄 아래에
(All under sin)

"그러면 어떠하냐 우리는 나으냐 결코 아니라 유대인이나 헬라인
이나 다 죄 아래에 있다고 우리가 이미 선언하였느니라 기록된
바 의인은 없나니 하나도 없으며 깨닫는 자도 없고 하나님을 찾
는 자도 없고 다 치우쳐 함께 무익하게 되고 선을 행하는 자는
없나니 하나도 없도다 그들의 목구멍은 열린 무덤이요 그 혀로
는 속임을 일삼으며 그 입술에는 독사의 독이 있고 그 입에는 저
주와 악독이 가득하고 그 발은 피 흘리는 데 빠른지라 파멸과 고
생이 그 길에 있어 평강의 길을 알지 못하였고 그들의 눈 앞에
하나님을 두려워함이 없느니라 함과 같으니라"

 여러분은 여러분의 상태를 잘 알고 계십니까? 사람들은 '남은 몰
라도 나는 나 자신의 상태를 잘 알고 있다'고 생각을 합니다. 그러
나 그렇지 않은 경우가 훨씬 많습니다. 최근 제 주변에 어떤 사람
은 감기가 잘 낫지 않아서 병원에 갔다가 큰 병원에 가보라고 해서

가보니까 폐암 말기로 판정이 났습니다. 10cm 가량 커진 그 폐암을 수술할 수가 없어서 암을 적게 만들어야 되는데 그래서 표적치료라는 것을 합니다. 알약을 먹어서 표적치료를 하는데, 그게 한 달에 천만 원이 넘게 드는 겁니다. 자기를 몰랐던 겁니다. 영적인 면에서는 사람들이 자기 상태를 더 잘 모릅니다. 자기의 상태, 자기의 처지를 바로 아는 사람은 희망이 있는 사람입니다.

그런데 자기의 상태를 잘 알지 못하는 사람은 정말 희망이 없는 사람이라 하겠습니다. 우리 인류 전체가 처한 상태가 어떤 상태인지 아십니까? 오늘 성경이 그것을 우리에게 말씀하고 있습니다. 9절을 보면 유대인이나 헬라인이나 다 어디 있다고 했습니까? 죄 아래 있다고 했습니다. "All under sin." 모두 다 죄 아래 있다고 했습니다. 이것이 오늘 설교 제목입니다.

첫 번째로, 생각할 것은 왜 인류가 다 죄 아래에 있게 되었습니까?

얼마 전 TV에서 왜소증에 걸린 한 가족을 보았습니다. 아버지가 이제 나이가 드셨는데 난쟁이예요. 아내는 정상입니다. 그런데 그 사이에서 난 자녀들이 전부다 난쟁이입니다. 말이 난쟁이지 그들이 자라면서 또 어른이 되어서 얼마나 많은 멸시와 손가락질을 받으면서 자랐겠습니까? 자녀들이 자라서 결혼을 했습니다. 그런데 보니까 딸의 집에 부부밖에 없습니다. 자식이 없습니다. 알고 보니 자식을 낳을 수 있지만 자기들이 겪은 그 아픔을 자식에게 주지 않기 위해서 일부러 자녀를 낳지 않는다는 것입니다. 그 모습을 보면서 가슴이 아팠습니다.

그 집안은 나면서부터 난쟁이이듯이 우리 인간은 나면서부터 죄인인 것입니다. 착하고 순진해 보이는 천사처럼 보이는 어린아이조차도 죄인으로 태어나는 것입니다. 왜 그렇겠습니까? 태초에 하나님이 한 사람을 지었습니다. 그의 이름은 아담이었습니다. 하나님께서 아담을 인류의 대표자로 삼았습니다. 그렇기 때문에 아담의 행동의 결과는 모든 아담의 후손들에게 미치게 되는 겁니다. 불행히도 그는 하나님이 금하신 과일을 따먹음으로써 범죄 하였습니다. 그때부터 인류는 아담 안에서 모두다 죄인이 되었습니다. 우리 모두는 아담의 후손이므로 우리 모두는 죄의 DNA를 가지고 이 세상에 죄인으로 태어나는 것입니다.

로마서 5장 12절을 보십시오.

"그러므로 한 사람으로 말미암아 죄가 세상에 들어오고."

에베소서 2장 3절에서 우리 모두는 "본질상 진노의 자녀"라고 했습니다. 본질상이라는 말이 영어로는 'by nature'입니다. 'by nature'라는 말은 천성적으로 '태어나면서부터'라는 말입니다. 모든 인간은 태어나면서부터 천성적으로 죄인이기 때문에 하나님 앞에 진노의 대상인 것입니다. 죄인으로, 진노의 자녀로 태어나는 인생이기 때문에, 이를 가리켜서 'original sin', '원죄'라고 말합니다.

인류가 다 죄 아래 있는 것은 꼭 원죄 때문만은 아닙니다. 이 '죄 아래 있다'는 'under sin'이라는 말은 의미가 있는 말입니다. 이것은 단순히 죄인이라는 말뜻만 있는 것이 아니라 죄 아래 있다는 것이므로 죄의 권력 밑에, 죄의 세력 하에, 죄의 지배하에 있다는 말입니다. 그러기 때문에 우리 인생은 죄를 가지고서 태어날 뿐만 아니라 그 죄의 지배를 받아서 이 세상에서 온갖 죄를 지으면서 살아가는 것입니다.

생각으로 죄를 짓고, 행동으로 죄를 짓고, 또 마음과 상상으로도 엄청나게 죄를 짓습니다. 전도서에 보면 "죄를 범치 아니하는 인생은 이 세상에 아무도 없다"라고 했습니다. 이것을 '본죄'라고 합니다. 요컨대 우리 인간은 죄인으로 태어나서 죄를 지으면서 살아갑니다. 그래서 오늘 성경은 우리 모두는 어디 있다고 했습니까? 죄 아래 있다고 말씀하는 것입니다.

다음으로 죄 아래 있는 인간의 모습은 어떠합니까?

오늘 10절에서 12절에 말씀하고 있는데, 여기에 'no'가 네 번 나옵니다. 'There is no', 무엇이 없다는 것입니다.

첫째로, 의인이 없다고 했습니다.

의인이 없음을 강조하기 위해서 'not even one' 한 사람도 없다고 말씀하고 있습니다. 요즘 신문 방송을 보면 너무 극악한 죄를 짓는 사람들이 많습니다. 여러 여성들을 상대로, 또 어린아이까지 성폭력을 행사하는 사람, 자기 부모를 죽이는 사람, 자기의 어린 아기를 버리는 사람, 말할 수 없는 죄악 된 모습들이 세상에 드러나고 있습니다. 그러나 모두가 다 그런 것은 아닙니다. 참 좋은 사람들도 있습니다. 남을 위해서 자기를 희생하는 사람들도 있습니다.

얼마 전 마우나오션 붕괴사태 때 자기 후배를 구하려다가 목숨을 잃은 사람이 있습니다. 양성호 씨라는 분인데 나라에서 그를 의사자라고 인정해 주었습니다. 그러나 우리가 분명히 기억해야 할 것은 세상에 의인은 없다는 것입니다.

저는 안경을 고등학교 2학년 때부터 끼었습니다. 그래서 중간에 엑시머 레이저라고 제일 초기에 나온 시력수술을 했는데, 지금도 안경을 쓰고 있으니까 실패한 겁니다. 안경 끼는 사람들은 손수건으로 또는 러닝셔츠를 끄집어내어 아침에 출근하기 전에 안경을 닦습니다.

그런데 바깥에 나가서 햇볕에다 이렇게 비쳐보면 어떻습니까?

더럽습니다. 방에서는 분명히 깨끗했는데 햇빛 아래에서 보면 더러워요. 그런데 이것을 깨끗하게 하려고 아주 오랫동안 닦아도 완전히 깨끗해지지가 않습니다. 무슨 말입니까? 어떤 사람이 보기에는 의로워 보여도 빛이신 하나님께서 보실 때는 깨끗하지 못하다는 것입니다. 의로운 사람이 없다는 것입니다.

물론 우리가 성경을 보면 성경에서 의인이라 부르는 사람이 있습니다. 대표적으로 노아 같은 사람입니다. '노아는 당대의 의인'이라고 하였습니다. 누가복음 2장에 보면 시므온이라는 사람도 성경이 의롭다고 말씀하고 있습니다. 그러나 그 말은 자기 시대 다른 사람들에 비하여 그렇다는 것입니다. 즉 상대적인 의인은 있어도 절대적으로 의로운 자는 아니라는 것입니다. 하나님께서 의롭다고 인정해 주시니까 의로운 것이지, 하나님께서 천국에 들여보내 주실 만큼 완전한 의인은 이 세상에 아무도 없다는 말씀입니다.

둘째로, 깨닫는 자가 없다고 했습니다.

이 깨닫는다는 말을 영어성경에는 'understand'라고 했습니다. 이해하는 자가 없다. 다시 말하면 지혜로운 자가 없다는 것입니다. 그러면 어떤 자만 있습니까? 어리석은 자만 있는 것입니다. 지혜와 지식의 근본이 무엇입니까? 여호와를 경외하는 것입니다. 하나님을 알고 그 하나님을 섬기는 것이 지혜와 지식의 근본입니다. 그러므로 하나님을 떠나서는 어리석은 자가 될 수밖에 없습니다. 오늘 우리가 교독한 말씀 시편 14편에 있는 말씀을 보십시오. 뭐라고 했습니까?

"어리석은 자는 그의 마음에 이르기를 하나님은 없다 하는 도다."

이 말씀은 거꾸로 뒤집어도 진리입니다. 거꾸로 하면 어떤 말씀입니까? '하나님이 없다고 하는 자들은 어리석은 자'인 것입니다. 비록 그 사람이 이 세상에서는 박사 학위를 가지고 있다고 할지라도 자기의 죄인 됨을 알지 못하고, 천국과 지옥이 있음을 알지 못하고, 자기가 지금 영원한 지옥을 향하여 가고 있음을 알지 못하는 것입니다. 그러나 예수 안에 있는 자는 일자무식이라 할지라도, 어린아이라 할지라도 천국과 지옥이 있는 것을 압니다. 예수 믿을 때에 천국에 갈 수 있음을 아는 것입니다.

셋째로, 하나님을 찾는 자가 없다는 것입니다.

하나님을 찾는다는 것은 하나님을 '사모한다, 추구한다'는 말입니다. 범죄 한 인간은 하나님을 찾지 않습니다. 가장 좋은 예가, 우리 인간의 시조가 범죄하고 나서 어떻게 했습니까? '아이구, 죄를 지었으니까 빨리 하나님 앞에 가서 회개해야 되겠다'고 했습니까? 아니죠. 어떻게 했습니까? 하나님을 피하여 숨었다고 했습니다. 나무 그

늘 아래에 숨었습니다. 여기서 우리가 기억할 것은 범죄 한 인간은 '하나님 기피증'을 가지게 됩니다. 어둠이 빛을 싫어하듯이 범죄 한 인생은 하나님을 싫어하고 하나님을 멀리 떠나서 숨는 것입니다. 이사야 53장 6절 말씀을 보십시오.

"우리는 다 양 같아서 그릇 행하여 각기 제 길로 갔거늘."

어느 길로 간다고 했습니까? 제 길로, 자기 길로, 자기가 좋다고 생각하는 길로, 자기 좋은 길로, 자기 욕심의 길로 가버리는 것입니다. 하나님의 길로 가지를 않고, 하나님에게로 돌아오지 않는다는 것입니다. 예수 믿는 우리조차도 기회만 생기면 어떻게 합니까? 하나님의 길을 떠나서 자기 길을 가려고 합니다. 자기 욕심을 따라 살려고 할 때가 얼마나 많습니까?

우리 그리스도인들은 내가 하나님을 찾았다고 생각하기 쉽습니다. 그러나 분명히 알아야 될 것은, 내가 하나님을 찾은 것이 아닙니다. 로마서에 보면 "육신에 있는 사람은 하나님과 원수가 된다"고 했습니다. 하나님의 은혜 없이 하나님께 버림받은 죄악 된 상태로 있는 그 사람은, 하나님과 마음이 원수가 되어 있기 때문에 하나님께로 가까이 오지도 않고 하나님을 찾을 능력도 없는 것입니다. 그러면 어떻게 우리가 하나님 앞에 나왔습니까?

요한복음 6장 65절을 보십시오.

"내 아버지께서 오게 하여 주지 아니하시면 누구든지 내게 올
수 없다 하였노라 하시니라."

예수님께서 이렇게 말씀하셨습니다.

"하나님 아버지께서 오게 하여 주시지 않으면 아무도 내게 올
수 없었다. 하나님께서 오게 해주셨기 때문이다."

오늘 이 자리에 저와 여러분이 있음은 하나님께서 우리를 찾아
서 불러주셨고, 하나님께서 하나님께로 나올 수 있는 마음을 우리
에게 주셨기 때문에 저와 여러분이 이 자리에 있다는 사실을 믿으
시기를 바랍니다.

넷째는, 선을 행하는 자가 없다는 것입니다.
12절을 보십시오.

"선을 행하는 자가 없나니 하나도 없다."

얼마 전 방송을 보니까, 홀로 사시는 어느 할머니가 계세요. 이
할머니가 참 일자무식입니다. 공부를 해본 적이 없습니다. 그래서
남의 등 뒤로 배워서 겨우 자기 이름만 쓸 수 있는 정도가 되었습
니다. 이름을 써놓았는데 아주 비뚤비뚤하게 써놓았습니다. 집도
아주 가난합니다. 혼자서 사는데 가난해서 폐지를 주워가지고서
팔아서 살아갑니다. 하루에 폐지를 주워서 파는 돈이 6천 원이랍
니다. 6천 원 벌어가지고 어떻게 살겠습니까?

그런데 놀랍게도 이 할머니께서 그것을 가지고 사시고, 남은 돈
은 꼬박꼬박 저축을 해서 자기처럼 못 배운 사람, 가난한 사람을
위해서 지금까지 4천만 원을 기부하셨다는 것입니다. 아, 정말 놀
랐습니다. 자기 먹고 살기도 바쁠 텐데… 자칫 삶에 대해 불평하기
쉬운 환경인데도 그렇게 수고하고 아껴서, 그것을 자기보다 못한 사
람에게 주었다니 얼마나 착한 분인지 모르겠습니다.

이 세상에 그런 사람이 간혹 있지 않습니까? 그러나 사람 보기

에는 선해 보이지만, 하나님을 거역한 상태에서, 즉 죄 아래에서 행하는 모든 것은 하나님 보시기에 선한 일이 될 수 없습니다. 부모를 저버린 사람이 바깥에 나가서 다른 사람에게 선을 행한다고 부모가 그 자녀들을 기뻐할까요? 기뻐하지 않습니다. 먼저 부모에게 와서 '부모님, 제가 참으로 잘못했습니다'라고 용서를 빈 후 부모와의 관계가 회복되고, 부모님께도 잘하고 다른 사람에게도 선을 행하면, 그것은 부모가 기뻐할 만한 참된 선이 되는 것입니다.

우리 인생도 마찬가지입니다.

사람이 아무리 선한 일을 해도 하나님과의 관계가 바로 되기 전에는 하나님이 기뻐하시는 선한 일을 행할 수 없다는 것입니다. 여러분이 알아야 될 것은, 우리 구원받은 성도들이야말로 진정 하나님 보시기에 기뻐하시는 선을 행할 수 있는 것입니다.

여러분, 하나님께서 왜 우리를 구원해 주셨습니까? 하나님께서 우리를 구원해 주신 이유가 몇 가지 있겠지만, 에베소서 2장에 보면 선한 일을 위해서 지어주셨다고 했습니다. 디도서 3장에 보면, 선한 일에 열심을 내는 친 백성이 되도록 하기 위하여 우리를 불러주시고 구원해 주셨다고 했습니다. 이 세상에 많은 사람들이 살고 있지만, 죄 아래에 있는 사람은 하나님이 기뻐하시는 선한 일을 할 수 없습니다. 하나님께서는 하나님이 기뻐하시는 선한 일을 하도록 저와 여러분들을 구원해 주셨습니다. 그러므로 여러분의 삶에 아직도 남아 있는 죄악된 행동과 삶을 다 버리시고, 우리 하나님이 기뻐하시는 선을 행하시면서 살아가는 여러분이 되시기를 바랍니다.

셋째로, 죄 아래 있는 인간의 지체는 죄로 오염이 되어 온갖 악을 행합니다.

본문 13절에서 18절까지의 말씀을 보면, 무덤 속에 무엇이 들어 있습니까? 썩은 시신이 들어 있습니다. 뼈가 들어 있습니다. 그런데 그곳을 열면 어떻게 되겠습니까? 아주 부패한 역한 냄새가 올라오게 되는 것입니다. 그처럼 죄인의 목구멍에서도 온갖 악하고 더러운 말들이 흘러나오게 된다는 것입니다. 그 혀로 사람을 속인다고 했습니다. 그 입술에는 독사의 독이 있다고 했습니다. 그런데 그 입에 독사의 독이 있는 사람이 있습니까? 없지요.

그러나 생각해 봅시다.

그 입에 독사의 독이 있다고 했는데, 독사의 독은 사람에게 어떤 영향을 미칩니까? 사람을 해합니다. 어떤 경우에는 독사에게 물려서 죽는 사람도 있습니다. 그런데 여러분 똑같은 현상이 사람의 말에서도 일어납니다. 사람이 어떤 말을 하면 비수가 되어서 상대방을 칼로 찌르는 것같이 된다고 잠언서에 말씀했습니다. 어떤 경우에는 남의 말을 듣고서 너무 억이 막혀서 자살하는 사람도 있지 않습니까. 그런 경우에는 말이 사람을 죽이는 것입니다. 독사의 독이 그 말 속에 들어 있는 것입니다. 14절에 보면 "그 입에는 저주와 악독이 가득하다"라고 했습니다. 사람이 무엇으로 죄를 짓겠습니까? 말로, 입으로입니다.

오늘 성경 말씀 13절과 14절을 보면 맨 처음에는 뭐가 나왔습니까? 목구멍이 나왔습니다. 두 번째는 뭐가 나왔습니까? 혀가 나왔습니다. 세 번째는 뭐가 나왔습니까? 입술이 나오고, 네 번째는 뭐가 나왔습니까? 입이 나왔습니다. 이 모든 것은 다 말에 대한 것입니다. 입으로 죄짓기가 가장 쉽다는 것입니다. 입으로 불평하고, 원망하고, 남을 깎아내리고, 비방하고, 욕하고, 저주합니다. 우리 예수 믿는 성도도 그렇지 않습니까? 말의 죄악이 가장 많은 것입니다. 비록 사람을 찔러죽이거나 폭행을 하거나 도둑질을 하거나 간음하지는 않았을지라도, 우리가 우리의 혀로 얼마나 많은 죄를 짓는지 모릅니다. 그래서 믿음의 사람 다윗이 무엇이라고 했습니까? "하나님, 저의 입에 파수꾼을 세워 주시옵소서"라고까지 기도를 했습니다.

말로 범죄 하지 않도록 늘 조심하고 깨어 기도하시기 바랍니다. 도리어 구원받은 자로서 입으로 하나님을 찬송하고 감사하고, 다른 성도들을 격려하는 말, 덕을 끼치는 말, 은혜를 끼치는 말, 남을 세워주는 긍정적인 말을 하시는 복된 성도들이 다 되시기를 바랍니다.

여러분, 15절에 한번 보시기 바랍니다.

15절에 보면 그 발은 피 흘리는 데 빠르다고 했습니다. 죄를 짓는 데 빠르다는 말이죠. 이는 행동의 죄악을 의미하는 것입니다. 앞에 나온 것들은 무엇의 죄악이었습니까? 입술의 죄악, 말의 죄악인데 이 구절은 행동의 죄악을 말하고 있습니다.

이상의 말씀들은 인간의 모든 기관들이, 인간의 모든 부분들이, 인간의 구석구석이 부패해 있음을 말씀해 줍니다. 이것을 신학용어로 '전적 타락'이라고 합니다. 전적 타락이라는 것은 내 눈이, 내 입술이 완전히 부패했다는 말이 아닙니다. 이것은 우리 인간의 모든 부분이 '다 죄의 영향 아래 있다, 다 오염이 되었다'는 말입니다. 그 결과가 무엇입니까? 16절 말씀에 보면 파멸과 고생이 그 길에 있다고 했습니다. 파멸과 고생을 자신이 경험하고, 또 다른 사람으로 하여금 파멸케 하고 고생하게 만든다는 것입니다. 17절에 보면 평강의 길을 알지 못한다고 했습니다.

이 세상에 보면 참 이해가 안되는 불공평한 일이 더러 있습니다. 예를 들어서 하나님을 두려워하지 않는 불신자가 이상하게 잘됩니다, 더 형통합니다. 더 부자로 살아갑니다. 몸이 건강하고 또 장수하고, 그 자식들까지도 잘 되어서 좋은 대학에 들어가고, 취업도 잘합니다. 그렇지만 여러분, 그런 사람이 이 세상에서 절대 얻지 못하는 것이 있습니다. 그것이 무엇인지 아십니까? 그것이 바로 평강입니다. 마음의 참된 평강은 절대로 얻을 수가 없습니다. 이사야 선지자가 두 번이나 말했습니다.

"악인에게는 평강이 없다 하도다!"

악인에게는, 죄인에게는 평강이 없습니다.

마지막 18절 말씀입니다.

"그들의 눈앞에 하나님을 두려워함이 없느니라."

이것이야말로 죄 아래 있는 우리 인간의 가장 전형적인 모습입니다. 하나님을 두려워하지 않으니까 죄를 짓는 것입니다.

잠언 8장 13절 말씀을 보십시오.

"여호와를 두려워하는 것이 악을 미워하는 것이니라."

저는 이 말씀을 참 좋아합니다.

'여호와를 두려워하는 것이 악을 미워하는 것이다.'

이 말을 좀 쉽게 옮기면, 우리가 하나님을 진정으로 두려워하면 악을 멀리하게 됩니다. 악을 미워하게 됩니다. 죄를 짓지 않게 되는 것입니다. 하나님을 두려워하는 자는 죄를 미워하고 죄를 멀리합니다. 욥처럼 하나님을 경외함으로 죄를 미워하고 멀리하는 성도들이 다 되시기를 바랍니다.

사도 바울은 로마서 1장 18절 이하 오늘 본문에서 '이방인도 유대인도 다 죄 아래 있다, 그래서 하나님의 심판을 피할 수 없다'고 길게 논증했습니다. 왜 이렇게 인간의 죄에 대하여 길게 논하고 있을까요? 이유가 있습니다. 이것은 이 일이 구원에 절대로 필요하기 때문입니다. 이 단계를 통과해야 우리 인생이 구원을 받을 수 있기 때문입니다.

사람은 자신의 죄인 됨을 철저히 깨달아야 되고, 죄인 된 자기 실존을 볼 수 있어야 된다는 것입니다. 그래서 먼저 자기의 죄인 됨을 보고 자기에게 철저히 절망할 때에 비로소 구원자 예수 그리스도를 찾게 되고, 그 앞에 무릎 꿇게 되는 것입니다.

자신이 건강하다고 생각하는 사람이 의사에게 찾아갑니까? 안 갑니다. 그처럼 아무 문제도 없고 괜찮다고 생각하는 사람, 죄가 없다고 생각하는 사람이 구원자 예수 그리스도를 찾겠습니까? 찾지 않습니다. 영적으로 심각한 병에 걸렸다는 것을 발견해야 만병의 의사가 되고 영혼의 의사가 되시는 예수 그리스도를 찾아가게 되고 그의 십자가를 붙들게 되는 것입니다.

여러분, 우리 예수님께서 세례를 받으시고 처음 전도할 때에 하신 말씀이 무엇인지 아십니까? '천국이 가까이 왔다. 나를 믿어라'고 했습니까? 아니지요. "회개하라 천국이 가까이 왔다"라고 했습니다. 무슨 말씀입니까? 진정 자신이 죄인인 줄 알고 그 죄를 회개하는 자만이 천국 백성이 될 수 있다는 것입니다. 사도행전에 베드로의 전도설교가 나오는데, 거기에도 보면 "너희가 회개하여 예수의 이름으로 세례를 받고 죄사함을 받으라"고 했습니다. 세례를 받을 사람도 마찬가지입니다. '내가 1년 정도 교회를 다녔기 때문에 이제 나는 세례를 받을 수 있는 사람이야' 해서는 안됩니다. 자기가 죄인인 줄을 깨닫고 하나님 앞에 자기의 죄를 회개하는 사람이 세례에 합당한 사람입니다. '저는 이 모습을 가지고는, 저의 의로서는 하나님 나라에 갈 수가 없습니다. 주 예수 나의 왕이여, 저의 죄를 용서해 주십시오. 저의 죄를 회개합니다' 이렇게 회개하는 자가 세례를 받을 수 있고 천국에 갈 수가 있는 것입니다.

어떤 사람은 왜 자기가 죄인인지 모르겠다고 합니다.

자기는 죄인 의식이 없다고 합니다. 그러나 오늘 말씀을 보십시오. 여러분은 남을 속이거나 거짓말한 적이 한 번도 없습니까? 말로 남의 마음에 상처를 주거나, 남을 모함하거나, 남을 비방한 적이 없습니까? 행위로 죄지은 적이 한 번도 없습니까? 마음으로 상상으로도 죄지은 적이 한 번도 없습니까? 그런 사람은 이 세상에 아무도 없습니다. 'All under sin!' 인간은 다 죄인인 것입니다. 자신의 죄인 됨을 알고 철저히 절망하고 '주여, 나는 죄인이로소이다' 함이 없이는 하나님의 구원의 은혜를 누릴 수 없는 것입니다.

마지막으로 요한일서 1장 8-9절을 우리 같이 한번 읽어보겠습니다.

"만일 우리가 죄가 없다고 말하면 스스로 속이고 또 진리가 우리 속에 있지 아니할것이요 만일 우리가 우리 죄를 자백하면 그는 미쁘시고 의로우사 우리 죄를 사하시며 우리를 모든 불의에서 깨끗하게 하실 것이요."

우리 하나님께서 여러분에게 은혜를 주시어서 자신의 죄인 됨을 철저히 깨닫게 하시고, 이로 인해 주 예수님을 바라보고 믿음으로 구원받게 하시기를 원합니다.

23

로마서 3:19-26

이신칭의(以信稱義)

"우리가 알거니와 무릇 율법이 말하는 바는 율법 아래에 있는 자
들에게 말하는 것이니 이는 모든 입을 막고 온 세상으로 하나님
의 심판 아래에 있게 하려 함이라 그러므로 율법의 행위로 그의
앞에 의롭다 하심을 얻을 육체가 없나니 율법으로는 죄를 깨달
음이니라 이제는 율법 외에 하나님의 한 의가 나타났으니 율법
과 선지자들에게 증거를 받은 것이라 곧 예수 그리스도를 믿음
으로 말미암아 모든 믿는 자에게 미치는 하나님의 의니 차별이
없느니라 모든 사람이 죄를 범하였으매 하나님의 영광에 이르지
못하더니 그리스도 예수 안에 있는 속량으로 말미암아 하나님의
은혜로 값 없이 의롭다 하심을 얻은 자 되었느니라 이 예수를 하
나님이 그의 피로써 믿음으로 말미암는 화목제물로 세우셨으니
이는 하나님께서 길이 참으시는 중에 전에 지은 죄를 간과하심
으로 자기의 의로우심을 나타내려 하심이니 곧 이 때에 자기의
의로우심을 나타내사 자기도 의로우시며 또한 예수 믿는 자를
의롭다 하려 하심이라"

　학교에서 시험을 칩니다. 국어시험 시간인데 이런 문제가 나왔습
니다. "결심을 하고 며칠도 못가서 깨지는 것을 네 글자로 뭐라 합

니까?" 하면서, "작□삼□"이라고 문제가 나왔습니다. 여러분은 뭐가 들어가는지 아시겠죠? 무슨 글자가 들어갑니까? '작심삼일!' 그런데 어느 친구가 '작은 삼촌'이라고 답을 적었습니다. 왜냐하면 자기 작은 삼촌이 늘 그렇다는 거예요. 술 안 마시겠다, 담배 안 피우겠다 결심하고는 사흘도 못 가서 깨지니까 자기는 작은 삼촌인 줄 알고 그렇게 썼다는 것입니다. 그런데 저는 그것도 맞는 답이 아닌가 생각합니다. 저희 아파트 엘리베이터 안에 지금도 한 페이지 사자성어가 붙어 있습니다. 소탐대실, 오비이락, 다다익선, 선견지명 등등. 그런데 여러분 최고의 사자성어가 무엇이라고 생각하십니까? 예, 오늘의 설교 제목 '이신칭의'가 아닌가 생각합니다.

'이신칭의'가 무엇이냐 하면, 써 '이'(以) 자에 믿을 '신'(信) 자에 칭할 '칭'(稱), 옳을 '의'(義), 그래서 '믿음으로써 의롭다고 칭하여진다'는 뜻입니다. 이 이신칭의라는 말은 루터의 종교개혁을 한마디로 보여주는 결정적인 교리입니다. 나아가 기독교의 복음 진리, 구원의 진수를 보여주는 말이기도 합니다. 위대한 말씀이지요. 성경에서 이 이신칭의의 교리를 가장 잘 보여주는 곳이 어디냐 하면, 오늘 본문 이 로마서 3장 21-26절에 있는 말씀입니다. 그러므로 오늘 본문은 성경에서 가장 위대한 진리 중의 하나라고 말할 수 있습니다. 오늘 전하는 이신칭의의 교리를 통해서, 여러분들의 믿음이 새롭게 확립되고 또 굳건해지기를 바랍니다.

오늘 본문 19-20절 말씀은 이 앞에 나온 1장 18절에서 3장 18절까지의 내용에 대한 결론이라고 말씀드릴 수 있습니다. 지난 주

일에 온 인류의 상태, 온 인류의 처지가 어떠하다고 했습니까? 죄
아래 있다고 했지요. 다 죄 아래에, 영어로 'All under sin'이라고 말
씀드렸습니다. 모든 사람은 죄인으로 태어나서 이 땅에서 죄를 지
으면서 살아간다는 것입니다. 이 죄에 대해서 사람들은 이 세상에
서는 많은 핑계도 대고 변명도 하고 자기 합리화도 합니다. 그러나
사람들 앞에서는 그리할지라도 우리 하나님의 심판대에 서게 될 때
에는 그렇게 하지 못합니다. 모든 죄가 숨김없이 다 드러나고 증거
가 드러나는데 어떻게 핑계할 수 있겠습니까?

　오늘 19절 셋째 줄을 보십시오.

　"이는 모든 입을 막고."

　모든 입을 막는다는 것은, 더 이상 핑계할 수 없다는 것입니다.
아무 할 말이 없다는 것입니다. 자기의 죄를 인정할 수밖에 없다는
것입니다. 20절에도 보면 자기의 행위나 노력으로는 아무도 의롭다
함을 받지 못한다고 했습니다. 의롭다 함을 받지 못한다는 것은 여
전히 죄 아래 죄인으로 존재한다는 것이고, 이는 결국 하나님의 진
노와 심판을 피할 수 없다는 말씀이 되는 것입니다. 그렇다면 인간
의 운명은 어떻게 되는 것입니까? 우리 인간에게 소망이 있습니까?
없습니다. 절망적입니다. 캄캄합니다. 앞이 보이지 않습니다. 출구가
없는 것입니다.

　그런데 갑자기 대전환이 이루어집니다. 깜깜한 어둠 속에 찬란한
빛이 비추기 시작하는 것입니다. 오늘 21절을 시작하는 단어를 보
시기 바랍니다. "이제는"이라고 했습니다. 그러나 이것은 참으로 유
감스러운 번역입니다. 너무 약한 번역입니다. 원문도 그렇고 영어성

경도 그렇고 '이제는' 하고 들어가지 않습니다. '그러나 이제는' 하고 들어갑니다. 'But now' 이렇게 들어갑니다.

　지금까지 계속 사도 바울이 무엇을 말씀했습니까? '이방인은 죄인이다, 유대인도 별 수 없다, 율법을 범하여 다 죄인이다, 다 하나님의 심판 아래에 놓여 있다' 그렇게 말씀하지 않았습니까? 그런데 이런 절망적인 상태만 말씀하다가 '그러나 이제는!' 하는 것입니다. 소망의 말씀이 나타납니다. '그러나 이제는!' 어떠하다는 말입니까? 이제는 하나님의 한 의가 나타났다는 것입니다. 20절에는 행위로 하나님 앞에 의롭다 함을 얻을 육체가 없다고 했는데, 이 상태로는 인간은 절망적인데, 이제는 하나님의 의가 나타남으로 인하여 사람이 의롭다 함을 받을 수 있는 길이 열렸습니다. 사람이 구원을 받을 수 있는 길이 열렸다는 것입니다.
　그러면 도대체 21절에서 말씀하는 "하나님의 한 의"라는 것은 무엇일까요?
　이 말이 22절에도 나옵니다.
　"하나님의 의니."

　이 하나님의 의, 영어성경에는 "하나님으로부터 나온 의"라고 했습니다. 누구에게서 나온 의가 아닙니다. 사람에게서는 참된 의가 나올 수가 없습니다. 사람에게서 나온 의가 아니고 하나님에게서 나온 의라는 것입니다.
　여러분, 우리 하나님은 의로우신 하나님인 것을 믿으십니까? 하나님은 의로우시기에 죄와 불의를 미워하십니다. 선과 의를 사랑하십니다. 죄인을 징벌하시고 진노하시고 심판하십니다. 반면에 의와 선을 행한 자는 하나님이 사랑하시고 복을 주시는 것입니다. 어떤 사람을 알려면 무엇을 보면 압니까? 그 사람의 말과 행동을 보면 알 수 있습니다. 하나님의 의도 마찬가지입니다. 하나님의 의도 하나님의 말씀을 통해, 하나님의 행위를 통해서 나타나게 됩니다. 우리 하나님은 의로우신 하나님이신데, 그 하나님의 의가 역사 가운데, 성경의 흐름 가운데 계속 나타났습니다.

그런데 그 의가 아주 특별하고 분명하게 나타난 때가 있었습니다. 본문 22절 첫 줄을 보십시오. 바로 예수 그리스도입니다. "예수 그리스도를 통하여"라고 했는데, 좀 더 구체적으로 말하면 예수 그리스도의 십자가를 통하여 하나님의 의가 분명히 나타난다는 것입니다. 예수 그리스도의 십자가 사건의 의미는 24절과 25절에 잘 나타납니다. 이 두 구절은 십자가에 나타난 하나님의 의의 양면성을 우리에게 보여줍니다.

먼저 24절에 보면 아주 중요한 말씀이 나옵니다.

"그리스도의 예수 안에 있는 속량."

속량이라는 어려운 말이 나왔습니다. 이 속량이 성경에 보면 또 다른 말로도 나옵니다. '구속'이란 말 들어보셨죠? 이 말은 노예시장에서 사용되는 용어였습니다. 노예시장에서 노예를 살려면 돈을 주어야 합니다. 그 돈을 성경에서 무엇이라고 하느냐 하면 '속전'이라고 합니다. 또는 '속량비'라고 하기도 하고, '속량금'이라고도 합니다. 영어로는 'ransom'이라고 합니다. 이 'ransom'을 주고 노예를 사서 해방시켜 주는 것을 의미하는 말이 바로 속량입니다. 하나님께서 바로 우리에게 그렇게 해주셨습니다. 하나님은 죄와 사망의 노예된 우리를 사서 풀어주셨습니다. 우리를 해방시키셨습니다. 우리에게 자유를 주셨습니다. 그런데 하나님은 도대체 무슨 값으로 그렇게 우리를 사주셨습니까? 한 사람당 1억 원을 주셨습니까, 2억 원을 주셨습니까? 아니면 금을 주셨습니까?

베드로전서 1장 18-19절을 보십시오.

"너희가 알거니와 너희 조상이 물려준 헛된 행실에서 대속함을 받은 것은 은이나 금같이 없어질 것으로 된 것이 아니요 오직 흠 없고 점 없는 어린 양 같은 그리스도의 보배로운 피로 된 것이니라."

우리가 죄에서 속량된 것은 금이나 은 같은 보배를 가지고 된 것이 아니라, 예수 그리스도의 핏값, 곧 예수 그리스도의 보배로운 피로 대속되었다는 것입니다! 그래서 우리가 예수님의 피를 무엇이라고 합니까? '보혈'이라고 합니다. 예수님의 보배로운 피로 하나님께서 우리를 사 주셨다는 것입니다. 어떻게 그렇게 하셨습니까? 예수님께서 십자가에서 피흘려 죽으심으로, 그 핏값으로 하나님께서 우리를 사 주신 것입니다. 그래서 예수 믿고 구원받은 우리는 10억 원짜리도 아니고, 20억 원짜리도 아니고 '예수님짜리'인 것입니다.

우리 하나님 아버지께 가장 귀한 것이 무엇입니까? 하나님의 아들 아니겠습니까? 그 귀한 아들을 보내셔서 우리를 대신하여 죽게 하셨습니다. 그래서 예수 그리스도의 핏값으로 구원받은 우리는 얼마나 존귀한 존재인지 모릅니다. 돈으로 따질 수 있는 존재가 아니라 바로 예수님짜리라고밖에 말할 수가 없는 것입니다.

우리를 위해서 예수님이 지불하신 것은 값으로 환산할 수 없는 그분의 사랑이요, 그분의 생명인 것입니다. 그러므로 이 24절에 나오는 속량이라는 말은 택하신 백성에 대한 하나님의 신실한 사랑, 대신 죽어주신 우리 주님의 한없는 사랑을 우리에게 보여주는 것입니다. 다시 말해 택한 백성을 구원해 주시겠다고 약속하신 그 언약의 말씀을 끝까지 지키시는 하나님의 의를 보여주는 것입니다.

다음 25절에는 우리 예수님을 하나님께서 화목제물로 세우셨다고 했습니다.

화목제물이 무엇입니까? 화목제물이란 하나님과 범죄한 인간이 서로 원수가 되어 있는데, 이 관계를 화해시키기 위해서 하나님 앞에 드리는 제물을 화목제물이라고 합니다. 이것이 기본적인 뜻이지만, 이 말속에는 좀 더 깊은 뜻이 있습니다. 이 화목제물이라는 헬라어 단어가 '힐라스테리온'이라는 말인데요, 이 말은 원래 법궤의 윗뚜껑을 가리키는 말입니다.

구약에 성전이나 성막에 들어가면 지성소가 있지 않습니까? 그 지성소에 법궤가 놓여 있는데, 그 법궤의 윗뚜껑을 가리켜서 힐라스테리온이라고 합니다. 그것이 바로 화목제물입니다. 대제사장이 1년에 한 번 백성의 죄를 속하기 위하여 대속죄일에 희생의 피를 가지고 지성소에 들어갑니다. 그리고 그 피를 방금 말한 힐라스테리온, 그 법궤 뚜껑에다가 뿌리게 됩니다. 그때에 하나님께서 이 피를 보심으로 하나님의 공의가 만족이 되고, 하나님의 진노가 가라앉고, 그래서 하나님이 백성의 죄를 용서하심으로 백성과 하나님이 서로 화목하게 되는 것입니다. 이를 화목제물이라고 말씀하신 것입니다.

이처럼 하나님께서는 십자가에서 죄인을 대신하여 자기 아들에게 진노하시고 자기 아들을 심판하셨습니다. 십자가에서 예수 그리스도의 희생의 피가 뿌려짐으로 인해 죄인에 대하여 진노하시는 하나님의 공의가 이루어졌다는 것입니다. 그래서 우리와 하나님이 화목하게 되었습니다.

여러분, 하나님이 죄인에게 그냥 '너 의롭다'고 하면 하나님이 의로우십니까? 의롭지 않죠. 죄에 대해서는 하나님이 어떻게 해야 합니까? 심판을 하셔야 합니다. 죄의 값은 무엇이라고 했습니까? 사망이라고 했습니다. 죄를 지었으면 죽어야 되는 것입니다. 그래야 하나님을 의로우신 분이라고 할 수 있는 것입니다. 그런데 하나님은 우리를 사랑하기 때문에, 죄 없으신 자기 아들을 보내셔서 자기 아들에게 대신 죄를 씌워 진노하시고 심판해서 죽이신 것입니다. 그러기에 하나님은 의로우신 분이라는 것입니다. 26절에 보십시오.

"이때에 자기의 의로우심을 나타내사."

이때가 언제겠습니까? 우리 예수님이 십자가에 죽으시는 그때에 하나님께서 자기의 의로우심을 나타내셨다는 것입니다. 요컨대 하나님의 의는 특별히 그리스도의 십자가를 통하여 나타났다는 것입니다.

중요한 것은, 그러면 죄인인 인간이 어떻게 하나님 앞에 의로워질 수 있느냐 하는 것입니다. 의로워져야 구원을 받을 것 아닙니까? 우리가 어떻게 의로워질 수 있겠습니까? 22절을 보십시오.

"곧 예수 그리스도를 믿음으로 말미암아 모든 믿는 자에게 미
치는 하나님의 의니 차별이 없느니라."

그리고 26절 끝에 보십시오.

"또한 예수 믿는 자를 의롭다 하려 하심이라."

죄인이 어떻게 의로워질 수 있습니까? 예수 그리스도의 십자가에
나타난 하나님의 의를 믿는 자를 하나님께서 의롭다고 칭하여 주
신다는 것입니다. 이것은 너무나도 귀중한 진리입니다.

"십자가에서 나타난 하나님의 의를 믿는 자만이 의롭다 함을 받
는다."

우리 인간에게는 아무 의가 없다고 했습니다. 다 죄인입니다. 그
런데 한 의가 나타났습니다. 누구의 의가 나타났습니까? 하나님의
의가 나타났습니다. 어디에서 나타났습니까? 그리스도의 십자가에
서 나타났습니다. 우리가 그리스도의 십자가에 나타난 우리 하나
님의 의를 믿음으로 받아들일 때에, 우리도 의롭다 함을 받게 된다
는 말씀입니다.

믿는다는 것은 인정하고 받아들인다는 것입니다.

이 길만이 유일한 소망인 줄 알고 바라보면서 신뢰하는 것입니
다. 믿는다는 것은 앞에 나온 행위, 율법의 행위와 대조가 됩니다.
나의 행위가 아닙니다. 그냥 받아들이는 것입니다. 많은 사람들이
자신의 착한 행위나 공로가 있어야 구원을 받을 수 있고 천국에
갈 수 있다고 생각합니다.

중세에는 우리 기독교인들도 성경을 몰라서 그렇게 생각을 했습

니다. 하나님 앞에 무언가 공로가 있고 착한 행위가 있어야, 구원을 받고 천국에 갈 것이라고 생각했습니다. 그러나 자신의 행위나 공로를 가지고서는 아무도 구원을 받을 수 없다고 성경은 분명히 말씀합니다. 그러면 무엇으로 구원받을 수 있습니까? 오직 믿음으로만 의롭다 함을 받고 구원받는 것입니다. 그래서 이것이 종교개혁의 위대한 모토 중의 하나입니다. 'Sola Fide', '오직 믿음'이란 말입니다. 믿음, 이것이 칭의의 의롭다 함을 받는 유일한 수단입니다.

상수원에 물이 가득합니다. 의의 물, 구원의 물이 가득합니다. 아담의 자손들인 모든 인류는, 어떤 죄인이라 할지라도 이 물을 얼마든지 마실 수가 있습니다. 그런데 중요한 것은 자기 집까지 수도관이 연결되어야 마실 수가 있는 것입니다. 그처럼 죄와 비참한 절망만을 가지고 있는 우리 인간들에게 유일한 희망인 하나님의 의가 나타났는데, 이것이 우리의 것이 될 수 있는 유일한 길은 수도관이 있어야 된다는 것입니다. 그 수도관이 무엇입니까? 바로 믿음입니다. 예수 그리스도를 믿는 믿음입니다. 오직 예수 그리스도를 믿는 자만이 하나님의 의를 받을 수가 있고, 이로 인해서 하나님께로부터 의롭다 함을 받을 수 있음을 확신하시기 바랍니다.

캠벨 몰간이라는 유명한 목사님이 계셨습니다. 20세기에 미국과 영국에서 사역을 하셨는데, 제가 자주 말씀을 드리는 마틴 로이드 존스 목사님의 전임자로서 런던에 있는 웨스트민스터 채플에서 사역을 하신, 설교로 아주 유명한 목사님이십니다.

이 캠벨 몰간 목사님이 어느 날 한 광부에게 복음을 전하였습니다.

"예수 믿기만 하면 하나님이 의롭다 해주시고 구원해 주십니다."

그러자 광부가 하는 말이 "제가 돈을 준 게 없는데 무슨 구원을 받습니까?" 하니까 목사님이 "돈은 필요 없고 그저 받아들이기만 하면 됩니다"라고 했습니다. 그러자 광부가 하는 말이 "저는 돈 없이 공짜로 받는 것은 다 가짜라고 생각합니다. 싼 것이 비지떡이라는 말이 있지 않습니까? 그처럼 돈 없이 공짜로 받는 것은 다 가짜라고 생각합니다. 그래서 저는 그것을 받을 수가 없습니다"라고 하는 것입니다. 아, 목사님이 말하기가 궁해졌습니다.

그런데 하나님이 그 순간에 목사님에게 지혜를 주셨습니다. 어떤 지혜를 주셨느냐 하면 앞에 엘리베이터가 보이는 거예요. 그 엘리베이터는 갱도로 내려가는 엘리베이터입니다. 광부들이 아침마다 그 엘리베이터를 타고서 저 밑으로 내려가는 것입니다. 그래서 "당신 오늘 아침에도 엘리베이터를 타고 내려가셨죠?" "예" "그걸 타고 내려갈 때 돈 주셨습니까?" "안줬는데요." "그러면 엘리베이터 공짜로 타고 내려간 것 아닙니까?" 하니까 "예, 공짜로 타고 내려갔지만 그러나 우리 사장님이 돈을 많이 들여서 이 엘리베이터를 설치하였습니다."

그러자 목사님께서 "바로 그렇습니다. 당신은 지금 아무것도 지불한 것이 없지만, 천국 엘리베이터로 당신이 천국으로 올라갈 수 있도록 하나님께서 엄청난 값을 치렀습니다. 그러니 예수님을 믿으십시오. 믿기만 하면 됩니다"라고 하셨습니다. 그러자 그 광부가 그 말을 듣고 예수님을 믿게 되었습니다. '이신칭의', 오직 믿음으로 의롭게 됨을 믿으시기를 바랍니다.

말씀을 마칩니다.

여러분, 죄 아래 있는 죄인은 구원받을 수가 없습니다. 의롭다 함을 받은 자만이 구원을 받을 수 있습니다. 그런데 모든 사람은 죄인이요, 자기 행위로는 구원을 받을 수 없고, 의롭다 함을 받을 수 없다고 했습니다. 얼마나 절망적인 일입니까? 그런데 갑자기 한 의가 나타났습니다. 누구의 의입니까? 하나님의 의가 나타났습니다. 이 하나님의 의는 어디에서 나타났습니까? 예수 그리스도의 십자가에서 나타났습니다. 이 하나님의 의가 나타났다고 해서 누구든지 다 의롭다 함을 받고 구원받는 것이 아닙니다.

누가 의롭다 함을 받을 수 있습니까?

십자가에 나타난 하나님의 의를 받아들이는 자, 하나님의 의를 믿는 자만이 하나님 앞에 의롭다 함을 받고 구원받게 되는 것입니다. 감사하게도 이것은 누구에게나 차별이 없습니다. 유대인이나 헬라인이나, 자유자나 종이나, 빈부귀천, 남녀노소, 아무 상관이 없습니다. 이 세상에서 죄를 많이 지었든 적게 지었든 관계없이 믿기만 하면 하나님께서 누구나 의롭다 하여 주시는 것입니다.

또 이것은 값없이 거저 주시는 하나님의 은혜요, 하나님의 선물입니다. 내가 무슨 선을 행하여 받는 것이 아닙니다. 값을 치르는 것이 아닙니다. 하나님의 은혜요, 하나님의 선물입니다.

하나님의 이 놀라운 은총을 받아들여 의롭다 함을 받고 구원받아서, 감사와 감격과 산 소망 가운데 살아가시는 여러분들이 다 되시기를 바랍니다.

24

로마서 3:26-31

세 가지 질문

"곧 이 때에 자기의 의로우심을 나타내사 자기도 의로우시며 또한 예수 믿는 자를 의롭다 하려 하심이라 그런즉 자랑할 데가 어디냐 있을 수가 없느니라 무슨 법으로냐 행위로냐 아니라 오직 믿음의 법으로니라 그러므로 사람이 의롭다 하심을 얻는 것은 율법의 행위에 있지 않고 믿음으로 되는 줄 우리가 인정하노라 하나님은 다만 유대인의 하나님이시냐 또한 이방인의 하나님은 아니시냐 진실로 이방인의 하나님도 되시느니라 할례자도 믿음으로 말미암아 또한 무할례자도 믿음으로 말미암아 의롭다 하실 하나님은 한 분이시니라 그런즉 우리가 믿음으로 말미암아 율법을 파기하느냐 그럴 수 없느니라 도리어 율법을 굳게 세우느니라"

지난번 로마서 3장 19절에서 26절의 말씀을 가지고 '이신칭의'라는 제목으로 말씀을 했습니다. 아마 이제 생각이 좀 나실 겁니다. 이신칭의가 무엇이냐 하면 믿음으로 말미암아 '칭의', 즉 '의롭다고 칭하여진다'는 것입니다. 다시 말해 '믿음으로 말미암아 의롭게 된다'는 말씀입니다.

죄인인 인간은 하나님 앞에 자기의 행위나 자기의 노력이나 자기의 공로를 가지고는 절대로 하나님 앞에 의롭다 함을 받을 인생이 없습니다. 그래서 오직 예수 그리스도를 믿는 믿음으로 의롭게 된다는 것입니다. 여러분, 이 진리를 믿으십니까? '이신칭의'는 구원의 도리를 잘 보여주는 너무나도 귀한 진리입니다. 이 이신칭의라고 하는 진리의 횃불을 높이 든 사도 바울!

오늘 본문에서는 이 진리의 횃불 아래에서 세 가지 질문을 하고 있습니다.

이 시간에 세 가지 질문과 답변을 통하여 은혜 받는 시간, 진리 위에 굳게 서는 시간이 되시기를 바랍니다.

첫 번째 질문이 무엇입니까?
27절 첫줄을 보십시오.
　"그런즉 자랑할 때가 어디 있느냐."
불신자들과 만나거나 그들의 대화를 들어보면 자랑하는 것이 참 많습니다. 서로 지지 않으려고 자기 자랑을 늘어놓는 모습들을 흔히 봅니다. 그러나 사람에게 자랑할 것이 무엇이 있겠습니까? 생각해 보면, 하나님께서 우리 인생을 지어주셨습니다. 부모가 아이를 짓는 것이 아닙니다. 성경에 보면 자라게 하시는 이는 하나님이시라고 말씀하고 있습니다. 농부는 곡식을 뿌릴 뿐입니다. 식물을 자라게 하시는 분은 하나님이십니다. 우리 인간도 그렇습니다. 인간을 모태에서 자라게 하시는 이가 누구십니까? 하나님이십니다.

하나님이 지어서 이 세상에 태어나게 하십니다. 그리고 이 세상에 태어날 때도 생각해 보면 두 손에 가득 부귀영화를 거머쥐고 태어나는 사람은 아무도 없습니다. 빈손으로 알몸으로 태어나는 것입니다. 그런데 오늘 저와 여러분들은 다 괜찮은 옷을 입고 있습니다. 집에도 좋은 것들이 많습니다. 그것이 다 어디에서 난 것입니까? 하나님에게서 받은 것입니다. 하나님이 우리에게 주신 것입니다. 그렇기 때문에 우리가 가진 모든 것은 다 하나님께 받은 것임을 생각할 때에 이것이 내 것인 양 내가 잘나서인 양 자랑할 것이 없다는 것입니다. 고린도전서 4장 7절을 보십시오.

"네게 있는 것 중에 받지 아니한 것이 무엇이냐 네가 받았은즉 어찌하여 받지 아니한 것같이 자랑하느냐."

예레미야 9장 23절도 보십시오.

"여호와께서 이와 같이 말씀하시되 지혜로운 자는 그의 지혜를 자랑하지 말라 용사는 그의 용맹을 자랑하지 말라 부자는 그의 부함을 자랑하지 말라."

우리 하나님께서는 자랑하지 말라고 하셨습니다. 그런데 우리 성도들조차도 자랑할 때가 많습니다. 돈 자랑하고, 아내 자랑하고, 자식 자랑하고, 자기 똑똑한 것 자랑하고, 이런저런 자랑하시는 분들이 많습니다. 그런데 내가 무엇을 너무 자랑하면 하나님이 그것을 거두어가서 자랑하지 못하게 만드시더라고요. 자녀를 너무 자랑하면 하나님이 그 자녀를 더 이상 자랑하지 못하도록 만드시고, 재산이 많다고 너무 자랑하면 하나님이 더 이상 재산을 자랑하지 못하도록 만드시는 것을 많이 보아 왔습니다.

자랑할 것이 없음을 알고 자랑하지 말아야 된다는 것입니다. 그리고 입으로는 자랑을 하지 않아도 마음속에는 자랑과 자만심이 가득 들어있는 경우도 있습니다. 저도 생각해 보면 '제가 잘났습니다', '제가 뭘 잘합니다' 하고 입으로는 자랑을 하지 않는데, 제 스스로 제 마음을 관찰해 보면 제 마음속에 자랑하는 것이 자리를 하고 있습니다.

여러분, 인간은 하나님 앞에서 자랑할 것이 하나도 없는 존재임을 잊지 마시기 바랍니다. 더욱이 구원의 문제에 오면 우리 인간은 더 자랑할 것이 없습니다. 자랑할 것이 전혀 없는 것입니다. 성경에 인간이 어떻게 의롭다 함을 받는다고 했습니까?

'오직 믿음으로' 의롭다 함을 받는다고 했습니다. 이 말은 인간의 공로나 행위나 노력 때문이 아니라는 것입니다. 은혜로, 공짜로 의롭다 함을 받고 구원받은 것이니 자랑할 것이 전혀 없는 것입니다. 에베소서 2장 8-9절을 보십시오.

"너희는 그 은혜에 의하여 믿음으로 말미암아 구원을 받았으니 이것은 너희에게서 난 것이 아니요 하나님의 선물이라 행위에서 난 것이 아니니 이는 누구든지 자랑하지 못하게 하려 함이라."

나의 행위, 나의 공로로 내가 의롭다 함을 받고 구원을 받았다면 나에게 자랑할 것이 있습니까? 당연히 있겠지요. 그러나 나의 행위나 공로로는 하나님 원하시는 수준에 도저히 이를 수가 없습니다. 그래서 하나님께서 예수 그리스도를 보내시고 예수 그리스도를 믿음으로 말미암아 우리가 의롭다 함을 받을 수 있도록 만들어 주신 것입니다.

그런데 유대인들은 '우리는 아브라함의 자손이다' 하고 혈통을 자랑했습니다. '우리는 하나님 말씀을 가지고 있다' 하고 율법을 자랑했습니다. '우리는 하나님의 백성 된 표를 가지고 있다'고 하면서 할례 받은 것을 자랑했습니다. 육체를 자랑했습니다. 이런 것들이 구원받는 데 결정적인 역할을 하리라고 생각을 했습니다. 그러나 죄인은 오직 믿음으로만 구원받기 때문에 이런 자랑은 있을 수가 없다는 말씀입니다.

사도 바울은 예수 믿기 전에 자랑거리가 너무나도 많은 사람이었습니다. 너무 똑똑한 사람이었습니다. 학식이 많은 사람이고, 하나님 말씀대로 철저히 사는 사람이었습니다. 신분도 그랬습니다. 그런데 예수를 믿은 후에는 지금까지의 자랑거리 하나도 사실은 자랑거리가 되지 않는다는 것을 깨닫고, 다 배설물로 여겼습니다. 그런데 그가 한 가지 자랑한 것이 있기도 합니다. 무엇을 자랑했습니까? 갈라디아서 6장 14절을 보십시오.

"그러나 내게는 우리 주 예수 그리스도의 십자가 외에 결코 자랑할 것이 없으니."

옛날 자랑은 다 지나가고 사도 바울은 무엇만 자랑한다는 것입니까? 예수 그리스도의 십자가만 자랑한다고 하였습니다. 오늘 우리가 불렀던 찬양처럼 "세상 즐거움 다 버리고 세상 자랑 다 버렸네"라는 가사가 우리의 신앙 고백이 되어야 합니다. 이제는 예수님만 자랑하고 십자가만 자랑하는 성도 여러분들이 다 되시기를 바랍니다.

두 번째 질문은 29절에 있습니다.

"하나님은 다만 유대인의 하나님이시냐 또한 이방인의 하나님
은 아니시냐."

왜 이런 질문을 하고 있습니까? 유대인들은 하나님을 자기들만
의 하나님이라고 주장했습니다. 그런데 우리 하나님이 이스라엘 사
람들만 지었습니까? 아닙니다. 온 세상을 창조하시고 모든 민족을
하나님께서 지으셨습니다. 모든 사람을 하나님이 다 지으셨습니다.
유대인들도 이것을 다 인정하고 믿고 있습니다. 그들뿐만 아니라 이
방인들도 하나님이 지으신 것을 믿었습니다.

그런데 왜 유대인들은 하나님을 자기들만의 하나님이라고 하는
걸까요? 그것은 이유가 있습니다. 그들은 하나님께서 그들의 조상
아브라함을 택하시고, 그 자손인 이스라엘 백성과 특별한 언약 관
계를 맺었기 때문입니다. 그것이 창세기 12장에 나오는데, 하나님
께서 아브라함과 언약을 맺으시기를 "나는 너희의 하나님이 되겠고
너와 너의 후손들은 나의 백성이 될 것이다"라고 하신 것입니다.

출애굽기 19장에도 보면 이와 비슷한 말씀을 또 하십니다. "너희
가 내 말을 잘 듣고 내 언약을 잘 지키면 너희는 모든 민족 중에
내 소유가 되고 내게 제사장 나라가 되고 거룩한 백성이 되리라"고
말씀하셨습니다. 이에 이스라엘 백성들은 '하나님은 우리 이스라엘
백성의 하나님이다, 유대인만의 하나님이다'라고 생각하게 된 것입
니다. 자기들만 '택한 백성', 영어로 'chosen people', 곧 '선민'(選民)이라
고 했습니다.

이스라엘 백성들은 이 '선민의식'이 강했습니다. 선민이 무슨 말입

니까? 착한 백성이 아니고 '선택된 백성'이라는 말입니다. 이 선민의
식을 가지고 우월의식에 사로잡혀서 자기 백성은 아주 특별한 백성
이라 생각하고, 이방 백성들은 지옥의 불쏘시개에 불과하다고 아
주 천대하고 멸시하고 배척하였습니다. 그러나 이것은 잘못된 생각
입니다. 하나님께서 아브라함과 그 후손을 택하신 이유, 이스라엘
백성을 택하신 이유가 무엇이겠습니까? 그들만 사랑하시고 구원하
시고 복 주시려고요? 그것이 아니라는 것입니다.

창세기 12장 2-3절을 자세히 읽어 보시기 바랍니다.

"내가 너로 큰 민족을 이루고 네게 복을 주어 네 이름을 창대하
게 하리니 너는 복이 될지라 너를 축복하는 자에게는 내가 복
을 내리고 너를 저주하는 자에게는 내가 저주하리니 땅의 모든
족속이 너로 말미암아 복을 얻을 것이라 하신지라."

2절 말씀에서 하나님께서는 아브라함에게 "너는 복이 될지라"고
말씀하셨습니다. 그런데 3절에서는 "너로 인하여 땅의 모든 족속이
복을 받을 것이다"라고 하셨습니다. 이 말씀을 통해 우리가 알 수 있
는 것은 무엇입니까? 아브라함에게 복 주신 것은 이스라엘 백성만
복을 받게 하시려고 하신 것이 아니라는 것입니다. 땅의 모든 족속
이 복을 받게 하시려고 아브라함을 택하셨다는 것입니다.

다시 말하면 아브라함 언약이나 시내 산 아래에서 맺은 시내 산
언약은 이방인을 배제시키는 언약이 아니라 이방인을 다 포함하고
있다는 사실입니다. 이 아브라함과 맺은 언약은 후일에 예수 그리
스도에게서 성취됩니다. 아브라함의 자손인 예수 그리스도를 믿음
으로 만민이 구원의 복을 받지 않습니까? 따라서 유대인들이 하나

님을 자기들만의 하나님이라고 하는 것, 그리고 이방인을 배타적인 자세로 대하는 것, 이것은 아주 잘못된 태도라는 것입니다. 요컨대 우리 하나님은 유대인의 하나님이신 동시에 이방인의 하나님이십니다. 그러므로 유대인도 이방인도 똑같은 방법으로 믿음의 방법으로 구원해 주시는 것입니다.

여기서 우리가 한 가지 생각할 것이 있습니다.

이제 이스라엘 백성은 더 이상 그들만이 하나님의 백성이라고 말할 수가 없습니다. 그런데 오늘날 구약의 이스라엘 민족의 자리에 앉아 있는 사람들이 있습니다. 지금 이 시대에 구약 이스라엘 백성의 자리에 앉아 있는 사람들, 그 위치에 앉아 있는 사람들이 누구라고 생각합니까? 우리 예수 믿는 성도들입니다. 그래서 하나님께서 신약성경에 우리를 '새 이스라엘'이라고 했습니다. 그리고 베드로전서 2장 9절에 무엇이라고 말씀하고 계신지 한번 봅시다.

"그러나 너희는 택하신 족속이요 왕 같은 제사장들이요 거룩한
나라요 그의 소유가 된 백성이니."

이 말씀은 출애굽기 19장에 보면, 시내 산 아래에서 하나님께서 이스라엘 백성에게 하신 말씀입니다. 그런데 이제는 이스라엘 백성을 보고 주시는 것이 아니라, 이제는 누구를 향하여 이 말씀을 주고 있습니까? 우리 예수 믿는 성도들에게 '너희는 택하신 족속이다. 왕 같은 제사장이다. 거룩한 나라다. 나의 소유 된 백성이다'고 하십니다. 요컨대 우리 예수 믿는 사람들이 하나님의 백성이라는 것입니다.

구약의 이스라엘은 이 제사장 나라의 사명, 복의 통로의 사명을 감당치 못했습니다. 자기들로 인해서 다른 민족들이 복을 받게 해야 될 것인데 도리어 배척을 해버렸습니다. 하나님은 우리만의 하나님이다 하면서 말입니다. 우리는 이 이스라엘 백성의 실수를 재현해서는 안 된다는 것입니다. 나만 구원 받고 만족해서는 안 된다는 것입니다.

왜 하나님이 우리를 구원했습니까?

똑같은 이유입니다. 왜 하나님이 우리를 택하시고 구원하시고 의롭다고 하셨습니까? 그것은 나를 구원하실 뿐만 아니라 내가 복의 통로가 되도록 하시기 위해서입니다. 우리를 사랑하시고 택하시고 구원하신 것은 우리를 복의 통로로 만드시기 위함이라는 것입니다. 그렇기 때문에 나만 예수 믿고 구원받는 것으로 끝나는 것이 아니라 이 구원의 복음을 믿지 않는 나의 가족과 친구와 불신자들에게 전해주어야 됩니다. 복음이 나로부터 흘러가도록 해야 되는 것입니다.

베드로전서 2장 9절 후반부를 보겠습니다.

"이는 너희를 어두운 데서 불러내어 그의 기이한 빛에 들어가게 하신 이의 아름다운 덕을 선포하게 하려 하심이라."

베드로전서 2장 9절 앞에서는 "너희는 택하신 족속이요 왕 같은 제사장"이라고 했는데, 후반부에 보면 "이것은 너희가 구원받도록 할 뿐만 아니라 아름다운 덕을 선포하게 하려 함이다"라고 했습니다. 안 믿는 사람들에게 생명의 복음을 전해주기 위해서라고 말씀하고 있

는 것입니다. 그러므로 생수를 나만 마시고 수도꼭지를 재빨리 잠
궈버리는 사람이 되지 말고, 구원의 복음인 이 생수를 전달하는
성도가 되어야 합니다. 주께서 우리에게 주신 구원의 복음, 생수,
영생, 복음의 말씀을 계속해서 전하는 성도가 되시기를 바랍니다.

세 번째 질문이 31절에 있습니다.
"그런즉 우리가 믿음으로 말미암아 율법을 파기하느냐."
바울이 어떤 복음을 전하고 있습니까? 이신칭의의 복음을 전하
고 있습니다. 오직 행위가 아니라 율법으로가 아니라 오직 믿음으
로 구원받는다고 합니다. 그리고 보니 믿음과 율법이 서로 상충하
는 것 같습니다. 그렇지 않습니까? 오직 믿음만 주장하는 사도 바
울은 율법 폐기론자처럼 보입니다. 율법을 파기해 버리는 사람처럼
보인다는 것입니다. 그래서 이 질문이 지금 나오고 있는 것입니다.
우리가 믿음으로 말미암아 율법을 파기하느냐?
사실 지금도 성경을 잘못 읽고는, 이제는 우리가 믿음으로 구원
을 받았으니 구약이나 율법이나 십계명이나 이런 것들은 더 이상
우리와 관계가 없다. 그러니 자유롭게 살아도 된다고 주장하는 사
람들이 있습니다. 가장 대표적인 사람들이 누구입니까? 구원파 사
람들입니다. 지금 문제가 되고 있는 구원파에서 주장하는 것은, 믿
음이 있으면 율법은 필요 없다고 말합니다. 구원받은 사람은 더 이
상 죄를 짓지 않는다, 그러므로 회개할 필요가 없다고 합니다. 그러
니까 지금 나타나는 것처럼 마음대로 죄를 짓지 않습니까? 그것이
어디에서 나왔습니까? 그들의 잘못된 교리에서 나온 것입니다. 이
는 말씀을 모르는 아주 잘못된 모습입니다.

이에 대해 사도 바울은 무엇이라고 말합니까? 우리가 믿음으로 율법을 파기하느냐? 그럴 수 없다고 단호히 말합니다.

"그럴 수 없느니라 도리어 율법을 굳게 세우느니라."

율법과 믿음이 서로 상충합니까? 서로 대적합니까? 아닙니다. 도리어 한편입니다. 율법과 믿음은 서로 반대되는 것 같아도 서로 한편이라는 것을 알아야 합니다. 그래서 믿음은 율법을 폐하는 것이 아니라 굳게 세운다고 했습니다. 이것을 두 가지 면에서 생각해 봅니다.

첫째는, 여러분 우리가 믿는다 할 때에 누구를 믿는 것입니까? 예수님을 믿는 것입니다. 그렇다면 예수를 믿는다는 것은 무엇을 믿는 것입니까? 이것을 깊이 한번 생각해 보십시오. 예수를 믿는다고 할 때에 '무엇을 믿는 것이냐? 예수의 무엇을 믿는 것이냐? 어떤 예수를 믿는 것이냐?'고 질문하면, 그에 대한 답은 우리를 대신해서 율법의 요구를 다 이루신 예수님을 믿는 것입니다. 좀 더 깊이 생각해 볼 것이 있습니다.

죄인인 우리가 하나님께 우리의 능력으로 구원을 받으려면 무엇이 필요합니까? 두 가지가 필요합니다. 한 가지는 하나님 앞에서 한 점 부끄러움이 없는 삶, 이 하나님의 말씀대로 100% 순종하는 삶을 살면 우리는 하나님께 구원받을 수 있습니다. 또 한 가지는, 율법에 죄의 삯은 사망이라고 했고 죄를 지으면 죽어야 하기 때문에, 죄인인 우리는 다 죽어야 합니다.

그러면 우리가 구원받을 수 있을까요?

두 가지 다 우리는 감당하지 못합니다. 그래서 하나님께서 죄 없는 아들을 보내어서, 우리를 대신하여 이 세상에 사는 동안에 하나님의 율법의 말씀에 100% 순종하면서 살도록 하시고, 그 다음 십자가에서 우리를 대신해서 죽게 하셨다는 것입니다.

우리가 예수를 믿는다는 것은 바로 예수님이 우리를 대신해서 살아주셨고, 예수님이 우리를 대신해서 죽어주셨다는 것은 믿는 것입니다. 요컨대 율법을 완성하신 예수 그리스도를 믿는다는 것입니다. 그렇다면 율법과 믿음이 서로 반대편에 있습니까? 아니 한편입니다.

둘째는, 예수 믿는 우리에게도 율법은 계속적으로 필요합니다.

구약의 이스라엘을 보십시오. 구약의 이스라엘이 구원을 받은 것은 율법을 지켜서입니까, 아니면 어린 양의 피를 믿어서입니까? 그들이 애굽에 있을 때에, 열 가지 재앙 중 마지막 재앙에서 하나님께서 유월절 어린 양의 피를 문설주에 바르라고 하실 때, 그 밤에 죽음의 사자가 피를 바른 집은 다 넘어갔습니다. 유월절이라는 것은 넘어갈 '유', 넘어갈 '월' 해서 넘어가는 절기입니다. 그렇게 해서 이스라엘 백성만은 구원을 받아서 출애굽하여 홍해를 건너갑니다.

신약성경에서는 홍해를 건너간 것을 세례를 받은 것이라고 말씀합니다. 그리고 시내산 밑에 도달했습니다. 시내산 밑에서 하나님께로부터 무엇을 받습니까? 율법을 받습니다. 십계명을 받습니다. 그 순서를 생각해 보십시오. 하나님께서 십계명을 주시면서 '내가 십계명을 주니 이것을 잘 지키면 내가 너희를 구원해 주시겠다'고 했습니까? 그리하지 않았습니다. 구원은 이미 애굽에서 일어났습니다.

하나님은 이미 구원을 하셨고, 시내산 밑에 오니 하나님께서 율법을 주셨습니다. 왜 주셨겠습니까? 구원 받으라고요? 아니오. 이미 구원받은 하나님의 백성 된 그들이 이제는 하나님의 백성이므로 하나님의 백성답게 살아야 되지 않겠습니까? 하나님의 백성답게 살 수 있는 하나님의 법을 그때에 주신 것입니다. 우리 예수 믿는 사람들도 똑같습니다.

하나님께서 이 성경 말씀을 우리에게 주신 것은, 성경 말씀대로 잘 지켜 살면 구원받도록 하기 위해서 주신 것이 아닙니다. 은혜로 우리를 이미 구원해 주셨으니, 이제는 하나님의 백성답게 살아야 하지 않겠습니까? 살려고 하면 기준이 있어야 합니다. 그 기준이 바로 성경 말씀입니다. 율법의 말씀인 것입니다. 이를 보면 율법과 믿음은 서로 반대되는 것이 아니라 통하는 것입니다. 믿음으로 구원받은 사람이 율법을 지키는 것 아닙니까. 오늘 세 번째 질문이 무엇입니까? "우리가 믿음으로 말미암아 율법을 파기하느냐?" 율법을 파기합니까? 아니죠. '그럴 수 없느니라!'고 단호히 말합니다.

여러분, 우리 예수님이 뭐라고 했습니까? "내가 세상에 율법을 폐하러 온 것이 아니라 도리어 율법을 완성하러 왔다"라고 말씀하셨습니다.

오늘날은 율법이 더 이상 우리에게 필요 없다고 말을 하거나, 그렇게 믿는 성도는 별로 없는 것 같습니다. 그런데 행위와 삶으로는 율법을 무시하고 불순종하면서 사는 성도들이 많습니다. '율법이 하나님의 말씀이다', '내가 하나님의 말씀을 믿는다' 하면서도, 하나님의 말씀을 좀 더 잘 알기 위해서 관심과 사랑을 가지고, 이 말씀을 자세히 읽고 공부하는 성도들은 많지 않은 것 같습니다. '이 말씀이 하나님의 말씀이기 때문에 이 말씀대로 살겠다'고 결심하고 정말 순종하면서 살아가는 성도들이 적다는 것입니다.

이것이 바로 실제적으로는 율법을 폐기하는 것입니다. 그렇지 않습니까? '나는 율법 안 믿어'라고 하는 것만이 율법을 폐기하는 것입니까? 아닙니다. 율법에 무관심하고, 율법을 알려고 하지 않고, 율법의 말씀을 따라서 살아가지 않는다면 그것은 실제적으로 율법을 폐기하는 것입니다.

여러분의 삶으로 하나님의 율법을, 하나님의 말씀을 폐기하지 마시기 바랍니다. 도리어 하나님의 은혜와 믿음으로 구원받았으니 누구보다도 하나님의 말씀과 율법을 사랑하시고, 존귀하게 여기고, 이 말씀에 순종함으로 율법을 굳게 세우는 여러분이 되시기 바랍니다.

말씀을 정리합니다.

여러분, 이신칭의의 교리를 믿을 때에 우리가 우리 자신에 대해서 자랑할 것이 있습니까? 없습니다. 나의 공로나 노력이 아니라 은혜로, 믿음으로 구원을 받았기 때문에 우리가 할 일은 하나님 앞에만 영광을 돌리고, 하나님께 감사하고, 주 예수 그리스도의 십자가만 자랑해야 되는 것입니다. 십자가만 자랑하는 성도들이 되시기를 바랍니다.

하나님이 유대인만의 하나님이십니까? 아니죠. 하나님은 이방인의 하나님도 되십니다. 하나님은 모든 사람, 모든 민족을 사랑하시고 구원하기를 원하십니다. 여기에 있는 우리를 먼저 하나님이 택하여 불러주신 것은, 아직도 믿지 않는 자들에게 이 생명의 복음을 전하도록 하기 위해서, 복음의 통로로 쓰시려고 하나님께서 우리를 먼저 불러주신 줄 알고, 이 사명을 잘 감당하는 저와 여러분이 되시기를 바랍니다.

우리가 믿음으로 말미암아 율법을 파기합니까? 그럴 수 없습니다. 도리어 '율법을 굳게 세우느니라'고 했습니다. 오늘 이 귀한 말씀의 반석 위에 모두가 굳게 서시기를 바랍니다.

25

로마서 4:1-9

다시금 이신칭의

"그런즉 육신으로 우리 조상인 아브라함이 무엇을 얻었다 하리
요 만일 아브라함이 행위로써 의롭다 하심을 받았으면 자랑할
것이 있으려니와 하나님 앞에서는 없느니라 성경이 무엇을 말하
느냐 아브라함이 하나님을 믿으매 그것이 그에게 의로 여겨진
바 되었느니라 일하는 자에게는 그 삯이 은혜로 여겨지지 아니
하고 보수로 여겨지거니와 일을 아니할지라도 경건하지 아니한
자를 의롭다 하시는 이를 믿는 자에게는 그의 믿음을 의로 여기
시나니 일한 것이 없이 하나님께 의로 여기심을 받는 사람의 복
에 대하여 다윗이 말한 바 불법이 사함을 받고 죄가 가리어짐을
받는 사람들은 복이 있고 주께서 그 죄를 인정하지 아니하실 사
람은 복이 있도다 함과 같으니라 그런즉 이 복이 할례자에게나
혹은 무할례자에게도냐 무릇 우리가 말하기를 아브라함에게는
그 믿음이 의로 여겨졌다 하노라"

오늘은 성령께서 강림하신 성령강림절입니다. 오순절에 성령을
부어주셨던 우리 하나님은 그때부터 계속해서 만민들에게, 믿는
자들에게 성령을 부어주십니다. 지금도 계속해서 부어주십니다. 성

령님은 지금도 우리 성도들과 함께하시고, 또 우리 성도들 속에서 계속해서 강하게 역사하기를 원하십니다. 그러므로 성령을 더욱더 사모하고 간구해서 성령 충만한 삶, 성령님과 동행하는 삶을 살아가는 모든 성도가 되시기를 바랍니다.

우리가 가지고 있는 성경 말씀은 하나님의 말씀입니다. 너무나도 귀하고 소중한 말씀이죠. 그런데 이 귀중한 하나님의 말씀 가운데서도 특별히 더 중요한 것이 있습니다. 그곳이 어디냐 하면 바로 이 로마서입니다. 로마서 중에서도 핵심이 되는 부분, 즉 가장 중요한 부분이 어디인지 아십니까? 로마서 3장 21절에서 26절에 나오는 여섯 구절의 말씀입니다.

우리는 그 말씀의 제목을 네 자로 붙입니다. 뭐라고 붙입니까? '이신칭의'라고 붙입니다. 절대로 우리 성도들이 잊어서는 안 되는 영원한 복된 진리의 말씀 '이신칭의'입니다. 멸망 받을 우리 죄인들이, 자기 행위로는 의롭다 함을 받을 수 없는 우리 죄인들이 믿음으로 의롭게 된다는 말씀입니다. 의롭게 된다는 것은, 곧 하나님의 구원에 합당하고 저 천국에 합당한 사람이 된다는 말씀입니다. 그러므로 이신칭의의 복음은 너무나 중요한 진리입니다.

사람은 중요한 일일수록, 중요한 말일수록 반복해서 말을 길게 합니다. 여러 각도에서 말을 합니다. 예를 들어가면서 말을 합니다. 오늘 사도 바울이 꼭 그와 같습니다. 이 이신칭의의 진리가 너무나도 귀하기 때문에 3장 21절에서 26절에 한번만 말씀한 것이 아니고, 이어서 세 가지 질문과 답변을 통하여 다시 한 번 이신칭의 진리를 변호를 하고, 그것도 마음에 차지 않아서 로마서 4장에 넘어와서도 계속해서 이신칭의의 진리를 말씀하고 있는 것입니다.

그래서 오늘 설교제목이 무엇입니까?

'다시금 이신칭의!'입니다. 특별히 오늘 본문에서는 구약에 나오는 이스라엘 백성의 조상 되는 아브라함과, 이스라엘의 가장 대표적인 왕인 다윗을 예로 들어서 이 이신칭의의 복음을 더 선명하게 우리에게 말씀하고 있습니다. 오늘 이 말씀이 우리로 하나님의 은혜를 더 깊이 깨닫게 하고 감사하게 하는 은혜의 말씀이 되기를 바랍니다.

먼저 본문 1절에서 3절은 아브라함은 어떻게 의롭게 되었는가를 우리에게 보여줍니다.

왜 바울이 그 많은 사람 중에 아브라함을 예로 들었을까요? 이것은 이유가 있습니다. 아브라함은 어떤 사람입니까? 이스라엘 민족의 조상이 되는 사람입니다. 그리고 가장 중요한 신앙의 모델이 되는 사람입니다. 그렇기 때문에 유대인에게 가장 잘 어필할 수 있는 것은 아브라함이 어떠했느냐 하는 이 문제입니다.

유대인들이 조상 아브라함에 대해서 어떤 생각을 가지고 있었겠습니까? 성경이 아닌 유대인들이 만든 문서도 많이 있는데, 예를 들어서 다메섹 문서 3장 2절에는 "아브라함은 그릇된 길을 걷지 않았으며, 그는 자신의 마음의 욕심을 따르지 않고 하나님의 계명을 지켰기 때문에 하나님이 친구로 여겨주셨다", 또 희년서 23장 8절에 "아브라함은 그의 모든 행위에 있어 주님 앞에 완전하였으며, 그의 전 생애를 통해 의를 추구했다"라고 기록하고 있습니다.

그러니까 유대인들은, 조상 아브라함이 의롭고 신실한 행위를 하여 그것이 하나님께 인정을 받아서 의롭다 함을 받고 율법과 행위로 의롭다 함을 받게 되었다고 생각하여, 그 조상 아브라함의 자손된 자기들도 하나님의 율법의 말씀대로 바르게 살아갈 때에, 하나님께서 의롭게 해주시고 구원해 주신다는 사상을 가지고 있었다는 것입니다. 그러나 오늘 본문 3절을 보십시오.

"성경이 무엇을 말하느냐 아브라함이 하나님을 믿으매 그것이
그에게 의로 여겨진바 되었느니라."

3절에서 가장 중요한 말씀이 무엇입니까?
'믿으매'입니다. 아브라함이 하나님 앞에 의롭게 살고 말씀대로 살아서 하나님이 그를 의롭다고 하신 것이 아니라, 아브라함이 하나님을 믿으매 하나님이 그를 의롭다고 해주셨다는 말씀입니다. 본래 아브라함은 갈대아 우르에, 지금의 이라크라고 하는 나라 남쪽에 살고 있었습니다. 그런데 하나님께서 그를 사랑하시고 택하셔서 그를 불러내셨습니다. "아브라함아 너는 내가 너에게 지시할 땅으로 가라"고 말씀하실 때에, 그는 고향과 본토 친척 아비 집을 떠나 하나님이 지시한 곳으로 갔습니다. 그곳이 뒤에 알고 보니 가나안 땅이었습니다. 그 가나안 땅에 정착을 했습니다. 그때 하나님께서 아브라함에게 약속하신 것이 있습니다. 땅을 약속하시고, 자손을 약속하시고, 복을 약속해 주셨습니다. 그런데 가나안 땅에 정착한 지 15년이 지나서 80이 다 되어 가는데도 아브라함에게는 혈육이 없는 것입니다.

하나님께서 세 가지를 축복하고 약속해 주셨다 할지라도 자손이

없으면 그 복이 무슨 필요가 있겠습니까? 아무 소용이 없는 것입니다.

그런 어느 날 하나님께서 아브라함에게 밤에 나타나셔서 아브라함을 텐트 밖으로 인도하여 내십니다. 그리고는 말씀하십니다.

"아브라함아 하늘을 우러러보고 저 숱한 별들을 한 번 세어보아라."

여러분, 그 많은 별들을 셀 수 있습니까? 셀 수가 없습니다.

"저 많은 뭇별들을 셀 수 있나 보라. 내가 너의 자손을 저 별들 같게 하여 주겠다'라고 말씀하셨습니다.

여러분은 이 말씀이 믿어집니까? 저는 59세인데 지금 손녀 하나밖에 없습니다. 그것도 외손녀입니다. 그런데 아브라함은 80이 다 되었지만 자손이 없었습니다. 나이 많은 아브라함에게 하나님께서는 저 별들만큼이나 자손들을 많게 해주겠다고 합니다. 여러분, 상식적으로 믿을 수 있는 말입니까? 어렵습니다. 그런데 아브라함은 어떻게 했습니까? 창세기 15장 6절을 보십시오.

"아브람이 여호와를 믿으니 여호와께서 이를 그의 의로 여기시고."

아브라함은 그 말씀을 믿었습니다.

아브라함은 하나님을 전능하신 하나님으로 믿었고, 우리 하나님은 약속에 신실하신 하나님이라는 것을 믿었기 때문에, 하나님께서 말씀하신 이 말씀도 믿음으로 받아들였다는 것입니다. 그리고 중요한 것은, 아브라함이 이 하나님께서 하신 말씀을 믿으니까 하나님은 이 믿음을 의로 여기셨다는 말씀입니다.

사람이 하나님께 의롭다고 인정받지 못하면 구원받을 수가 없습니다. 천국에 갈 수가 없습니다. 그런데 전적으로 타락한 죄인인 우리 인간은 어떤 행위, 어떤 선한 일, 어떤 공로에 의해서도 하나님 앞에 의롭다 함을 받을 수 없습니다. 모든 사람이 죄를 범하였으매 하나님의 영광에 이를 수 없다고 하였습니다. 오직 하나님과 그 약속을 믿을 때에만 의롭다 함을 받을 수 있음을 믿으시기 바랍니다.

다음으로 4절 5절에서 바울은 일과 삯의 비유를 통해서 이신칭의의 의미를 더 분명하게 말해줍니다.

일하는 사람은 삯을 받습니다. 우리 교회에서 학성공원 쪽으로 가다 보면 그곳에 일용직 사무실들이 있습니다. 우리가 새벽기도회를 마치고 시장을 가기 위해서 가보면 많은 일용직 근로자들이 모여 있습니다. 기술이 없으면 하루에 8만 원을 받고, 기술이 있는 사람은 그 기술에 따라서 8만 원에서 15만 원 사이를 받는다고 합니다.

그들이 일터에 가서 온종일 노동을 하고 저녁에 삯을 받게 될 때 그 마음이 어떠할까요? 자기를 써준 사람에 대해서 감사가 가득하겠습니까, 아니면 그저 그렇겠습니까? 입으로는 '감사합니다' 하고 인사치레를 할지 몰라도 마음속에는 큰 감사가 없습니다. 왜 그렇습니까? 내가 종일토록 일을 했으니 이 삯은 내가 당연히 받아야 한다고 생각하기 때문입니다.

그런데 어떤 사람은 오늘 이상하게 아무도 불러주지 않았습니다. 일을 할 것이 없습니다. 그래서 그 사무실에 앉아서 바둑이나 두고 커피나 마시고 공치고 있는데, 하루가 다 가버렸습니다. 하루가 다

가버렸는데 저녁에 어떤 사람이 나타나서 '오늘 일당입니다' 하고 하루 몫을 주는 거예요. 여러분, 이것은 삯입니까 선물입니까? 선물이죠. 은혜입니다.

사람이 의롭다 함을 받는 것도 이와 같다는 것입니다.

앞에서 말씀드렸지만, 죄인인 우리 인간은 자기의 일이나 노력이나 선행, 자기의 경건을 가지고 하나님 앞에 의롭다 함을 받을 수가 없습니다. 하나님이 인정하실 만한 수준에 도무지 이를 수가 없는 것입니다. 그런데 하나님 앞에 의롭다 함을 받을 만한 행함이나 경건한 모습이 없지만, 하나님을 믿는 자는 하나님께서 의롭다 하여 주신다는 것입니다. 한마디로 아브라함처럼 우리도, 일한 것이 없이 수고한 것이 없이 믿음으로 의롭다 함을 받는 것입니다.

의롭다 함을 받을 만한 일을 누가 했습니까?

하나님이 하셨습니다. 하나님이 예수 그리스도 안에서 하셨습니다. 예수 그리스도께서 우리를 대신해서 하나님 아버지의 율법의 말씀에 따라 완전한 순종의 삶을 사셨고, 우리를 대신해서 율법을 따라 십자가에서 죽어 주셨습니다. 일은 예수님께서 다 하시고, 우리에게 요구하는 것은 "너희는 예수 그리스도께서 너희를 위하여 이렇게 하신 것을 믿으라, 받아들여라"고 하시는 것입니다. 그래서 믿으면 하나님께서 의롭다고 하여 주시는 것입니다. 따라서 이신칭의는 삯이 아닙니다. 하나님의 은혜의 선물이요, 하나님이 값없이 주시는 복인 것입니다.

한 사람이 있었습니다.

죄를 많이 지은 사람입니다. 배가 두 척 있는데, 그 배 두 척 때문에 죄를 더 많이 지었습니다. 어느 날 자기가 평생 동안 죄를 너무 많이 지었다는 사실을 깨닫고 '야, 이 죄 다 어떻게 용서를 받고 구원을 얻을 수 있을까?' 궁리를 하다가 좀 이름 있는 사람들을 찾아다녔습니다. 그는 그들에게 "내가 어떻게 하면 죄를 용서받고 구원을 받을 수 있겠습니까?" 하고 물었습니다. 만나는 사람마다 제각기 다른 답을 주어 그들이 시키는 대로 이일 저일 다 해보았지만, 여전히 마음속에 있는 불안이 떠나지를 않았습니다.

그런데 어느 날, 한 교회당 앞에 부흥집회 광고가 있어서 그 교회로 들어갔습니다. 들어갔는데 목사님이 로마서 4장 5절을 가지고 설교를 합니다. 오늘 본문에 있는 말씀을 설교를 하는 거예요.

"여러분, 우리 하나님은 일을 아니할지라도 경건하지 아니한 자를 의롭다 하시는 하나님이십니다. 우리 하나님은 믿는 자를 의롭다고 하여 주십니다. 하나님이 다했습니다. 여러분은 믿기만 하면 됩니다."

그 말씀을 듣고서 하나님을 믿었습니다. 마음속에 하나님이 주시는 평안이 가득 차게 되었습니다. 이제는 예수님을 믿고 다니면서 간증을 합니다. "제 일생에 발견한 가장 중요한 말이 있습니다. 명언이 있습니다. 어떤 말이냐 하면 "일을 아니할지라도 경건하지 아니한 자를 의롭다 하시는 하나님" 바로 이 말입니다. 저는 과거에는 제가 무엇을 해야 구원을 얻을지 몰라서 걱정이 되어 밤에 잠을 잘 이루지 못했습니다. 그런데 바로 이 진리를 깨닫고 나서는, 너무 좋아서 너무 감격해서 잠을 잘 이루지 못하고 있습니다" 하고 간증을 했다는 것입니다.

우리 각자를 살펴볼 때 우리에게 무슨 선한 것, 우리에게 무슨 의로운 것이 있습니까? 하나님 앞에 내세울 만한 의로운 일이 우리에게 있습니까? 부족하고 불경건하여도 하나님과 그 약속을 믿으면 은혜로우신 하나님이 우리를 의로운 자로 여겨주심을 믿으시기 바랍니다.

마지막 6절에서 8절의 말씀은 일한 것이 없이 믿음으로 하나님께 의롭다 여김을 받은 사람의 복에 대하여 말씀합니다.

여기서 사도 바울은 다윗의 글을 인용합니다.
본문 7-8절 말씀을 보십시오.

"불법이 사함을 받고 죄가 가리어짐을 받는 사람들은 복이 있고 주께서 그 죄를 인정하지 아니하실 사람은 복이 있도다 함과 같으니라."

이 말씀 낯이 익지 않습니까? 이 말씀은 오늘 우리가 교독했던 말씀입니다. 시편 32편에 있는 말씀입니다. 시편 32편은 다윗의 대표적인 회개시입니다. 여러분이 아는 대로 다윗은 정말 하나님 마음에 합한 사람이었습니다. 하나님 마음에 드는 사람, 하나님 마음을 아는 경건한 사람이었습니다. 그러나 그도 한때 하나님 앞에 큰 죄를 지었습니다. 남의 아내를 탐내어 간음을 저지르고, 그 죄를 덮어버리기 위해서 살인을 하였습니다. 살인을 하고 또 그 뒤에 또 거짓말을 하였습니다. 그 죄를 고백하지 아니하고 입을 다물고 있을 때에 온 종일 너무 괴로워서 신음을 했습니다. 뼈가 녹는 것 같았습니다. 견딜 수가 없어서 '안 되겠다. 내가 내 허물을 여호와께다 아뢰어야겠다' 생각을 하고 하나님 앞에 죄를 고백하였습니다.

죄악을 숨기지 아니했습니다.

그랬더니 하나님께서 그 죄를 다 용서해 주셨습니다. 죄 용서의 기쁨을 맛보고 다윗이 뭐라고 했습니까? "허물의 사함을 받고 죄의 가리움을 받은 자는 복이 있도다. 주께서 그 죄를 인정하지 아니하는 사람은 복이 있도다"라고 하지 않았습니까?

일차적으로 이 말씀은 누구를 가리키는 것입니까?

자기 자신을 가리키는 거예요. 자기 자신이 하나님 앞에 큰 죄를 지었지만, 하나님이 죄를 용서해 주시고 그 죄를 가려주셨거든요. 만일 하나님이 다윗의 죄를 그대로 갚는다면 다윗은 어찌 되었겠습니까? 다윗의 아내가 남에게 강간을 당하고 다윗 자신은 살인을 했으니까 하나님의 심판을 받아서 죽어야 되지 않습니까? 그런데 너무 큰 죄인이지만 죄를 용서하시는 하나님을 믿고 그 하나님 앞에 회개하였더니, 하나님이 죄를 용서해 주시고, 그 죄를 가려주시고, 그 죄를 인정치 아니하셨다는 것입니다. 한마디로 하나님께서 그를 의롭다고 말씀해 주셨다는 것입니다.

얼마나 복된 일입니까!

그래서 우리가 성경을 가만히 보면, 앞에 나온 아브라함이나 오늘의 다윗이나 공통점이 있습니다. 모두다 하나님을 믿음으로 인하여 의롭다 함을 받았다는 것입니다. 여러분, 지금도 믿는 자는 하나님이 죄를 용서해 주시고 의롭다고 해주신다는 사실을 믿으시기 바랍니다.

여기서 한 가지 생각할 것이 있습니다. 이 세상에 복된 사람은 어떤 사람이겠습니까? 사람이 복되다고 하는 사람이 복된 사람입니까, 하나님이 복되다고 하는 사람이 복된 사람입니까? 하나님이 복되다고 하는 사람이 복된 사람입니다. 그러고 보면 오늘 하나님께서 7절과 8절에 어떤 사람이 복이 있다고 두 번이나 말했습니까? "허물의 사함을 얻고 죄의 가리움을 받고 하나님이 그 죄를 인정치 아니하는 자는 복이 있도다"라고 하였습니다. 쉽게 말하면 하나님이 죄를 용서해 주시고 의롭다 하신 사람은 복이 있다는 말씀입니다. 재산이 많은 사람이 복이 있다, 권력이 높은 사람이 복이 있다, 자녀가 많은 사람이 복이 있다, 건강한 사람이 복이 있다고 하시지 아니하고, 허물의 사함을 받은 자, 곧 하나님께 죄 용서함을 받고 의롭다 함을 받은 자가 복이 있다고 말씀하셨습니다.

왜 그런 사람이 복이 있을까요?

제가 오늘 동전을 하나 가져왔습니다. 보시기 바랍니다. 앞에는 죄용서가 있습니다. 그러면 동전의 뒷면에는 무엇이 있는지 아십니까? 동전의 뒷면에는 구원이 있고 영생이 있는 것입니다. 무슨 말인가 하니, 하나님 앞에 의롭다 함을 받지 못한 사람이 어떻게 천국을 가겠습니까, 어떻게 구원을 받겠습니까? 하나님 앞에 죄용서 받고 의롭다 함을 받은 사람이 구원을 얻고 영생을 얻고 천국백성이 되는 것입니다. 그러므로 하나님 앞에 죄 용서받고 의롭다 함을 받는 이것보다 이 세상에 더 큰 복이 어디 있느냐는 것입니다.

어떤 복이 이 복과 비교가 되겠습니까?

비교를 할 수가 없는 것입니다. 여러분, 예수님을 믿습니까? 그렇다면 믿는 여러분이야말로 가장 복된 인생임을 믿으시기 바랍니다. 부족하고 연약하지만 나 같은 죄인이 예수 믿고 죄용서를 받고, 그래서 의롭다 함을 받은 이것이야말로 사람이 받을 수 있는 가장 큰 복인 것을 믿고, 어떤 어려움에 처해도 나는 최고의 복을 받은 사람이라는 것을 잊지 마시기를 바랍니다.

지난 3월 말인가 4월에, 저희 부부가 일본 남쪽에 있는 오키나와라는 섬에 휴가를 다녀왔습니다. 2차 대전 때 많은 전투가 있었던 곳입니다. 그곳에 패키지로 갔습니다. 저희들은 길을 잘 모르니까 패키지로 갔습니다. 저희 동행중에 마음씨 착한 여성 두 분이 계셨습니다. 그래서 저희들은 그분들과 이곳저곳을 함께하며 여행하는 내내 서로 사진도 찍어주고 했습니다.

그런데 알고 보니, 이들은 순천에 있는, 유명한 송광사라는 절에 사는 사람들이었습니다. 결혼도 안 하고 그 안에 들어가서 평생 그냥 잡일도 하고, 서점에서도 일을 하고, 식당에서 봉사를 하면서 사는 사람들이었습니다. 얼마나 독실한 보살들인지 마음씨가 참 착했습니다. 그런데 여행을 마치고 우리나라 공항에 내려서, 제가 그 옆에 있는 서점에 책을 사러 들어갔습니다.

서점에 가서 지난 1년 동안 지금까지 가장 많이 팔린 책을 샀습니다. 그 책이 무슨 책인지 아십니까? ≪멈추면, 비로소 보이는 것들≫ 이라는 책인데 들어보셨습니까? 이 책이 지난 1년 동안에 대한민국에서 1년 계속해서 베스트셀러였습니다. 그 책을 누가 지었느냐 하면 혜민스님이라고 하는 분이 지었어요.

이 스님이 우리나라에서는 중이 아니었습니다. 영화를 공부하고 싶어서 미국에 갔다가 미국의 대학에서 공부를 하는 동안에 불교에 귀의하게 되었습니다. 승려가 되었습니다. 지금은 박사가 되어서 미국의 대학에서 교수를 하고 있습니다. 그런데 재미있는 것은 이분은 예수님을 깊이 존경한다고 합니다. 자기가 그렇게 고백을 했습니다. 성경 말씀도 너무 좋아해서 여러 번 읽고 자기가 암송하는 성경을 그 책에다가 적어 놨는데요, 우리 보통 집사님들보다 훨씬 더 많이 성경을 암송하고 있었습니다. 그래서 이분의 책을 읽어 보면, 스님 책을 읽는 건지 기독교 서적을 읽는 건지 분간이 잘 안 될 정도예요. 그래서 이분의 말이나 행동이 너무나도 선하고 너무나도 좋습니다.

저는 사람이 만일 자기 행위로 구원을 받는다면, 앞에 말한 송광사의 두 보살님이나 이 혜민스님 같은 분이 구원을 받지 않겠나 하는 생각을 해보았습니다. 여하튼 그 책을 읽고 교훈을 많이 받았습니다. 그런데 한 가지 그 책에서는 가장 중요한 것이 빠져 있었습니다. 무엇이겠습니까? 은혜가 그 책에는 보이지 않았습니다. 하나님의 은혜가 없었습니다. '사람은 이렇게 저렇게 생각을 해야 되고 이렇게 저렇게 살아야 됩니다. 그래야 이 세상이 평화롭고 좋습니다.' 이런 말만 가득하지 거기에는 하나님이 없고 하나님의 은혜가 없다는 것입니다.

성경은 "모든 사람이 죄를 지었으므로 하나님의 영광에 이르지 못한다"고 했습니다. 아무리 사람이 수도를 하고 선한 생각을 하고 자비롭게 생각을 하고 깨끗이 살고 선한 일을 많이 해도 의롭다 함을 받을 수가 없다는 것입니다. 구원에 이를 수가 없고 하나님께 이를 수가 없는 것입니다. 칭의는, 구원은 하나님의 은혜로 되는 것입니다.

우리 기독교는 은혜의 종교입니다. 하나님이 다해 주셨고, 우리는 그저 그것을 믿기만 하면 되고, 그것을 받아들이기만 하면 다 하나님께서 의롭다고 해주시는 것입니다. 구원해 주시는 것입니다. 세상에 이런 복이 어디 있겠습니까. 얼마나 감사한 일입니까.

여러분, 이 하나님의 크신 은혜를 믿으시기 바랍니다. 하나님의 크신 은혜에 평생 감사하고 감격하고 찬송하면서 사시기를 바랍니다. 모든 자랑, 모든 영광 영원토록 주님께만 돌리시기를 바랍니다.

26

로마서 4:9-16

아브라함이 얻은 칭의

"그런즉 이 복이 할례자에게냐 혹은 무할례자에게도냐 무릇 우리가 말하기를 아브라함에게는 그 믿음이 의로 여겨졌다 하노라 그런즉 그것이 어떻게 여겨졌느냐 할례시냐 무할례시냐 할례시가 아니요 무할례시니라 그가 할례의 표를 받은 것은 무할례시에 믿음으로 된 의를 인친 것이니 이는 무할례자로서 믿는 모든 자의 조상이 되어 그들도 의로 여기심을 얻게 하려 하심이라 또한 할례자의 조상이 되었나니 곧 할례 받을 자에게뿐 아니라 우리 조상 아브라함이 무할례시에 가졌던 믿음의 자취를 따르는 자들에게도 그러하니라 아브라함이나 그 후손에게 세상의 상속자가 되리라고 하신 언약은 율법으로 말미암은 것이 아니요 오직 믿음의 의로 말미암은 것이니라 만일 율법에 속한 자들이 상속자이면 믿음은 헛것이 되고 약속은 파기되었느니라 율법은 진노를 이루게 하나니 율법이 없는 곳에는 범법도 없느니라 그러므로 상속자가 되는 그것이 은혜에 속하기 위하여 믿음으로 되나니 이는 그 약속을 그 모든 후손에게 굳게 하려 하심이라 율법에 속한 자에게뿐만 아니라 아브라함의 믿음에 속한 자에게도 그러하니 아브라함은 우리 모든 사람의 조상이라"

"주의 얼굴 뵙기 전에 멀리 뵈던 하늘나라 내 맘속에 이뤄지니 날로날로 가깝도다."

이 시간이 하늘나라가 이루어지는 시간, 또 하늘나라가 여러분 마음속에 이루어지는 복된 시간이 되기를 바랍니다.

우리 기독교회가 안타깝게도 이 땅에서 많은 욕을 먹고 있습니다. 욕먹는 주요 이유 중에 하나가 타 종교에 대한 태도라고 합니다. 교회가 다른 종교에 대해 배타적이고 독단적인 자세를 취한다는 것입니다. 성도 여러분들은 그에 대하여 어떤 생각을 가지고 계십니까? 대부분의 고등 종교는 도덕적입니다. 사회에 선한 영향을 끼치는 것입니다. 없는 것보다는 있는 것이 사람들에게 이 사회에 훨씬 나은 것입니다. 그렇기 때문에 다른 종교를 욕하거나 비난해서는 안 됩니다.

그러면 기독교가 그냥 여러 종교 중에 하나입니까?

그렇지는 않습니다. 도덕적인 면은 이 종교 저 종교 다 비슷하지만, 이 도덕적인 면을 넘어서서 죄 용서받고 구원받는 점에서는 유일무이한 것입니다. 유명한 성철스님을 아실 것입니다. 그는 살아 계실 때에 오랜 세월동안 사람들을 만나지 아니하고, 눕지도 아니하고, 앉아서 벽을 바라보고 수행을 하였습니다. 면벽수행이라 하지요. 그분이 돌아가시기 전에 '내가 대중을 속였거니와 쌓은 죄가 수미산보다 높다'고 고백을 했습니다. 존경받는 수행자로 살았지만, 자기의 죄 문제는 해결하지 못했던 것입니다. 우리 예수님께서 하신 말씀을 들으십시오.

"내가 곧 길이요 진리요 생명이니 나로 말미암지 않고는 아버지께로 올 자가 없느니라."

사도행전 4장 12절에는 '예수 이름 외에는 구원받을 만한 다른 이름을 우리에게 주신 적이 없다'고 하였습니다. 그렇기 때문에 석가나 공자는 인류의 위대한 스승이지만 구원자는 아닌 것입니다. 우리를 죄 가운데 구원할 유일한 구원자는 하나님이시면서 동시에 사람이 되신 우리 주 예수 그리스도밖에 없음을 믿으시기 바랍니다. 이것이 바로 기독교 신앙의 유일성, 독특성이 되는 것입니다. 구원은 오직 예수 그리스도를 믿음으로만 이루어지는 것입니다.

그러면 기독교 구원론의 핵심이 무엇입니까?

요즘 우리가 말씀을 듣고 있는 것이 기독교 구원론의 핵심입니다. 죄인은 오직 예수 그리스도를 믿음으로만 의롭게 된다, 믿음으로만 구원을 받는다는 것입니다. 이것을 네 자로 무엇이라 합니까? '이신칭의'입니다. 믿음으로 의롭다고 칭하여진다는 것입니다. 또 다르게는 '이신득의'라고 합니다. 의를 득한다, 믿음으로 의를 얻는다는 말씀입니다.

사도 바울이 이 이신칭의 교리를 체계화했는데, 그는 이 진리가 얼마나 중요한지 로마서 3장 21절부터 계속해서 여러 각도로 반복해서 이 진리를 논하고 있습니다. 특별히 지난주일부터는 구약을 대표하는 아브라함을 예로 들어 이신칭의의 진리를 설파하고 있습니다. 지난주일 본문 4장 1절에서 8절에서는 아브라함이 의롭게 된 것은 그의 행위로 된 것이 아니라 믿음으로 된 것이라고 말씀했습니다. 오늘 본문에서는 유대인들이 자랑하는 두 가지, 할례와 율법의 관점에서 이신칭의 교리를 말씀을 하고 있습니다.

먼저 9절에서 12절에서 아브라함은 할례로 의롭게 된 것이 아니라고 말씀합니다.

할례라는 말은 '자르는 의식'입니다. 지금의 포경 수술과 비슷한 예식입니다. 하나님께서 이것을 아브라함에게 맨 처음 명하였습니다. 아브라함이 99세가 되던 해에 하나님께서는 그에게 지금까지 했던 언약을 다시 한 번 확인하시면서, 그 자손도 모두다 할례를 받도록 지시하셨습니다.

창세기 17장 10절과 11절을 보십시오.

"너희 중 남자는 다 할례를 받으라 이것이 나와 너희와 너희 후
손 사이에 지킬 내 언약이니라 너희는 포피를 베어라 이것이 나
와 너희 사이의 언약의 표징이니라."

할례는 아브라함과 그 후손이 하나님의 백성이 되는 표시였습니다. 그때부터 아브라함의 자손인 유대인들은 전부다 할례를 받아들였습니다. 그래서 유대인들은 할례를 하나님이 자기들을 하나님의 백성으로 삼으시는 표, 구원의 백성으로 받아주시는 수단이라고 생각했습니다. 할례를 받으면 구원이 확보된다고 생각했습니다. 할례를 받은 유대인들은 한 사람도 지옥 가지 않는다고 생각했습니다. 아브라함이 지옥 대문에 앉아서 할례 받은 이스라엘 사람들은 누구도 그리로 들어가지 않도록 한다고 믿었습니다. 그러므로 할례는 유대인들이 가장 중요시하는 것이고 가장 큰 자랑거리였습니다.

사도 바울도 얼마나 유대교에 열심히 있는 사람이었습니까!

빌립보서에 보면 그는 예수 믿기 전에 난 지 8일 만에 할례를 받았다고 자랑을 합니다. 할례 받는 것도 하나님이 정하신 날짜인 난 지 8일 만에 받는 것은 굉장히 영광스럽고 자랑스러운 일이었습니다. 유대인들의 이런 사상은 기독교가 시작될 때에 심각한 문제가 되었습니다. 그들이 유대교에서 기독교로 개종했을 때에, 구원받기 위해서는 예수도 믿어야 되지만 할례도 받아야 된다고 주장하는 사람들이 더러 있었습니다. 사도행전 15장 1-2절을 보십시오.

> "어떤 사람들이 유대로부터 내려와서 형제들을 가르치되 너희
> 가 모세의 법대로 할례를 받지 아니하면 능히 구원을 받지 못
> 하리라 하니 바울 및 바나바와 그들 사이에 적지 아니한 다툼
> 과 변론이 일어난지라."

그래서 어떻게 합니까? 이것을 해결하기 위해서 예루살렘에 기독교 지도자들인 사도들과 장로들이 함께 모여서 회의를 하였습니다. 그 회의의 결론은 "이방인들도 우리와 동일하게 주 예수의 은혜로 구원받는 줄을 우리가 믿노라"였습니다. 은혜로 구원받는 것으로 판결이 났으니, 이것은 율법이나 할례나 인간의 어떤 행위로 되는 것이 아니고 믿음으로 구원받는다는 말씀인 것입니다.

그러나 그 후에도 어떤 예수 믿는 유대인들은 여전히 할례를 중시했던 것 같습니다. 미련을 버리지 못했습니다. 그래서 사도 바울은 오늘 본문에서 묻습니다.

"아브라함이 하나님께 의롭다 함을 받은 것이 할례받기 전이냐, 후이냐?"

여러분들은 뭐라고 대답하시겠습니까? 할례받기 전입니까, 후입

니까?

창세기 15장에 보면, 하나님이 아브라함을 텐트에서 밤에 불러내었습니다. 그리고 어디를 보라고 했습니까? "하늘의 뭇별들을 셀 수 있나 보라. 너의 자손들이 그와 같을 것이다"라고 말씀했습니다. 80세 가까운 노인을 보고 그런 말을 했습니다. 자식이 하나도 없는 노인을 보고 그렇게 말했을 때에 아브라함은 그 하나님의 말씀을 믿었습니다. 하나님이 그 믿음을 보시고 아브라함을 의롭다고 여겨주셨습니다.

그 사건이 창세기 몇 장에 있습니까?

창세기 15장에 있습니다. 그때부터 약 20년 정도 지나서 창세기 17장에 가면 아브라함이 99세가 되었습니다. 그때에 하나님께서 나타나셔서 이 할례를 행할 것을 지시하셨던 것입니다. 그러면 아브라함이 의롭다 여겨진 것이 할례받기 전입니까 후입니까? 할례받기 오래 전이죠. 그렇다면 아브라함이 할례를 받았기 때문에 의롭다 함을 받은 것입니까? 아니죠. 할례는 칭의의 조건, 구원의 조건이 아니라는 것입니다. 그러면 할례는 무엇입니까?

11절을 보십시오.

"그가 할례의 표를 받은 것은 무할례 시에 믿음으로 된 의를 인친 것이니 이는 무할례자로서 믿는 모든 자의 조상이 되어 그들도 의로 여기심을 얻게 하려하심이라."

중요한 것은 첫 두 줄입니다.

"할례의 표를 받은 것은 무할례 시에 믿음으로 된 의를 인친 것이니"

라고 했는데, 인을 친다는 것은 도장을 찍는 것이라는 말씀입니다. 중요한 문서는 다 작성을 하고 나서 끝에다가 도장을 찍습니다. 그것이 바로 인을 치는 것입니다. 도장을 찍는 것은 그 문서의 내용을 더욱더 확실하게 한다, 확증시킨다는 의미가 있는 것입니다. 그처럼 할례도 칭의에 대한, 이미 하나님께로부터 의롭다 함을 받은 것에 대한 표가 된다는 것입니다. 인이 된다는 것입니다.

그렇다면 아브라함이 믿음으로 의롭게 되었을 때, 정말 중요한 것은 할례가 아니라 믿음입니다. 믿음이 내용입니다. 할례는 무엇입니까? 형식이요 껍데기라고 할 수 있습니다. 그러므로 내용인 믿음이 없이 껍데기만 있는 것, 형식만 있는 것, 표만 있는 것은 사실은 아무 소용이 없는 것입니다. 그것은 그냥 칼로 피부를 베는 것과 다를 바가 하나도 없는 것입니다.

그러므로 할례를 비롯해서 교회의 그 어떤 의식이나 인간의 행위도 칭의의 조건이나 수단이 될 수 없습니다. 그런데 천주교에서는 성례는 신앙이 없어도 즉시 하나님의 은혜를 부여한다고 했습니다. 즉 중생하게 하고, 사죄 받게 하고, 성령 받게 하고, 영생을 얻게 한다고 했습니다. 성경적입니까, 아닙니까? 아닙니다.

세례는 믿음의 표입니다.

이미 믿는 자가 받는 표일 뿐이지 그 세례가 어떤 사람으로 하여금 죄용서 받게 하고, 의롭다 함을 받게 하고, 구원을 받게 하는 것이 아니라는 것입니다. 교회에 나오고, 예배드리고, 새벽기도 나오고, 십일조를 드리고, 직분을 받았기 때문에 구원받는 것이 아니라는 것입니다. 오직 믿음으로 구원받는 것입니다.

유대인들은 아브라함이 자기들만의 조상이라고 믿고 주장했습니다. 그 주장이 옳습니까? 혈통적으로는 그 주장이 옳습니다. 그러나 신앙적으로나 영적으로 볼 때는 그 주장이 옳지 않습니다. 오늘 말씀에 보니, 아브라함은 할례를 받기 전에 이미 믿음으로 인하여 의롭다 함을 받았다고 했습니다. 그렇기 때문에 그는 믿는 모든 자들의 조상이 되는 것입니다. 유대인이든지 이방인이든지 가릴 것 없이 믿는 사람은 다 아브라함의 자손이 되는 것입니다.

갈라디아서 3장 7절을 보십시오.

"그런즉 믿음으로 말미암은 자들은 아브라함의 자손인 줄 알지어다."

여러분은 아브라함의 자손임을 믿으십니까?

그렇다면 갈라디아서 3장 9절도 보십시오.

"그러므로 믿음으로 말미암은 자는 믿음이 있는 아브라함과 함께 복을 받느니라."

여러분이 아브라함의 자손이라면 아브라함이 받은 복 그대로 여러분도 받으실 줄을 믿으시기 바랍니다.

다음으로, 13절에서 16절까지를 보면 아브라함은 율법을 통해서 의롭게 된 것이 아니라고 말씀합니다. 유대인들은 하나님이 주신 율법을 준수할 때에, 그 율법을 그대로 지킬 때에 하나님께서 그 사람을 받아주시고, 약속도 주시고, 의롭게 해주신다고 생각했습니다. 아브라함에게 주신 약속과 언약도 율법으로 말미암아 율법을 잘 지키니까 하나님이 주셨다고 생각했습니다. 그러나 13절을 보십시오.

"아브라함이나 그 후손에게 세상의 상속자가 되리라고 하신 언
약은 율법으로 말미암은 것이 아니요 오직 믿음의 의로 말미암
은 것이니라."

아브라함에게 하신 언약은 율법으로 말미암은 것이 아니고 믿음
으로 말미암았다고 말씀해 주셨습니다. 율법이 언제 주어졌습니
까? 모세 때에 시내 산 아래에서 주어졌습니다. 그런데 모세의 아
버지 이름이 무엇인지 아십니까? 모세의 아버지는 아므람이라는
사람입니다. 그러면 할아버지는 누구입니까? 고핫이라고 하는 사람
입니다. 고핫의 아버지는 누구입니까? 레위입니다. 레위의 아버지는
누구입니까? 야곱, 야곱의 아버지는요? 이삭이지요. 그러면 이삭의
아버지는요? 아브라함입니다. 그런데 하나님께서 아브라함이 약속
을 믿으니까 의롭다고 해주셨지 않습니까?

하나님이 율법을 주신 것은 그때부터 430년이나 후였습니다. 그
렇다면 하나님께서 아브라함을 의롭다 해주신 것, 아브라함에게 약
속과 언약을 주신 것이 율법을 지켰기 때문에 준 것입니까? 아니
죠. 율법과는 전혀 관계가 없는 것입니다. 유대인들은 율법을 준수
함으로 선한 행위로 의롭게 되고 하나님이 받아주신다고 생각했지
만, 그것은 성경을 오해했기 때문입니다. 율법은 하나님이 주신 것
입니다. 거룩한 것입니다. 의로운 것입니다.

그러나 율법은 구원의 수단이나 구원의 조건은 아닙니다. 물론
사람이 하나님의 율법을 완벽하고 흠없이 지키면, 마음까지도 하나
님 보시기에 바르고 깨끗하면 하나님께서 그 사람을 구원해 주십
니다. 그 사람을 의롭다고 해주십니다. 그렇지만 우리 인간은 죄로

인해 타락하여 인간의 모든 부분이 죄로 오염이 되었습니다. 그러므로 율법을 완전하게 지킬 능력이 없는 것입니다.

십계명 하나만 놓고 보더라도, 한 계명이라도 하나님 보시기에 온전히 지킬 인간은 이 세상에 아무도 없는 것입니다. 이 자리에 있는 저와 여러분도 마찬가지입니다. 십계명을 따지고 들어가 보면, 하나님 보시기에 십계명 하나라도 바르게 지킨 사람이 없습니다. 그렇지만 율법을 온전히 지킬 수가 있고 지키신 유일한 분이 계십니다. 그분이 누구십니까? 예수님이십니다. 예수님께서 이 세상에 계실 때에 그렇게 했습니다. 그러므로 우리는 우리 대신 율법을 온전히 지켜주신 예수 그리스도를 믿음으로만 구원을 받을 수 있고 의롭다 함을 받을 수 있는 것입니다.

정리를 해보면, 아브라함은 하나님의 약속도, 의롭다 함도 율법이 아닌 믿음으로 받았습니다. 오늘날 우리에게 약속된 구원, 천국도 마찬가지입니다. 오직 하나님의 아들 예수 그리스도를 믿음으로만 받을 수 있는 것입니다. 나의 행위, 나의 열심, 내가 가진 물질이 천국 가는 데 조금이라도 보탬이 된다고 생각하는 사람은 정말 천국이 얼마나 거룩한지 얼마나 귀한지를 모르는 사람입니다. 그렇게 생각하는 사람은 구원받을 수가 없습니다.

얼마 전에 제가 했던 이야기를 다시 한 번 자세히 해보겠습니다.

영국에 한때는 탄광 산업이 굉장히 번창한 때가 있었습니다. 그때 탄광에 가서 복음을 전하는 목사님이 계셨습니다. 어느 날 아침, 광부들이 일을 하기 전에 그들을 잠시 모아놓고 구원의 복음을 전하였습니다. 하나님의 은혜에 대해서 설교했습니다.

"여러분, 구원은 인간의 노력으로 얻어지는 것이 아닙니다. 인간은 구원을 위해 할 수 있는 것이 아무것도 없습니다. 구원은 오직 하나님의 은혜로 됩니다. 그저 받아들이는 자, 믿는 자에게 하나님의 의가 주어집니다."

은혜의 복음을 증거하고 있는데, 그 광부 중에 한 사람이 여기에 대해 인정을 하지 못하고 항변을 합니다.

"목사님 그것은 말이 안 됩니다. 공평치 않습니다. 그렇게 귀한 구원을 어떻게 우리의 수고나 노력 하나도 없이 그냥 공짜로 받을 수가 있다는 말입니까? 그것은 말이 안 됩니다." 그때에 목사님에게 순간적으로 하나님이 주시는 영감이 떠올랐습니다. 그래서 그 광부에게 물었습니다.

"지금 무엇을 하실 겁니까?"

"예, 저는 지금 몇 분 후에 일하러 가야 됩니다."

"어디로 갑니까? 무슨 일을 하실 건데요?"

"아, 저는 저 갱 밑에 내려가서 다이너마이트를 설치할 구멍을 뚫어야 됩니다."

"저 밑에는 어떻게 내려가십니까?"

"저는 엘리베이터를 타고 갑니다."

"엘리베이터를 타기 위해서 돈을 얼마 줍니까?"

"저는 공짜로 갑니다."

그러자 목사님이 아까 그 광부가 하던 말을 그대로 받아서 "그것은 공평치 못합니다. 당신은, 아침에 그 깊은 갱도에 내려가서 일을 함으로 당신도 살고 가족들도 먹여 살리는데, 그 중요한 내려가는 것을 공짜로 내려가다니요?" 하고 말했습니다.

그제야 광부도 깨닫고 "제가 무엇을 내지는 않았어도 누군가가 대신 내었다는 그 말씀이지요?" 하고 목사님께 물었습니다. 그러자 목사님이 "예, 우리는 그냥 받기만 하고 믿기만 하면 되지만 하나님의 아들이 자신의 생명을 내셨습니다. 핏값을 치루었습니다"라고 하자, 그 광부는 그 말을 듣고서 즉시 예수님을 믿음으로 받아들이고 구원을 얻었다고 합니다.

이것이 우리가 믿는 복음입니다. 이것이 우리가 믿는 기독교의 영광스러운 복음인 것입니다. 아브라함이 할례가 아닌 믿음으로 의롭다 함을 받았듯이, 우리 모든 죄인들은 무슨 의식이나 행위가 아닌 믿음으로 의롭다 함을 받고 구원을 얻는 것입니다. 아브라함이 율법을 지킴으로가 아니라 믿음으로 약속을 받고 의롭다 함을 받은 것같이, 우리 역시 우리의 행위나 우리의 순종으로가 아니라 믿음으로 의롭다 함과 구원을 얻은 것입니다.

여러분, 1517년이 무슨 해인지 아십니까? 종교개혁이 일어난 해입니다. 1517년 10월 31일에 마틴 루터가 95개조 반박문을 내걸므로 잘못된 기독교, 곁길로 새어버린 기독교를 하나님의 말씀대로 바르게 하자고 종교개혁이 일어났습니다. 그래서 우리 개신교가 있게 되었습니다. 그때 종교개혁의 아주 중요한 모토가 다섯 가지가 있었는데, 세 가지만 잠시 생각해 보고자 합니다.

하나는, '솔라 그라티아'라고 하는 것입니다.

라틴어입니다. 영어로 'Only grace', 즉 '오직 은혜'라는 말입니다. 우리가 구원받기 위해서는 우리의 노력이나 우리의 공로나 우리의 어떤 무엇으로 되는 것이 아니라 오직 하나님의 은혜로 된다는 것입니다. 존 뉴턴 목사님은 'amazing grace'라고 하지 않았습니까. 놀라운 은혜라고 하였습니다.

두 번째는 무엇입니까? '솔라 피데'입니다.

이 말은 '오직 믿음'이라는 말입니다.

오직 믿음이란 무엇입니까? 앞에 나온 오직 은혜, 하나님의 은혜가 흘러가는 통로인 것입니다. 하나님의 은혜가 우리에게 주어지는 도관이 되는 것입니다. 내가 무슨 큰 노력을 해야 하나님이 은혜를 주시는 것이 아니라, 나는 믿기만 하면 하나님께서 나를 의롭다 하시고 구원해 주신다는 것입니다.

제가 선물을 하나 준비했습니다. 누구를 줄까 생각하다가 우리 구신자보다는 새신자에게 주는 것이 좋겠다 싶었습니다. 앞에 있는 OOO씨 앞으로 나오십시오. (선물을 줌). 어떻게 받았습니까? 손을 내밀어서 받았습니다. 그것이 바로 믿음인 것입니다. '내가 선물을 드리겠습니다' 했는데도 손을 내밀지 않는다면 제가 드릴 방법이 없습니다. 그런데 '내가 드리겠습니다' 하니까 손을 탁 내밀잖아요.

이것이 바로 믿음인 것입니다. 손을 내민 이것이 믿음입니다. 하나님의 거룩하신 은혜가, 엄청난 그 은혜가, 놀라운 은혜가 우리에게 어떻게 주어집니까? 믿음을 통해서, 우리가 믿음의 손을 내밀 때에 하나님께서 허락해 주시는 것입니다.

그리고 셋째로는 '솔리 데오 글로리아'입니다.

'솔리'라는 말은 '오직'입니다. '데오'는 '하나님께', '글로리아'는 '영광' 입니다. '오직 하나님께만 영광을'이란 말입니다. 앞의 두 가지를 생각해 보십시오. 오직 은혜로, 오직 믿음으로 구원을 받기 때문에 우리 인간이 자랑하고 인간이 영광을 받을 것은 아무것도 없습니다. 누구만 영광을 받으셔야 됩니까?

하나님만 영광을 받으셔야 되는 것입니다. 그렇기 때문에 오늘 은혜로, 믿음으로 구원받은 하나님의 백성들인 성도들은 이 땅을 살아가면서 오직 하나님의 영광만을 위하여 살아가야 되는 것입니다. 모든 영광을 하나님께 돌리면서 살아가야 되는 것입니다.

여러분, 오직 은혜의 복음을 믿으시기 바랍니다. 솔라 피데의 믿음, 오직 믿음의 신앙을 가지시기 바랍니다. 이 믿음을 가지고 영광은 오직 하나님께만 돌리면서 살아가는 성도 여러분이 되시기를 바랍니다.

27

로마서 4:16-22

아브라함의 믿음

"그러므로 상속자가 되는 그것이 은혜에 속하기 위하여 믿음으로 되나니 이는 그 약속을 그 모든 후손에게 굳게 하려 하심이라 율법에 속한 자에게뿐만 아니라 아브라함의 믿음에 속한 자에게도 그러하니 아브라함은 우리 모든 사람의 조상이라 기록된 바 내가 너를 많은 민족의 조상으로 세웠다 하심과 같으니 그가 믿은 바 하나님은 죽은 자를 살리시며 없는 것을 있는 것으로 부르시는 이시니라 아브라함이 바랄 수 없는 중에 바라고 믿었으니 이는 네 후손이 이같으리라 하신 말씀대로 많은 민족의 조상이 되게 하려 하심이라 그가 백 세나 되어 자기 몸이 죽은 것 같고 사라의 태가 죽은 것 같음을 알고도 믿음이 약하여지지 아니하고 믿음이 없어 하나님의 약속을 의심하지 않고 믿음으로 견고하여져서 하나님께 영광을 돌리며 약속하신 그것을 또한 능히 이루실 줄을 확신하였으니 그러므로 그것이 그에게 의로 여겨졌느니라"

야곱의 하나님을 자기 하나님으로 삼은 자는 복이 있음을 믿으시기 바랍니다.

사람들은 저마다 자기의 뿌리, 자기의 조상에 대해서 관심이 많습니다. 저는 전주 이씨입니다. 전주 이씨의 시조는 신라시대 이한이라고 하는 사람입니다. 저는 어릴 때에 전주 이씨는 태종대왕의 세 아들을 따라서 양녕대군파, 효령대군파, 충렬대군파 세 파만 있는 줄 알았습니다. 그런데 커서 보니 무려 120개가 넘었습니다. 그리고 이 씨에 전주 이씨만 있는 것이 아니라, 이 씨가 우리나라에 200개 넘는다는 것을 알았습니다. 굉장하지요.

혈통적으로 보면 여러분과 저는 성도 다르고, 또 성이 같다고 하더라도 대부분이 파도 다릅니다. 그런데 신앙적으로 보면 우리의 조상이 같습니다. 우리의 조상이 누구입니까? 아브라함입니다. 믿음의 조상 아브라함은 할례를 받기 전에, 율법을 받기 전에 하나님의 말씀을 믿음으로 의롭다 칭함을 받았습니다. 그래서 유대인이든 이방인이든 가릴 것 없이 믿는 모든 자들의 조상이 되었다고 했습니다. 그러면 오늘 말씀 16절을 한 번 보시기 바랍니다.

"아브라함은 우리 모든 사람의 조상이라."

갈라디아서 3장 7절도 보십시오.

"그런즉 믿음으로 말미암은 자들은 아브라함의 자손인 줄 알지어다."

여러분, 하나님을 믿으신다면 아브라함은 우리의 조상이요 우리는 아브라함의 자손인 것을 믿으시기 바랍니다.

우리는 앞에서 아브라함의 믿음에 대하여 살펴보았습니다. 아브라함은 행위로 의롭다 함을 받은 것이 아니요, 할례로 의롭다 함을 받은 것도 아니요, 율법으로 의롭다 함을 받은 것도 아니라고 했습니다. 그러면 무엇으로 의롭다 함을 받았습니까? 오직 '믿음'입니다. 솔라 피데! 오직 믿음으로 의롭다 함을 받았다고 했습니다. 그런데 오늘 본문의 말씀은 아브라함의 믿음에 대해서 보다 구체적으로 말씀을 하고 있습니다.

오늘 본문은 먼저, 아브라함의 믿음의 기초가 무엇인지 우리에게 보여줍니다.

우리가 믿음, 믿음 하는데 도대체 믿음이란 무엇입니까? 믿음이라는 것은 내 마음에 받아들이는 것입니다. 내가 신뢰하는 것입니다. 어떤 사람들은 믿음을 미신과 비슷한 것으로 생각합니다. 믿음이라는 것은 비이성적이고 비과학적이고 비합리적이라고 생각을 합니다. 그러나 그런 생각은 잘못입니다. 어떤 종교적인 가르침을 맹목적으로 받아들이면 그 사람은 광신자가 됩니다. 이단이 되고 사이비가 되어서 이 세상에 악영향을 미치게 되는 것입니다.

참된 믿음은 이성에 반대되는 것이 아니라 이성을 초월하는 것입니다. 이성을 초월하는 것이지만 합리적인 근거를 가집니다. 이것이 합리적인가의 문제는 신뢰의 대상, 믿음의 대상이 믿을 만한가에 좌우됩니다. 믿을 수 있는 존재를 믿는 것은 비합리적이라고 할수가 없습니다. 합리적인 것입니다. 그러면 아브라함이 믿는 하나님은, 아브라함의 신뢰의 대상은 어떠했습니까? 어떤 하나님입니까? 17절을 보십시오.

"그가 믿은바 하나님은 죽은 자를 살리시며 없는 것을 있는 것으로 부르시는이시니라."

죽은 자를 살리시는 하나님, 한마디로 무슨 하나님입니까? 부활의 하나님, 다르게 말하면 생명의 하나님입니다. 그리고 없는 것을 있는 것으로 만드시는 창조의 하나님이십니다. 부활이나 창조나 이것은 사람의 능력으로는 전혀 불가능한 것입니다. 누구만 하실 수 있습니까? 전능하신 하나님, 모든 것이 가능한 하나님만 하실 수 있는 것입니다. 아브라함은 이런 전능하신 하나님을 믿고 있었기 때문에, 하나님께서 "너의 자손이 하늘의 별과 같으리라"고 말하였을 때에 그 말씀대로 믿었습니다.

이 아브라함의 믿음이 미신적인 것입니까 합리적인 것입니까?

합리적인 것입니다. 왜냐하면 내가 믿는 하나님과 아브라함이 믿는 하나님은 창조와 부활의 하나님, 전능하신 하나님이기 때문에 무엇이든지 하실 수 있기 때문입니다. 그런 분이기 때문에 그분이 말씀하면 내가 이해가 안 되어도 믿는다는 것입니다. 그것이 바로 아브라함의 믿음이었습니다.

아브라함의 믿음의 기초가 무엇입니까?

믿음의 대상에 대한 신뢰였습니다. 전능하신 하나님에 대한 신앙이었습니다. 하나님을 부활의 하나님, 창조의 하나님, 전능하신 하나님으로 믿었기 때문에 그 하나님의 약속도 믿을 수가 있었다는 것입니다.

여러분은 "주 예수를 믿으라 그리하면 너와 내 집이 구원을 얻으리라"는 이 말씀을 믿습니까? 우리 주 예수님의 부활과 승천과 재림하실 것을 믿습니까? 우리 주님께서 마지막에 오셔서 영원한 천국과 지옥으로 나눌 것을, 천국과 지옥이 있는 것을 믿습니까? 왜 믿습니까? 여러분 스스로 한 번 생각해 보십시오. 나는 왜 믿는가? 그런 사실을 나는 왜 믿는가? 목사님이 믿으라고 하니까, 교회에서 믿으라고 하니까 믿습니까? 그래서는 안 되는 것입니다. 우리가 그것을 믿어야 하는 이유는, 그렇게 말씀하신 이가 전능하신 하나님이시기 때문에 그 하나님이 하신 말씀을 믿어야 하는 것입니다. 이것이 우리의 믿음의 기초여야 하는 것입니다.

여러분, 우리 하나님, 전능하신 하나님, 약속에 신실하신 하나님이심을 믿으시기 바랍니다. 그렇게 믿을 때에 우리는 그분의 말씀은 무엇이든지 다 믿음으로 받아들일 수 있는 것입니다.

다음으로, 아브라함의 믿음은 어떻게 나타났습니까?

믿음이 있는 것과 믿음이 삶으로 나타나는 것은 별개의 문제입니다. 아브라함이 하나님을 부활의 하나님, 창조의 하나님으로 믿었다고 했는데, 그것을 마음에 믿는 것과 그다음에 하나님의 말씀에 순종하는 것, 생활로 나타나는 것은 별개라는 말씀입니다. 그런데 참된 믿음은 언제나 삶으로 나타나게 마련입니다. 그러면 아브라함의 믿음은 어떻게 나타났습니까? 18절 이후 말씀이 보여주는데, 창세기를 참조해서 네 가지로 말씀을 드립니다.

첫째는, 하나님께서는 갈대아 우르에 있는 아브라함을 부르시고 그에게 땅과 많은 자손을 그리고 복의 근원이 될 것을 약속하시고 그에게 본토, 친척, 아비집을 떠나라고 말씀을 하셨습니다.

지시를 하신 것입니다. 아브라함은 그 하나님의 말씀을 믿고서 갈 바를 알지 못하고 고향을 떠났습니다. 그것이 창세기 12장에 기록되어 있는데, 그때 아브라함의 나이가 75세였습니다. 이 사건은 오늘 본문에 기록이 안 되어 있습니다. 생략이 되어 있지만, 믿음장인 히브리서 11장에 기록이 되어 있습니다.

11장 8절을 보십시오.

> "믿음으로 아브라함은 부르심을 받았을 때에 순종하여 장래의 유업으로 받을 땅에 나아갈새 갈 바를 알지 못하고 나아갔으며."

이것이 아브라함의 믿음이 순종으로 나타난 첫 번째 사건입니다.

두 번째는, 그가 하나님이 주시기로 약속하신 땅 가나안 땅에 정착하여 수년이 지나서 나이가 80세가 넘었을 때, 그때에도 아직 자식 하나가 없었습니다.

자식이 하나도 없었는데, 창세기 15장에 보면 하나님이 밤에 그에게 나타나셔서 "이리 바깥으로 나와 보라 하늘을 우러러 뭇별을 바라보라 뭇별을 셀 수 있는지 보아라 너의 자손도 이와 같으리라"라고 약속해 주셨습니다. 이에 대해 아브라함이 어떻게 반응합니까?

창세기 15장 6절에 보면 "아브라함이 여호와를 믿으니" 딱 이 한마디입니다. 그런데 오늘 본문 18절에 보면 조금 더 자세하게 말씀합니다. 아브라함이 그냥 믿은 것이 아니라 "바랄 수 없는 중에 바라고 믿었으니"라고 말씀하고 있습니다. 바란다는 것은 희망한다는 것입니다. 자식을 가질 희망이 전혀 없는데도 희망을 가지고서 믿었다는 것입니다. 하나님이 말씀하시니 희망을 가지고 믿었다는 것입니다. 그래서 한마디로 아브라함의 믿음은 "바랄 수 없는 중에 바라는 믿음"입니다. 희망을 가질 수 없는 중에 희망을 갖는 믿음이었습니다.

우리의 믿음은 어떻습니까?

우리의 믿음도 바랄 수 없는 중에 바라고 믿는 믿음입니까? 생각해 보면, 우리는 이성적으로 판단해 보아서 납득이 되고 믿을 만한 것은 믿고, 내 생각에 아니다 싶고 불가능해 보이는 것은 믿지 않습니다.

예를 들어보겠습니다. 예수님은 믿는데 하나님의 말씀대로 순종하지 못하는 것이 있습니다. 그 원인이 무엇이라고 생각하십니까? 믿지 못하니까 순종하지 못하는 것입니다. 정말로 믿으면 순종하게 되어 있습니다. 그러나 아브라함은 인간적으로 볼 때 희망이 없어 보이는 그 상황에서도 하나님이 말씀했기 때문에 희망을 가지고 믿었습니다. 저와 여러분이 이런 믿음의 사람이 될 수 있기를 바랍니다.

세 번째, 아브라함의 믿음은 100세에도 나타났습니다.

19절을 보십시오.

"그가 백 세나 되어 자기 몸이 죽은 것 같고 사라의 태가 죽은
것 같음을 알고도 믿음이 약하여지지 아니하고."

창세기 15장에서 하나님이 아브라함에게 "너의 자손이 하늘의 별과 같이 많게 해주겠다"고 약속을 해주셨는데, 그 후 약 20년이 지나도록 깜깜무소식입니다. 자식이 하나도 없습니다. 그동안 아브라함과 사라는 어떻게 되었을까요? 하나도 안 늙고 가만히 있었을까요? 아닙니다. 그대로 세월을 따라서 늙어갔습니다. 이미 20년 전에 창세기 15장에 하나님께서 나타나셔서 하늘의 별과 같이 자

손을 많게 해주겠다고 약속을 하실 때, 그때도 팔순이 넘어서 실제적으로 생산이 불가능했습니다.

그런데 지금 아브라함의 나이가 99세, 사라가 90세가 되었을 때에 창세기 17장에 하나님이 나타나셔서 뭐라고 하십니까?

"나는 전능하신 하나님이다."

전능하신 하나님을 한마디로 말하면 '엘 샤다이'라고 합니다. 우리가 히브리어 성경을 못 봐서 유감인데, 창세기를 보면 유독 아브라함과 하나님의 관계를 말할 때에 하나님이 '엘 샤다이'로 나옵니다. '엘 샤다이', 즉 전능하신 하나님이 '내가 너에게 자손이 많게 하여 너로 하여금 여러 민족의 아버지가 되게 하겠다'고 말씀하십니다. 그때에 그의 이름을 아브람에서 아브라함으로 바꾸어 주셨습니다. '많은 민족의 아버지'라는 뜻입니다. 그때 아브라함의 나이 99세이고, 사라는 9살 적은 90세였습니다. 나이 많은 노인이었습니다. 둘 다 아기를 갖는다는 것은 우스운 이야기요 완전히 불가능한 일이었습니다. 그것을 잘 보여주는 것이 19절입니다.

"그가 백 세나 되어 자기 몸이 죽은 것 같고 사라의 태가 죽은 것 같음을 알고도."

다시 말해서 한쪽이라도 10%의 가능성, 1%의 가능성이 있습니까? 없습니다. 두 사람 다 몸이 죽은 것과 같았습니다. 물론 숨을 쉬고 살아가기는 합니다. 하지만 여기서 죽은 것과 같다는 것은 생산을 전혀 할 수 없다는 겁니다. 자녀를 생산할 수 없는 몸이 되었기에 죽은 것과 같다고 표현한 것입니다. 그런 이중의 죽음 상태에서도 하나님께서 "내가 여러 민족의 아버지가 되게 하겠다"고 하니까 그 말씀을 믿었습니다. 얼마나 놀라운 믿음입니까?

그런데 아브라함은 어떻게 이것을 믿을 수 있었을까요?

앞에 믿음의 기초에서 보았듯이, 아브라함은 하나님을 죽은 자를 살리시며 없는 것을 있게 하시는 하나님으로 믿은 것입니다. 두 사람의 몸이 죽은 것과 같았지만, 하나님은 죽은 자를 살리시는 하나님, 없는 것을 있게 하시는 하나님이라고 믿었기 때문에, 하나님이 99세에 나타나서 "너는 많은 민족의 아비가 될 것이다"라고 말씀하는데도 그것을 농담으로 여기지 아니하고 그 말씀을 믿음으로 받아들였다는 것입니다.

넷째는, 창세기 22장에 보면 하나님께서 아브라함에게 이삭을 희생제물로 바치라고 하십니다.

99세에 주시겠다고 한 약속대로 하나님은 아브라함의 나이 100세에 자식을 주셨습니다. 그 아들 이름이 무엇입니까? 이삭입니다. 그런데 이삭이 자라 소년이 되었는데, 하나님께서 뜻밖에 이 독자 이삭을 희생제물로 바치라는 것입니다. 하나님 앞에 번제로 죽여서 태우라는 것입니다. 기가 막힌 말씀이지 않습니까? 하나님께서 이 아들 이삭을 통하여 너의 자손을 하늘의 별처럼, 땅의 티끌과 같이 많게 하리라는 말씀을 했는데, 이 아들을 죽여버리면 어찌 되겠습니까? 그 하나님의 약속이 이루어지겠습니까?

이루어지지 않습니다. 불가능합니다. 그런데도 하나님의 말씀을 믿고서 그 말씀에 순종했습니다. 자기 아들을 데리고 모리아 산에 가서 죽이려고까지 하지 않았습니까. 어떻게 그럴 수가 있었겠습니까? 오늘 본문 17절 이 이 일을 암시해 줍니다. 하나님은 죽은 자를 살리시는 분입니다. 하나님은 그런 분임을 믿었기 때문에 그 일이 가능했습니다.

히브리서 11장 17절, 19절 상반절을 보십시오.

"아브라함은 시험을 받을 때에 믿음으로 이삭을 드렸으니 그는 약속들을 받은자로되 그 외아들을 드렸느니라."

"그가 하나님이 능히 이삭을 죽은 자 가운데서 다시 살리실 줄로 생각한지라."

지금까지 우리는 아브라함의 믿음의 모습을 네 가지로 살펴보았습니다. 그의 삶 가운데서 그의 믿음이 어떻게 행동으로 나타났는지를 우리가 보았습니다. 아무리 생각해도 아브라함은 정말 대단한 사람입니다. 대단한 믿음입니다. 아브라함은 어떻게 그렇게 믿을 수 있었을까요? 그러나 여러분, 기억하십시오. 아브라함도 우리와 다를 바 없는 똑같은 사람이라는 사실입니다. 창세기를 면밀히 살펴보면, 아브라함이 무조건 말씀을 받아들인 것이 아니라는 점을 발견할 수 있습니다.

아브라함도 하나님께서 말씀하실 때 고민이 있었습니다. 마음속에 갈등이 있었습니다. 하나님 말씀이 어처구니없어서 부부가 함께 웃을 때도 있었습니다. 99세에 하나님이 오셔서 아들을 낳을 것이라 하니 부부가 다 웃었다고 했습니다. 어처구니가 없어서 기가 차서 웃은 것입니다. 또 하나님 말씀이 못 미더워서 인간적인 방법을 사용하여 하갈이라고 하는 첩을 얻어서 자식을 낳기도 했습니다. 그때가 80대 중반 때였습니다. 그 아들 이름이 무엇입니까? 이스마

엘입니다.

다시 말하면, 하나님의 말씀을 믿는 일에 장애물들이 많았지만, 그래서 때로는 의심도 하고 실수도 하고 넘어질 때도 있고 죄도 지었지만, 그래도 성경은 전체적으로 아브라함이 믿었다고 합니다. 이 말의 의미를 우리가 잘 알아야 합니다. 그것은 전체적으로 믿었다는 것이지, 한 번도 의심도 안 해 보았다는 말이 아니라는 것입니다. 그런 믿음의 테스트를 통해서 '믿음이 약하여지지 아니하고'(19절) '믿음으로 견고하여져서'(20절)라고 말씀합니다. 나이가 75세에서 80대가 가고 80대에서 99세가 되었습니다. 그러면 보통 사람 같으면 하나님의 약속에 대한 믿음이 어떻게 되겠습니까? 믿음이 약해지기 마련이지요. 의심이 될 것입니다. 그런데 아브라함은 약하여지지 않고 도리어 견고하게 되었다고 했습니다.

견고하게 되었다는 이 말씀을 영어성경에 보면 "He grew strong"라고 하였습니다. 'grew'는 'grow' 자란다는 것입니다. 'strong'은 강하다는 말입니다. 그의 믿음이 강하게 자랐다는 것입니다. 여러 가지 테스트들, 즉 그 어려운 시험을 통과하면서 그의 믿음이 약해지지 않고 강해졌습니다. 어떤 성도는 어려움이나 역경을 당하면 믿음이 약해집니다. 의심하다가 방황하다가 하나님을 떠나기도 합니다.

반면에 어떤 성도는 아브라함처럼 고난으로 인해서 그 믿음이 더욱 견고해집니다. 그 믿음이 더 강하여집니다. 그 믿음이 더욱더 깊어지는 것입니다. 여러분은 어떻습니까?

신자의 일생은 믿음의 여정이라고 할 수 있습니다. 하나님은 우리의 믿음을 더 견고하고 강하게 하시려고 때로 우리에게 어려움을 주시기도 합니다. 시험과 고난을 주시기도 합니다. 도대체 이해할 수 없는 일들을 만나게도 하시는 것입니다. 그럴 때에 아브라함처럼 하나님을 전적으로 신뢰함으로 믿음이 더욱더 견고해지는 성도가 되시기를 바랍니다. 때로 조금 넘어질 때도 있고 실수할 때도 있고 죄를 지을 때도 있지만, 이것이 내려가는 하향곡선이 아니라 상향곡선을 그리면서 견고해져 가야 한다는 것입니다.

이렇게 믿음이 견고해질 때에 그 결과가 무엇이겠습니까?

20절에 보니 '믿음으로 견고하여져서' '하나님께 영광을 돌렸다'고 했습니다. 그 다음에 100세가 되었을 때에 어떤 일이 일어났습니까? 할머니가 임신을 해서 아들을 낳았습니다. 얼마나 기가 막히고 얼마나 좋았겠습니까. 아브라함이 웃고 또 사라가 웃고, 이 소문을 들은 모든 사람들이 다 웃고 기뻐합니다. 그것이 바로 하나님의 전능하신 능력, 창조의 능력이 아니고 무엇이겠습니까? 이 가정에 하나님의 전능하신 창조의 능력이 나타난 것입니다. 그러니 그것이 얼마나 하나님께 영광이 되었겠습니까!

성도의 믿음이 연약해지면 하나님께 영광을 돌릴 수 없습니다. 견고하게 될 때에 영광을 돌릴 수 있는 것입니다. '성도의 견고한 믿음이 하나님께 영광이 됩니다.'

어떤 사람은 이사하고 나면 믿음이 떨어집니다. 어떤 사람은 아기를 낳고 나면 아기 본다고 예배를 잘 못 드려서 믿음이 떨어지기도 합니다. 우리 평생에 믿음의 테스트가 많이 있습니다. 그런 상황에서 믿음이 떨어지고 연약해지면, 그 사람은 하나님께 영광을 돌릴 수 없습니다. 어떤 어려움이 있어도 우리 믿음이 더욱더 강하고 견고해질 때에 우리는 하나님께 영광을 돌릴 수 있는 것입니다.

우리가 다니엘을 잘 알고 있습니다. 유다가 멸망할 때 포로로 끌려갔습니다. 그런데도 그는 왕족이었고 똑똑하고 용모가 수려했기 때문에 인재로 선택이 됩니다. '포로로 끌려온 사람 중에 똑똑한 인재가 있으면 잘 양성해서 쓰자'라고 하는 바벨론의 인재양성 정책에 따라 3년 동안 훈련을 받습니다. 인간개조를 위해 모든 것을 바꾸는데 음식까지도 싹 바꾸어서 자기 마음대로 못 먹고 바벨론 우상에게 바쳤던 음식을 먹입니다. 바벨론 신에게 바쳤던 고기와 포도주를 먹게 하는 것입니다.

그런데 다니엘과 세 친구는 이를 거부합니다. 이것은 하나님 말씀에 어긋나는 일이기에 물과 채소만 먹겠다고 뜻을 정합니다. 그리고 '열흘만 우리를 테스트해 달라'고 합니다. '우리 얼굴이 다른 사람들만 못하면 당신들 알아서 하라'고 하였습니다. 그리고 열흘 동안 물과 채소만 먹지 않았습니까! 그러자 하나님이 함께하셨습니다. 하나님이 역사하셔서 열흘 후에 이 네 친구의 얼굴이 다른 사람들보다 더 좋게 만드신 것입니다. 채소만 먹었는데 고기 먹은 사람보다 더 좋은 것입니다.

어디 그뿐입니까? 하나님의 말씀대로 살고자 하는 이 네 사람에게 하나님이 지혜를 주셨습니다. 지혜와 지식을 주셔서 3년 후에 왕이 테스트할 때에 점검해 보니, 이 네 사람의 지혜가 최고였습니다. 그래서 이 네 사람은 이방 땅에 포로로 끌려간 상황에서도 하나님의 살아계심을 나타내며 하나님께 큰 영광을 돌렸던 것입니다.

전에 남서울교회를 담임하셨던 홍정길 목사님이 교회를 담임하고 계실 때의 일입니다. 참으로 존경스러운 목사님이십니다. 목사님이 담임하던 그 교회에 한 학생이 있었다고 합니다. 초등학교 5학년 때부터 교회를 나오기 시작했는데, 부모는 믿지 않았다고 합니다. 그런데 그 아이가 고등학교 2학년이 되던 어느 날 성경공부를 하다가 은혜를 받게 되었습니다. '이제 내 남은 삶은 주일성수하면서 주일을 거룩하게 지키면서 살아야겠다'고 결심을 하고, 그다음 주일부터 아침부터 달려오는 것입니다. 아침 일찍 와서는 하나님 앞에 찬송하고 예배드리고, 중·고등부 모임에 가고, 오후 남는 시간에는 성경보고 또 기도하고 또 신앙서적을 읽다가 밤늦게야 집으로 돌아간다는 것입니다.

고등학교 2학년 때가 어떤 때입니까?

입시에 정신이 없는 때 아니겠습니까? 그런데 안 믿는 아버지가 볼 때는 어떻겠습니까? 얼마나 화가 나겠습니까? 아들을 책망한 뒤 목사님에게 바로 전화하지는 못하고, 술을 잔뜩 마시고 취해서 용기를 내어 목사님에게 밤에 전화를 했다고 합니다.

"홍 목사, 우리 집안하고 무슨 원수가 졌길래 이라노?"

홍정길 목사님이 시켜서 그러는 줄 알고 그렇게 전화한 것입니다. 나중에 그 학생이 자기 아버지가 목사님한테 전화한 것을 알고서 자기 아버지에게 말을 합니다.

"아버지, 한 달간 저를 시험해 주십시오. 제 성적이 오르면 아무 말씀하지 마시고 만약에 제 성적이 떨어지면 아버지 뜻대로 하십시오."

그리고는 예전과 같이 그렇게 주일을 보내는 것입니다. 그리고 하나님 앞에 결심을 했습니다. 다니엘과 같은 마음을 가지고서 "엿새 동안은 힘써 네 모든 일을 행할 것이나"라고 하는 4계명을 붙잡고, 엿새 동안 힘써 다른 학생들보다 훨씬 더 집중을 해서 공부를 하는 겁니다. 하나님께서 다니엘에게 주셨던 그런 지혜와 지식을 자기에게도 달라고 기도를 하면서 열심히 집중해서 공부하였습니다. 어떤 결과가 나왔습니까? 반에서 1등을 하게 되었습니다. 뿐만 아니라 졸업할 때는 전교 수석으로 졸업을 하고 서울대학교에 갔습니다.

그 후 미국의 코넬대학에 들어가서 박사 학위를 받고 지금은 교수가 되었습니다. 하나님께 영광이 되었습니다. 이렇듯 견고한 믿음은 하나님께 영광을 돌립니다.

견고한 믿음, 강한 믿음은 하나님께 영광을 돌립니다. 내 믿음이 이런저런 이유로 식어지고 약해지면 우리는 절대로 하나님께 영광 돌리는 삶을 살아갈 수 없습니다. 믿음이 약한 자녀들은 흔들립니다. 중·고등학생이 되면 시험이 있을 때는 교회도 안 옵니다. 믿음이 약한 부모들은 주일조차도 자녀가 학원 가고 공부하는 것을 원합니다. 예배를 안 드려도 그냥 내버려둡니다.

예수님께서 "먼저 그의 나라와 그의 의를 구하라 그리하면 이 모든 것을 더하여 주시리라" 약속하신 것을 알지만, 그 약속을 믿지 못하는 것입니다. 그러다가 믿음 다 까먹고 불신자가 되는 경우도 많습니다. 믿음이 없이는 하나님 기쁘시게 못합니다. 믿음이 없이는 하나님을 영광스럽게 하지 못합니다. 견고한 믿음만이 하나님께 영광 돌릴 수 있음을 믿으시기 바랍니다.

　말씀을 맺습니다.

　오늘 우리는 믿음의 조상 아브라함에 대해 배웠습니다. 아브라함의 믿음의 기초가 무엇인지 보았고, 그가 삶을 통하여 어떻게 믿음으로 살았는지를 네 가지로 살펴보았습니다.

　여러분, 믿음을 가진 우리는 아브라함의 자손입니다. 그렇다면 아브라함의 자손인 우리는 아브라함의 자손답게 믿음으로 살아가고 있습니까? 믿음으로 하나님 말씀에 순종하면서 살아가고 있습니까? 시련 중에도 믿음이 흔들리지 않고 도리어 견고해지고 있습니까? 믿음이 견고해져서 하나님께 영광 돌리며 살고 있는가 하는 것입니다.

　여러분도 믿음의 조상 아브라함을 본받아서 진정한 아브라함의 자손이 되시기를 바랍니다. 한 번 주신 삶, 아브라함의 자손답게 믿음으로 살다가, 이 세상 떠날 때에 그 자손들에게 믿음의 조상으로 기억될 수 있기를 바랍니다.

28

로마서 4:23-25

동일한(믿음의) 원리

"그러므로 상속자가 되는 그것이 은혜에 속하기 위하여 믿음으로 되나니 이는 그 약속을 그 모든 후손에게 굳게 하려 하심이라 율법에 속한 자에게뿐만 아니라 아브라함의 믿음에 속한 자에게도 그러하니 아브라함은 우리 모든 사람의 조상이라 기록된 바 내가 너를 많은 민족의 조상으로 세웠다 하심과 같으니 그가 믿은 바 하나님은 죽은 자를 살리시며 없는 것을 있는 것으로 부르시는 이시니라 아브라함이 바랄 수 없는 중에 바라고 믿었으니 이는 네 후손이 이같으리라 하신 말씀대로 많은 민족의 조상이 되게 하려 하심이라 그가 백 세나 되어 자기 몸이 죽은 것 같고 사라의 태가 죽은 것 같음을 알고도 믿음이 약하여지지 아니하고 믿음이 없어 하나님의 약속을 의심하지 않고 믿음으로 견고하여져서 하나님께 영광을 돌리며 약속하신 그것을 또한 능히 이루실 줄을 확신하였으니 그러므로 그것이 그에게 의로 여겨졌느니라"

세월이 참으로 빠르다는 것을 오늘 다시금 느끼게 됩니다.

2014년 한 해가 벌써 반이 지나가고 오늘 우리는 6월 마지막 예배를 하나님 앞에 드리고 있습니다. 지난 6개월 우리나라를 한 번 돌아보면 유독 많은 사고와 사건, 죽음이 있었습니다. 2월에는 울산 가까운 마우나오션 리조트 체육관 붕괴사건이 있었는데, 그로 인해서 10명의 대학생이 죽고 100명 이상의 대학생들이 부상을 입었습니다.

4월에는 세월호 침몰로 인해 300여 명의 꽃다운 생명들이 목숨을 잃거나 실종되었습니다. 지금도 10여 명의 시신을 찾지 못하여 아픔이 계속되고 있습니다. 그런가 하면 지난 5월에는 전라남도 장성에 있는 요양병원에서 화재가 나서 거기에 계시던 어르신들 20여 명이 또 죽었습니다. 그리고 한 주 전에는 또 군에서 총기난사 사건으로 인하여 군인 5명이 죽었습니다. 이런 예상치 못한 갑작스런 사고와 죽음은 우리로 하여금 어느 때보다도 인생의 연약함과 인생의 허무를 느끼게 해줍니다. 동시에 우리 인간은 구원 받아야 할 존재임을, 또한 구원의 절대 필요성을 느끼게 해줍니다.

우리는 지금 구원에 대한 가장 위대한 진리를 살펴보고 있습니다. 구원에 대한 가장 위대한 진리를 네 글자로 무엇이라고 합니까? '이신칭의'라고 합니다. 3장에서 이신칭의의 진리를 외친 사도 바울은, 4장에 와서는 구약의 아브라함의 예를 들어서 계속 이 진리를 설명하고 있습니다.

왜 바울이 아브라함의 예를 들어서 이렇게 열정적으로 이신칭의의 진리를 설파하고 있겠습니까? 그 이유는 이 진리야말로 하나님의 구원을 보여주는 금보다도 귀한 너무나도 중요한 진리이기 때문입니다. 그리고 아브라함이 믿음으로 의롭다 함을 받은 이 원리는 아브라함에게만 국한되지 않고, 모든 시대 모든 사람들에게 동일하게 적용이 되기 때문입니다. 그래서 오늘 설교 제목이 '동일한 원리'입니다.

이 동일한 원리를 생각하기 전에 우리가 먼저 생각할 것이 두 가지가 있습니다.

첫째는, '우리 하나님은 언제나 동일하신 하나님이시다'라는 것입니다.

어떤 이들은 구약의 하나님과 신약의 하나님은 다르다고 주장합니다. 우리 기독교 역사를 보면 초기에 영지주의라고 하는 이단이 있었습니다. 이 영지주의 이단은 영적인 것은 선하고 눈에 보이는 육적인 것은 다 악하다고 생각했습니다. 그렇기 때문에 구약의 모든 세상을 창조하신 그 신은 저급한 물질세계를 창조했으므로 저급한 신이라고 이해했습니다. 그 하나님은 때로는 잔인하고 악도 저지른다고 생각했습니다.

그렇게 생각하는 기독교인들이 더러 있는 것 같습니다. 제가 우리 교회에 처음 부임했을 때, 우리 교회에 비치되어 있는 성경책 중 하나에 "구약의 하나님은 잔인하시다"라고 쓰여 있는 것을 보았습니다. 왜 그런 생각을 했겠습니까? 구약을 읽어 보면, 하나님께서 출애굽한 이스라엘 백성에게 '가나안 땅에 들어가면 가나안 족속들을 전부다 진멸하라'고 명령하십니다. 남녀노소 할 것 없이 모두 다 죽이라고 것입니다. 얼마나 잔인해 보입니까? 성읍들은 다 불태워 없애라고 하셨습니다. 그래서 구약의 하나님을 잔인하게 생각한 것입니다.

그러나 이런 생각은 성경을 오해한 것입니다. 구약의 하나님과 신약의 하나님이 다른 것이 아닙니다. 동일하신 하나님이십니다. 성경을 보면 구약에도 하나님은 여전히 사랑의 하나님이십니다. 시편에 보면 그런 말씀이 있지 않습니까, "여호와께 감사하라 그는 선하시며 그 인자하심이 영원함이로다"라고 했습니다. 인자하심이 무엇입니까? 사랑입니다. 영어성경에 보면 'His love' 그의 사랑이 영원하다고 하였습니다.

또 구약에 많이 나오는 말씀 중에 하나가 '여호와는 은혜로우시며 자비로우시며 노하기를 더디 하시며 인자가 크시도다'라는 말씀입니다. 하나님이 가나안 땅의 주민을 진멸하라는 것은 그들의 죄악이 가득차서 하늘에 닿았기 때문에 그리하라는 것입니다. 하나님께서 이스라엘 민족을 통하여 그들을 심판하신 심판사건이기 때문에 그렇게 진멸하라고 하신 것이지 하나님께서 잔인해서 그러신 것이 아니라는 것입니다.

우리 하나님의 변함없으심과 영원히 동일하심을 보여주는 성구를 몇 곳 찾아보려고 합니다. 야고보서 1장 17절을 보면 "하나님은 변함도 없으시고 회전하는 그림자도 없으시다"라고 했습니다. 회전하는 그림자가 없으시다는 말이 무슨 말이겠습니까? 변함의 그림자도 아예 없다는 말씀입니다.

히브리서 13장 8절에는 "예수 그리스도는 어제나 오늘이나 영원토록 동일하시느니라"고 했습니다. 우리 주님은 언제나 동일하신 분입니다. 그리고 성경 여러 곳에서 우리 하나님은 '신실하신 하나님'이라고 했습니다. 그 존재도 능력도 성품도 뜻도 변함이 없으시다는 것입니다. 복음송 가사 중에 "전능하신 하나님 찬양 언제나 동일하신 주"라고 했는데, 이는 성경적인 가사입니다.

우리 성도들은 이 하나님 아버지를 닮아야 합니다.

하나님을 닮아야지 지리산 누구를 닮아서는 안 된다는 것입니다. 우리 모든 성도들은 하나님에 대해서도 신실하고, 사람에 대해서도 믿을 수 있는 신실한 모습을 가져야 됩니다. 디모데전서 3장에 보면, 여집사들에 대해 말할 때에, 모든 일에 신실한 자여야 된다고 했습니다. 우리 성도들은 모든 일에 신실한 모습으로 살아가야 한다는 것입니다. 변덕스러워서는 안 된다는 것입니다.

에베소서 1장 1절에 보면 사도 바울이 "에베소에 있는 신실한 자들에게 편지하노니"라고 했습니다. 그 말씀을 보면 우리 신자의 별명이 무엇입니까? '신실한 자'입니다. 신실한 자는 우리 성도의 다른 이름입니다. 그렇기 때문에 모든 성도들은 신실하신 우리 하나님 아버지를 닮아서 신실한 사람이 되어야 합니다.

다음으로, 이 동일하신 하나님의 말씀도 언제나 동일합니다.

어떤 사람들은 성경은 단지 성경이 기록되던 그 당시의 사람들을 위해서 쓰였다고 생각 합니다. 특별히 구약성경은 구약의 이스라엘 백성들만 위해서 쓰인 것이지 오늘날 예수 믿는 우리와는 아무 상관이 없다고 생각하는 사람들이 교회사에 더러 있었습니다. 지금도 교회 가운데 그런 생각을 가진 분들이 있습니다. 영지주의에는 마르시온이라는 사람이 있었습니다. 이 마르시온이라는 사람은 2세기 사람으로 정경 형성에 이바지한 사람입니다.

66권 성경을 정경이라고 하는데, 구약은 1세기에 확실히 39권으로 확정이 되었지만, 신약은 확정이 안 되었습니다. 약 5세기 초가 되어서야 확정이 되었습니다. 그런 가운데 마르시온이라는 사람은 구약의 하나님을 믿지 않았습니다. 뿐만 아니라 구약성경을 믿지 않았습니다. 신약의 바울 서신서만 하나님의 말씀으로 인정했다는 것입니다. 그렇지만 이 역시 성경을 오해한 것입니다.

고린도전서 10장을 보면, 사도 바울이 구약의 모세 시대의 이야기를 계속 이어가고 있습니다. 그 시대에 하나님의 백성이 하나님을 시험하고 간음하고, 또 여러 가지 잘못을 해서 하나님께 벌 받은 것을 쭉 이야기하고 마지막에 무엇이라고 말씀하십니까?

11절을 보십시오.

"그들에게 일어난 이런 일은 본보기가 되고 또한 말세를 만난 우리를 깨우치기 위하여 기록되었느니라."

이 말씀을 보면 출애굽기, 레위기, 민수기, 신명기에 있는 말씀들은 우리와 관계가 있는 말씀들입니다. 여전히 우리에게도 유효한 말씀이라는 것입니다. 이사야 40장 8절도 보십시오.

"풀은 마르고 꽃은 시드나 우리 하나님의 말씀은 영원히 서리라."

세상 모든 것은 다 변하여도 하나님의 말씀은 영원히 서리라 하였습니다. 한 시대가 지나가면 끝이 나버리는 그런 말씀이 아니라는 것입니다.

히브리서 4장 12절을 보십시오.

"하나님의 말씀은 살아 있고."

하나님의 말씀은 영원한 말씀이기 때문에, 어느 시대나 살아있는 말씀이라는 것입니다.

베드로전서 1장 25절을 보십시오.

"오직 주의 말씀은 세세토록 있도다."

'세세토록'이라는 말은 '영원토록'이라는 말입니다. 하나님의 말씀은 영원토록 존재하는 것입니다. 영원하신 하나님은 언제나 동일하신 하나님이시기 때문에, 이 하나님의 말씀도 영원하고 변치 않고 언제나 동일하고, 또한 항상 살아 있음을 믿으시기 바랍니다. 이 66권 성경은 과거의 사람들만을 위한 것이 아니라, 오늘을 사는 나에게도 하나님이 주시는 말씀인 줄로 믿으시고 받으시기를 바랍니다. 그럴 때 하나님의 말씀이 여러분 속에 살아서 역사하고 여러분을 새롭게 변화시켜 주실 것입니다.

다음으로, 하나님의 칭의의 원리, 곧 구원의 원리도 영원히 동일하다는 것입니다.

이것이 오늘 설교의 주제가 되는 것입니다. 우리 하나님은 동일하신 하나님이라고 했습니다. 그렇기 때문에 그 말씀도 영원히 동일하고, 그의 칭의의 원리도, 구원의 원리도 역시 영원히 동일한 것입니다. 하나님의 칭의의 원리가 한마디로 무엇이라고 했습니까? 하나님의 칭의의 원리는 이신칭의입니다. 오직 믿음으로 의롭게 되는 것입니다.

그런데 어떤 이들은, 믿음의 원리는 조상 아브라함에게 적용되는 것이고, 율법이 주어진 모세 이후는 율법이 적용된다고 주장합니다.

우리 기독교에 세대주의라는 것이 있습니다. 이 세대주의는 역사를 일곱 세대로 나누어서 각 세대마다 하나님께서 당신의 백성을 다루시는 방법도 다르고, 하나님께서 그 백성을 구원하시는 방법도 다르다고 주장합니다. 예를 들면, 아브라함부터 모세까지는 약속의 시대라고 합니다. 모세부터 예수님까지는 율법의 시대라고 합니다. 따라서 이 세대에 사는 사람들은 율법을 지킴으로 구원을 받는다고 합니다. 예수님 이후는 은혜의 시대라고 합니다. 지금 우리는 은혜의 시대에 살고 있으므로 은혜로 구원받는다고 주장합니다. 각 세대마다 다른 방법으로 하나님께서 그 백성을 구원하신다는 것입니다. 이 말이 맞습니까? 틀립니다. 우리 하나님께서 오늘 말씀에 뭐라고 했습니까?

23-24절 말씀을 보십시오.

"그에게 의로 여겨졌다 기록된 것은 아브라함만 위한 것이 아니요 의로 여기심을 받을 우리도 위함이니."

이신칭의의 원리는 아브라함에게만 하신 것이 아니고, 오늘날 우리에게도 동일하게 적용하신다는 말씀입니다. 다시 말해서 하나님의 구원 방법은 창세로부터 지금까지 똑같다는 것입니다. 이 시대에는 이렇게, 저 시대에는 저렇게 하시는 것이 아닙니다. 아브라함이 믿음으로 의롭다 함을 받은 것처럼, 모든 시대 모든 사람은 동일하게 믿음으로 의롭다 함을 받고 구원을 얻는다는 것입니다. 이신칭의의 원리, 곧 믿음의 방법은 모든 사람을 위한 하나님의 구원의 길입니다. 하나님이 인간의 죄를 용서하시고 의롭다 하시는 유일한 방법입니다. 하나님이 죄인인 우리 인간과 만나주시고 화해하시는 유일한 길이라는 말입니다. 인간의 행위나 공로가 아닌 오직 믿음으로 의롭게 되고 구원받는다는 원리는 영원하다는 말씀입니다.

지금부터는 몇 가지 논리를 단계적으로 생각해 보도록 하겠습니다.

아브라함은 우리도 믿음으로 의롭게 된다고 했는데, 도대체 누구를 믿는다는 것입니까? 창세기 15장 6절 말씀에 보면 "아브람이 여호와를 믿으니 여호와께서 이를 그의 의로 여기셨다"라고 했습니다. 아브라함이 누구를 믿었습니까? 하나님을 믿었다고 했습니다. 그러면 오늘 말씀 24절에 보시면 "곧 예수 우리 주를 죽은 자 가운데서 살리신 이"라고 했는데, 예수 우리 주를 죽은 자 가운데서 살리신 이가 누구입니까? 하나님입니다. 아브라함도 하나님을 믿으니 의롭다 하셨고, 오늘날 우리도 하나님을 믿을 때 하나님께서 의롭다고 해주신다는 것입니다. 요컨대 아브라함의 믿음의 대상이나 우리의 믿음의 대상이나 다 같습니다. 바로 하나님이십니다.

그 다음 단계로 생각할 것은, 그냥 하나님만 믿으면 하나님이 그 사람을 의롭다고 해주시느냐는 것입니다.

그렇습니까? 아닙니다. 지금도 정통 유대인들은 하나님을 믿습니다. 회교도들, 이슬람교도들도 하나님을 믿습니다. 그들은 '알라'라고 하지만, '알라'나 우리 성경에 나오는 '엘리 엘리 라마 사박다니' 할 때 '엘'이나 같은 말입니다. 그들은 구약에 나오는 하나님을 분명히 믿고 있습니다. 그러면 그들이 하나님을 믿으니까 의롭다 함을 받겠습니까? 아닙니다. 그냥 하나님을 믿는 것으로는 부족합니다. 하나님을 특별하게 믿어야 하는 것입니다. 어떻게 믿어야 됩니까? 아브라함이 믿은 하나님은 그냥 하나님이 아닙니다. 일반적인 하나님이 아닙니다. 17절에 보면 "그가 믿은바 하나님은"이라고 말씀하고 있습니다. 어떤 하나님입니까? '죽은 자를 살리시는 하나님'입니다.

그러면 우리가 믿는 하나님은 어떤 하나님입니까? 24절에서 보았던 말씀에 뭐라고 했습니까? "예수 우리 주를 죽은 자 가운데서 살리신 이"라고 했습니다. 죽은 자를 살리시는 하나님이란 점에서 아브라함이 믿은 하나님이나 우리가 믿는 하나님이나 같다는 것입니다. 그러므로 의롭다 함을 받는 믿음은 하나님에 대한 일반적인 믿음이 아니라 죽은 자를 살리시는 하나님을 믿어야 한다는 것입니다.

이제 한 단계 더 나아갑니다. 죽은 자를 살리신 하나님만 믿으면 의롭다 함을 받겠습니까? 이것으로는 조금 부족합니다. 24절 말씀에 보면, 그냥 죽은 자 가운데서 살리신 이를 믿는 것이 아니라 "예수 우리 주를 죽은 자 가운데서 살리신 이를 믿는 자를 하나님이 의롭게 하신다"라고 하였습니다. 예수님이 없는 하나님만 믿어서는 의롭다 함을 받을 수가 없다는 말씀입니다. 다시 말하면 하나님도 믿어야 되겠지만, 하나님께서 구원을 위해 보내신 하나님의 아들 예수님도 믿어야 그 사람을 하나님께서 의롭다 하신다는 말씀입니다.

마지막 단계를 생각해 봅니다. 그러면 하나님과 죽음에서 부활하신 예수님만 믿으면 의롭다 함을 받을 수 있습니까? 그것만으로는 조금 부족합니다.

25절을 보십시오.

"예수는 우리가 범죄한 것 때문에 내줌이 되고 또한 우리를 의
롭다 하시기 위하여 살아나셨느니라."

아주 귀한 말씀입니다. 이 말씀은 학자들이 생각할 때에 아마도
초대 교회의 신앙 고백 문구 중에 한 절이 아니었겠느냐고 생각합
니다. 사실 이 말씀은 한마디의 짧은 말씀이지만 복음의 진수를
우리에게 그대로 보여주고 있습니다. 그런데 이 마지막 25절의 키포
인트가 어디 있느냐 하면 바로 '우리'라는 말에 있습니다. 우리라는
말이 몇 번 나옵니까? 2번 나오고 있습니다. 첫 줄에 나오고 두 번
째 줄에도 '우리'가 나오고 있습니다. 예수님이 죽으시고 부활하셨
는데, 그것이 우리와 무관한 일이 아니고 우리를 위해서라는 것입
니다. 우리를 위해서 그리하셨다는 것입니다.

이 예수를 살리신 하나님을 믿을 때에, 우리를 위해서 죽으시고
살아나신 예수님을 믿을 때에 죄인은 의롭다 함을 받는다는 것입
니다. 그냥 '죽으시고 부활하신' 하면 객관적이 되고 나와 무관해 보
이지 않습니까? '아, 예수님이 죽으시고 부활하셨구나'가 아니라, 우
리를 위해서, 나를 위해서 죽으시고 부활하신 예수님, 그리고 그
예수를 죽음 가운데서 살리신 하나님을 믿을 때에, 하나님께서 그
사람을 의롭다 하신다는 것입니다.

우리가 여기에서 가질 수 있는 의문점이 하나 있습니다. 아브라
함이 죽은 자를 살리시는 하나님을 믿었는데, 그가 믿은 것은 우리
처럼 예수님이 죽으시고 부활하신 것을 믿은 것이 아니지 않느냐

는 것입니다. 이해가 되십니까? 우리는 하나님께서 죽으신 예수님을 다시 일으키신 것을 믿는데, 아브라함은 그렇지 않은 것이 아닌가 하는 것입니다.

창세기 15장부터 보면 예수님이라는 이름이 안 나옵니다. 그러므로 아브라함이 믿은 것은 우리처럼 예수님을 죽음에서 살리신 것을 믿은 것은 아니지 않느냐는 것입니다. 여러분은 어떻게 생각하십니까?

아브라함은 하나님이 죽은 자와 같은 자기 부부를 통해서 이삭을 낳게 하실 것을 믿고, 이삭을 낳게 하실 때에 그 이삭을 통하여 하늘의 별처럼 자기 자손을 많게 하실 것을 믿었습니다. 그런데 재미있는 것은 이 이삭은 여러 면에서 예수님의 모형이 되고 그림자가 된다는 것입니다. 이삭은 하나님께서 아브라함에게 약속하신 약속의 씨입니다. 예수님도 약속의 씨입니다. 구약에서 얼마나 많이 약속했습니까? 이삭은 아브라함이 사랑하는 독자라고 했습니다. 창 22장에 여러번 말씀하고 있습니다.

그런데 신약에 오면 예수님은 어떤 분이십니까? 하나님께서 사랑하는 독생자라고 했습니다. 무슨 말씀인지 아시겠습니까? 서로 통하고 있습니다. 뿐만 아니라 이상하게도 하나님께서는 이 사랑하는 독자 이삭을 저 모리아 산에 가서 하나님께 희생 제물로 바치라고 했습니다. 후에 그 모리아 산에 성전이 지어지고, 바로 그곳에서 우리 예수님이 십자가를 지시고, 그 예루살렘에서 죽임을 당하신 것입니다.

실제적으로 이 이삭의 후손에서 누가 납니까? 예수님께서 탄생하시는 것입니다. 그러고 보면 우리가 알 수 있는 것은 무엇입니까? 아브라함은 이삭을 통하여 장차 이 세상에 오실 하나님의 아들 예수 그리스도를 믿음으로써 구원을 받은 것이요, 우리는 2000년 전에 이 세상에 오신 하나님의 아들 예수 그리스도를 믿음으로 의롭다 함을 받고 구원을 얻는 것입니다. 그러므로 아브라함과 우리는 서로 다른 것을 믿는 것이 아닙니다. 아브라함과 우리는 하나님을 믿는 그 믿음만 같은 것이 아니라 믿음의 대상도 같고 믿음의 내용도 동일한 것입니다.

이제 말씀을 맺습니다.

하나님은 죄인인 우리 인간에게 예수님 이외에 의롭다 함을 얻고 구원받을 수 있는 다른 이름을 주신 적이 없습니다. 그런데 기억하십니까? 작년 8월에 부산에서 세계적인 기독교대회가 있었습니다. WCC 대회라고 들어보셨습니까? 세계적인 기독교총회지만, 우리 기독교 내에서도 여러 가지 논쟁이 많았습니다. WCC의 가장 큰 문제가 무엇이냐 하면 종교다원주의라는 것입니다. 다원주의라는 말은 영어로는 'pluralism'이라고 합니다. 'plural'이 무엇이냐 하면 단수가 아닌, 하나가 아닌 여럿의, 복수의 이런 말입니다. 곧 이것은 신앙의 다양성을 인정하는 주의라는 것입니다.

일본에 후지 산이 있는데, 후지 산 정상으로 올라가는 길에는 등산로는 여러 개가 있습니다. 이길 저길 다르지만 나중에 다 올라가고 보면 한 꼭대기에서 만나는 것처럼, 이 종교 저 종교 다 달라도 끝에 가면 모두가 구원받는다는 것입니다. 한마디로 다른 종교에도 구원이 있다고 주장하는 것이 WCC의 종교다원주의, 다원론입니다. 그러나 오늘 하나님이 우리에게 보여주신 말씀은 너무나도 명백합니다. 아브라함도 우리도, 모든 인류는 오직 우리 대신 죽으신 예수 그리스도를 믿고, 그를 다시 살리신 하나님을 믿을 때에 하나님께서 의롭다고 말씀해 주신다는 사실입니다. 오직 이 방법, 이 믿음의 원리, 이 동일한 원리로만 하나님께서 사람들을 의롭다고 하여 주시고 구원해 주시는 것입니다.

혹시나 여러분 중에 아직도 다른 길이 있을 거라고 생각하시는 분이 있습니까? 구원에 있어서 조금이라도 자기 공로를 의지하시는 분이 계십니까? 자신의 선행, 즉 내가 착한 마음을 가지고 착한 일을 많이 했으니까, 구제를 많이 했으니까, 헌금을 많이 드렸으니까, 봉사를 많이 했으니까, 열심히 신앙생활을 했으니까 이것이 나의 구원에 일말의 도움이 될 것이라고 생각한다면, 그 사람은 진정한 크리스천이 아니라는 것입니다. 그 사람은 하나님 앞에 의롭다 함을 받을 수가 없습니다. 구원받을 수가 없는 것입니다.

의롭다 함을 받고 구원받는 유일한 길은 전적으로 하나님과 그의 아들 예수 그리스도만 바라보고, 믿고, 그 외에는 아무것도 (nothing), 아무도(nobody) 바라보지 않고 믿지 않는 것, 이것이 의롭다 함을 받고 구원받는 유일한 믿음입니다. 이 믿음으로 의롭다 함과 구원받는 것을 확신하시기 바랍니다.

윌밍턴 본문중심 성경연구

성경적/역사적/신학적/과학적 방법을
동시에 사용하여 성경 개요를 한 눈에 파악 할 수 있도록 하여,
성경의 흐름을 많은 도표와 그림을 통해 시각화 한 책!

리버티대학교 헤롤드 L. 윌밍턴 박사 지음

종합 성경 연구

성경을 배우고 가르치는데 기본이 되는 책!
성경 각 권의 주제와 목적은 물론이며 당시의 사회·문화적 배경을 이
해할 수 있는 다양한 그림과 지도, 고고학적 사진자료, 성경풍습에 대
한 설명 등 자세한 해설을 통해 체계적이고 심화된 성경 학습에 필수
적이다.

로버트 T. 보이드

《맞춤형 30일간 무릎기도문 시리즈》

염려대신 기도합시다! 기도하면 문제가 해결됩니다!

가정❶ 자녀를 위한 무릎기도문
가정❷ 가족을 위한 무릎기도문
가정❸ 남편을 위한 무릎기도문
가정❹ 아내를 위한 무릎기도문
가정❺ 태아를 위한 무릎기도문
가정❻ 아가를 위한 무릎기도문
가정❼ 재난재해안전 무릎기도문(부모용)
가정❽ 재난재해안전 무릎기도문(자녀용)
가정❾ 십대의 무릎기도문(십대용)
가정❿ 십대자녀를 위한 무릎기도문(부모용)

교회❶ 태신자를 위한 무릎기도문
교회❷ 새신자 무릎기도문
교회❸ 교회학교 교사 무릎기도문

365❶ 우리 부모님을 지켜 주옵소서(365일용)
365❷ 번성하게 하고 번성하게 하소서(365일용)
365❸ 자녀축복 안수 기도문(365일용)

기도❶ 선포(명령) 기도문

망망한 바다 한가운데서 배 한 척이 침몰하게 되었습니다.
모두들 구명보트에 옮겨 탔지만 한 사람이 보이지 않았습니다.
절박한 표정으로 안절부절 못하고 있는 성난 무리 앞에
사라진 그 선원이 급히 달려나와 꼭 쥐고 있던 손바닥을 펴 보이며 말했습니다.
"모두들 나침반을 잊고 나왔기에 … "
나침반이 없었다면 그들은 분명 끝없는 바다 위를 표류할 수밖에 없었을 것입니다.

우리는, 삶의 바다를 항해하는 모든 이들을 위하여
그 나침반의 역할을 하고 싶습니다.
우리를 구원하신 위대한 주 예수 그리스도를 널리 전하고 싶습니다.

"하나님은 모든 사람이 구원을 받으며
 진리를 아는 데에 이르기를 원하시느니라"
(디모데전서 2장 4절)

복음 중의 복음 **1**

지은이 | 이광수 목사
발행인 | 김용호
발행처 | 나침반출판사

제1판 발행 | 2017년 10월 1일

등 록 | 1980년 3월 18일 / 제 2-32호
주 소 | 07547 서울특별시 강서구 양천로 583
        블루나인 비즈니스센터 B동 1607호
전 화 | 본사 (02) 2279-6321 / 영업부 (031) 932-3205
팩 스 | 본사 (02) 2275-6003 / 영업부 (031) 932-3207
홈 피 | www.nabook.net
이메일 | nabook@korea.com / nabook@nabook.net

ISBN   978-89-318-1543-6
책번호 마-1749

값은 뒷표지에 있습니다.